난생처음 부동산 투자 시크릿

• 오르는 부동산을 콕 집어 적중시키는 공군 조종사의 레이더 투자법 •

난 생 처 음

부동산 투자
시크릿

박지청
지음

비즈니스북스

일러두기

책에 등장하는 투자 및 수익 실현의 사례는 모두 저자가 다년간의 경험을 통해 축적한 노하우를 통해 이룬 것으로 유사하게 따라 한다고 해서 수익이 보장되는 것은 아닙니다. 투자에 대한 책임은 오롯이 투자자 자신에게 있음을 숙지하고 주의하시기를 바랍니다.

난생처음 부동산 투자 시크릿

1판 1쇄 인쇄 2024년 1월 26일
1판 1쇄 발행 2024년 2월 2일

지은이 | 박지청
발행인 | 홍영태
편집인 | 김미란
발행처 | (주)비즈니스북스
등 록 | 제2000-000225호(2000년 2월 28일)
주 소 | 03991 서울시 마포구 월드컵북로6길 3 이노베이스빌딩 7층
전 화 | (02)338-9449
팩 스 | (02)338-6543
대표메일 | bb@businessbooks.co.kr
홈페이지 | http://www.businessbooks.co.kr
블로그 | http://blog.naver.com/biz_books
페이스북 | thebizbooks
ISBN 979-11-6254-360-3 03320

내 집 마련, 생각보다 많은 선택지가 있다

경제적으로 여유롭지 않은 환경에서 자란 저는 대학 진학을 위해 학비 부담이 적은 공군사관학교를 선택하고 전투조종사로 군 생활을 시작했습니다. 사실 군 복무 기간 중에는 재테크에 큰 관심이 없었지요. 군에서 관사를 제공하니 집 걱정도 하지 않았고, 노후엔 연금을 수령할 것이라는 생각에 재테크의 필요성을 크게 느끼지 못한 것입니다. 그저 꼬박꼬박 은행에 저축만 하면 되는 줄 알았죠.

그러다 2005년, 한 동료가 추천한 로버트 기요사키의 《부자 아빠 가난한 아빠》를 읽고 나서 저는 점차 변하기 시작했습니다. 돈을 위해 일하는 것이 아니라 돈이 나를 위해 일하게 하는 부자들의 시스템을 갖추기 위해 꾸준히 월급의 대부분을 저축했고 투자 공부를 시작했지요. 전투기를 타고 서울 주변 상공을 비행할 때면 서울의 아파트 불빛을 바라보며 '나도 서울에 저런 집을 갖게 될 것이다'라고 속으로 되뇌곤 했습니다. 지금 생각해 보면 이런 긍정적인 생각과 믿음이 꿈을 실현하는 데 큰 도움이 되었습니다.

저는 사실 운이 좋은 사람입니다. 실투자금 5천만 원으로 투자한 첫 부동산이 흑석뉴타운 빌라였고, 현재 시세 14억~15억 원의 새 아파트가 되었으니까요. 이 한 번의 투자로 서울 핵심지에 내 이름으로 된 새 아파트를 마련하였고, 부동산 투자에 눈을 뜨게 된 것입니다.

이후 분양권, 재개발 투자 등 투자를 이어 나가면서 자산은 계속 불어났고, 입지를 보는 눈이 깊어질수록 부동산 투자의 새로운 스펙트럼이 펼쳐졌습니다. 현재 상황에서 내 투자 성향에 맞는 최적의 물건을 찾는 방법을 알게 되자 제 앞에 그동안 몰랐던 좋은 선택지들이 나타난 것이죠.

"어디에 투자하면 좋을까요?", "무엇을 사야 할까요?", "언제 사야 할까요?" 이런 질문에 누구에게나 해당되는 명쾌한 답이 있다면 좋겠지만, 그런 해답은 어디에도 없습니다. 부동산 투자의 세계는 알면 알수록 매우 다채롭고, 각자의 상황과 성향에 따라 다른 접근이 필요하기 때문입니다.

중요한 것은 가진 돈이 많고 적음이 사실 그렇게 중요한 문제가 아니라는 것입니다. 새 아파트를 사기에 가진 돈이 부족하다면 앞으로 새 아파트가 될 헌 집을 살 수도 있습니다. 재개발·재건축 투자 말이지요. 또한 전세 비중을 최대로 늘린다면 적은 투자금으로도 건물 투자가 가능합니다. 자금이 넉넉하다면 월세 비중을 늘려 현금흐름을 택할 수도 있지요. 집을 살 때 역시 전세를 끼고 살 수 있습니다. 집을 산다고 해서 곧바로 들어가 실거주할 필요는 없어요. 그래도 언제든 마음만 먹으면 들어가서 살 수 있는 집을 소유한다는 것은 확실한 부의 첫걸음을 만드는 일입니다. 마음도 한결 편안하죠. 이렇게 부동산 투자는 각각의 상황에 맞게 세팅을 하기 나름입니다. 적어도 '자금이 부족해서'라는 말은 핑계일 뿐이죠.

여러분에게 질문하고 싶습니다.

"종잣돈이 몇천만 원이든, 몇억 원이든, 현재 가진 돈으로 투자할 수 있는 부동산 유형들을 알고 있나요?"

먼저 청약, 재개발, 경매 등 다양한 부동산 투자 영역에 대한 이해를 넓히는 것이 중요합니다. 알면 알수록 돈이 없어서 내 집 마련을 못한 것이 아니라 방법을 몰랐을 뿐이라는 것을 깨닫게 될 것입니다.

"당신의 투자 성향을 파악하고 있나요?"

같은 부동산을 산다고 해도 주인의 성격이 다르면 같은 결과가 나오지 않는다는 것은 당연한 일입니다. 그래서 내가 어떤 투자 성향을 가지고 있는지 파악하는 것이 중요합니다.

"입지를 분석할 수 있나요?"

서울은 더 이상 중급지가 상급지가 되거나, 상급지가 중급지가 되는 일은 물론 상급지의 순위가 바뀌는 일도 일어나기 어렵습니다. 시세를 분석하다 보면 자연스럽게 이해하게 되는 사실이지요. 상급지는 상승기에 더 큰 폭으로 오르고, 하락기에 덜 떨어집니다. 그래서 부동산 경기가 오르락내리락하며 장기적으로 우상향하는 흐름 속에서 그 격차는 놀랄 만큼 크게 벌어집니다. 이것이 우리가 살고 있는 자본주의 사회입니다. 부자들이 더욱 부자가 되는 세상이지요. 그래서 지금 가진 자금으로 가장 빨리 상급지로 진입할 수 있는 전략을, 혹은 준상급지에 투자할 수 있는 방법을 찾아야 합니다. 입지를 분석하고 시세를 조사하는 일은 한 번 익숙해지면 습관처럼 하던 대로 하면 됩니다. 하지만 시간이 지날수록 부동산 투자 안목을 갖춘 사람과 그렇지 않은 사람의 자산은 크게 차이날 것입니다.

자, 이제 제가 앞서 던진 질문에 자신 있게 대답할 수 있어야 합니다. 그렇지 않다면 이 책을 펼치고 첫 단추를 끼우면 됩니다. 이 책은 '내 집 마련', '부동산 투자'라는 말만 들어도 한숨을 쉬는 여러분을 위해 쓰인 책입니다. 이 책에서는 초보자가 이해하기 쉽도록 다양한 부동산 투자 유형을 알아보고, 각 투자의 장단점을 살펴봅니다. 또 본인의 투자 성향에 따라 어떤 투자를 하는 것이 좋은지 설명하였습니다.

그러나 지식만 쌓고 행동하지 않으면 아무런 소용이 없습니다. 행동 없이 결실을 맺을 수는 없지요. 월급만으로 재산을 축적하기 어렵다는 것은 열심히 일을 해도 점점 살기 어려워질 수밖에 없다는 것을 의미합니다. 돈으로부터 자유로운 삶을 찾아 나서려면 먼저 투자에 대해 배우고 빨리 '시작'하는 것이 중요합니다. 시작은 작을 수 있지만, 그 작은 시작이 결국 큰 성취로 이어질 것입니다.

이 글을 통해 여러분이 조금이라도 용기를 얻고, 부동산 투자에 첫발을 내딛게 되길 바랍니다. 마지막으로 이 책을 출간하는 과정에서 도움을 준 출판사 분들, 아들 박건희와 딸 박송현, 그리고 항상 경제 이야기를 함께 나누고 저를 지지해 준 아내 손지명에게 감사의 마음을 전합니다.

박지청

차례

제1장

부동산 공부,
뭐부터 시작해야 할까?

제2장 내게 맞는 투자 방법을 찾는 게 먼저다

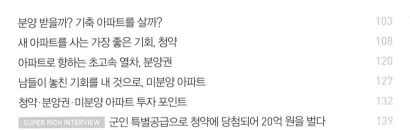

제3장 내 집 마련의 기회, 청약·분양권·미분양 아파트

제6장

월세
고수 되기

제7장

수익률 올려주는
절세와 경매

제1장

부동산 공부,
뭐부터 시작해야 할까?

지금 우리가 부동산 투자를
해야 하는 이유

더는 내 집 마련을 미루지 말라

지금 당신은 집을 가지고 있는가? 만약 현재 집이 없다면 단연코 당장 해야 할 일은 내 집 마련이다. 이런 얘기를 하면 대부분의 사람들이 "지금 가진 돈으로는 마음에 드는 집을 살 수 없어요."라고 말한다. 이렇게 이야기하는 이유는 현재 내가 가진 투자금으로 살 수 있는 최적의 부동산 유형이 무엇인지조차 모르기 때문이다.

예를 들어 아직도 서울에는 몇천만 원에 매수할 수 있는 재개발 지역 빌라들이 많다. 새 아파트로 탈바꿈하게 될 낡은 빌라들 말이다.

물론 재개발 사업이 완료 되기까지는 많은 시간이 걸릴 수 있다. 하지만 "집값이 폭락하면 그땐 꼭 사야지."라며 역사적인 폭락을 기다리거나 "청약 당첨 점수가 높아질 때까지 기다려야지."라며 희박한 가능성에 기대어 숱한 기회비용을 잃는 것보다는 훨씬 나은 선택이라고 생각한다. 지금 내 집 마련을 하고 안 하고는 10년 후 여러분과 여러분 가족의 인생에 매우 큰 차이를 가져올 수 있기 때문이다.

15년 전의 투자가 가져온 결과

그러나 내 집 마련을 하고자 아무 집이나 사서는 곤란하다. 입지를 파악하지 않은 채 집을 산다는 것은 내 소중한 돈을 길바닥에 방치하는 것이나 마찬가지이다. 이것이 바로 우리가 입지를 공부해야 하는 이유이다.

본격적인 투자 방법에 들어가기 전에 잠깐 나와 동료들의 사례로 입지의 중요성을 살펴보고자 한다.

2008년 공군 조종사였던 나는 청주에서 복무하다가 석사 공부를 위해 서울로 이사를 하게 되었다. 서울에 집을 구하려니 마주한 현실은 만만치 않았다. 당시 돈은 5천만 원 정도밖에 없었고, 아파트 전세 가격은 2억 5천만 원에 달해 군에서 제공하는 전세자금 대출 1억 5천만 원을 받고도 추가로 5천만 원의 신용대출을 받아야 하는 상황이었다.

그러다 부동산을 잘 아는 친척의 추천으로 흑석뉴타운의 빌라를 둘러보게 되었다. 지금이야 서울 재개발 3대장으로 한남뉴타운, 성수전략정비구역, 흑석뉴타운을 꼽지만, 그때만 해도 흑석뉴타운이 주목받는 곳이 될 것이라고는 생각지도 못했다. 게다가 막상 가보니 낙후된 빌라촌이었고 '이런 곳에서 살 수 있을까?', '이런 낡은 빌라가 무슨 2억 2천만 원이나 해?' 하는 생각이 들었다. 특히 관사 아파트에서만 살던 아내는 '길도 좁고 무서운데 밤에 겁나지 않을까?', '아이가 여기서 자전거를 탈 수 있을까?' 등 걱정이 클 수밖에 없었다.

하지만 흑석동은 반포 옆이니 앞으로 새 아파트가 들어서면 반포의 절반은 갈 것이라는 친척분의 이야기를 듣고 '절반 근처에만 가도 그게 어디냐'는 마음이 들었다. 결국 '어차피 전셋집을 구하려고 해도 대출을 받아야 하는데 차라리 집을 사자'라고 아내를 설득했다. 모자라는 돈은 대출을 받아 실투자금 5천만 원으로 흑석뉴타운의 빌라를 샀고 결과적으로 이 결정은 내 인생을 크게 바꾸어 놓았다.

이 시기에 나와 가까운 군인 동료 네 명 중 한 명은 각군 본부가 자리한 충남 계룡시에 집을 샀고, 다른 한 명은 근처 서대전에 아파트를 샀다. 출근하기 편리한 곳에 집을 마련한 것이다. 당시 계룡시의 아파트 시세는 2억 2천만 원 정도였고, 서대전의 아파트는 8,500만 원 정도였다. 또 다른 동료는 서울 면목동의 빌라를 매수하였고, 나머지 한 명은 경기도 삼송동의 아파트 분양권을 샀다.

그 시절 동료들의 경제 사정은 다들 비슷비슷했다. 그런데 현재는

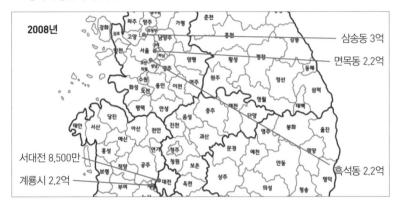

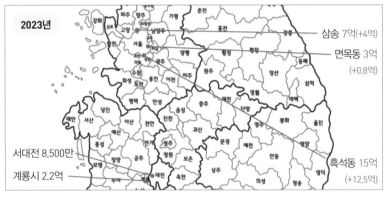

상황이 완전히 달라졌다. 15년이 지난 지금, 놀랍게도 계룡시와 서대
전의 아파트값은 아직도 그대로이다. 내가 매수한 흑석뉴타운의 빌라
는 재개발 사업이 완료되어 새 아파트로 탈바꿈하였고, 현재 시세는
14억~15억 원 정도이다. 분양가 3억 원의 분양권으로 삼송동 아파트
에 입주한 동료는 시세차익으로 4억 원을 얻었다. 반면 면목동의 빌
라 가격은 현재 3억 원 정도이니 면목동의 빌라를 매수한 동료는 8천

만 원의 시세차익 밖에 얻지 못한 셈이다.

같은 시기 서울에 2억 2천만 원의 빌라를 매수하였는데 흑석동의 빌라는 재개발되어 새 아파트가 되었고, 면목동의 빌라는 거의 제자리 걸음을 했다.

입지가 이렇게 중요하다. 10년 전 목동에 집을 산 동료와 인천 송도에 집을 산 동료의 자산이 현재 얼마나 차이 나는지는 굳이 따져볼 필요도 없을 것이다. 1기 신도시가 들어선 후 일산에 집을 산 지인과 분당에 집을 산 지인의 자산은 3배 가까이 차이가 난다. 선택한 부동산의 입지에 따라 이런 엄청난 격차가 생긴 것이다.

흑석뉴타운의 빌라를 매수한 이후로 나는 부동산 시장에 관심을 갖게 되었다. 큰돈을 버는 경험을 하며 비로소 부동산 투자에 눈을 뜨게 된 것이다.

입지가 먼저다

앞의 사례에서 보듯이 비슷한 돈으로 같은 시기에 서울의 흑석동, 면목동에 각각 빌라를 샀으나, 15년이 지난 지금 이처럼 큰 차이를 보인 이유는 무엇일까? 경기도 삼송동은 아파트 분양권이었고, 초기 투자금도 두 배 이상이었지만 흑석동 재개발 빌라에 비해서 상승폭은 1/3 수준이다.

여기서 알 수 있는 가장 큰 포인트는 두 가지이다. 첫째, 내가 살고 싶은 곳이 아니라 누구나 살고 싶어 하는 곳의 부동산을 사야 한다는 것이다. 흑석동의 빌라는 낡은 집이었지만 반포 옆이라 입지가 면목동이나 삼송동에 비해 훨씬 뛰어났다. 즉, 땅의 가치가 높다는 뜻이다. 땅의 가치가 높은 이유는 많은 일자리, 편리한 교통 등 사람들이 살기 원할 수밖에 없는 요건을 갖추었기 때문이다.

'거주'의 기준으로만 집을 찾아서는 곤란하다. 부동산을 통해 자산을 불리고 싶다면 집에 대한 관점을 넓혀야 한다. 집 아래 깔려 있는 '땅'이 진짜 주인공이라는 것을 깨닫는다면 숨어 있는 저평가된 부동산들이 눈에 보일 것이다. 아직 미래 가치를 반영하지 않아 시세가 비슷했을 때, 일산이 아니라 분당, 송도가 아닌 목동, 면목동이 아닌 흑석동을 선택하려면 무엇보다 입지를 보는 눈이 있어야 한다. 입지가 좋다면 오래 기다리더라도, 또 시세가 단기적으로 하락하더라도 버틸 수 있기 때문이다.

둘째, 흑석동의 빌라는 재개발이라는 호재를 업었기 때문에 이러한 수익률을 낼 수 있었다. 이렇게 초기 투자금이 적어도 재개발과 같은 호재를 활용하면 한 번에 핵심지의 새 아파트로 진입할 수 있다. 즉, 누구나 방법만 안다면 내 집 마련이 가능하다는 것이다.

돈이 없어서 집을
못 산다는 이들에게

가진 돈 5천만 원으로 집을 살 수 있을까?

"아빠. 우리 또래는 대학을 졸업하고 취업을 해도 집값이 너무 비싸져서 집을 못 사. 월급을 모아 집을 사는 건 불가능하잖아. 차라리 좋은 차를 사거나 해외 여행을 다니면서 인생을 즐기며 사는 게 나은 것 같아."

"아니야. 방법을 모르는 것뿐이야. 5천만 원으로도 집을 살 수 있어. 아빠도 서울 흑석동에 5천만 원으로 첫 집을 샀단다."

고3인 아들의 말을 듣고 나는 종잣돈이 적은 젊은이들이 집을 살 수 없다는 것이 사실이 아니라는 것을 꼭 알게 해주고 싶었다. 내가 이 책을 쓴 이유이기도 하다. 현재 가진 자금과 금액대별 부동산 투자 유형을 파악한 후 본인 상황에 맞는 부동산을 찾으면 된다. 아직도 서울에는 5천만 원, 1억 원으로도 투자할 수 있는 집들이 있기 때문이다. 기회는 언제고 찾아온다. 하지만 늘 준비가 되어 있는 자만이 이 기회를 잡을 수 있다.

지금 집을 가장 싸게 사는 방법은?

입지 좋은 곳을 선택해 투자하라고 하면, "누군들 강남이나 용산에 집을 사고 싶지 않나요? 입지가 좋을수록 집값이 비싸니까 문제죠. 그만한 큰돈이 어디 있어야 말이죠."라고 항변하는 사람들이 많다. 특히 20~30대 청년이라면 더욱 불가능하다고 생각할 것이다. 그런데 소액으로 입지 좋은 부동산에 투자할 수 있는 방법이 분명히 있다. 내가 30대 초반에 불과 5천만 원을 가지고 새 아파트를 내 것으로 만들 수 있었던 것은 구역만 지정된 상태였던 초기 재개발 구역의 물건에 투자해 긴 시간을 기다렸기 때문이다. 만약 자금이 넉넉하지 않다면 이렇게 '시간'에 투자하는 것도 하나의 방법이다.

이런 투자는 전적으로 젊은이에게 유리하다. 정기적인 근로소득이 있는 20~30대는 지금 할 수 있는 최선의 입지에 투자한 후 기다리기만 하면 된다. 입지가 탄탄하고 투자한 돈이 적다면 10년이라고 못 기다릴 이유가 없다. 생활비를 아끼고 또 아끼며 현재의 행복을 희생할 필요도 없다. 하지만 중년, 노년이 되면 수입이 점점 줄어들어 현금흐름이 아쉬워진다. 무엇보다 대출금 등 여러 요인이 부담으로 다가올 수 있어 공격적인 투자로부터 멀어지게 마련이다. 자신이 가지고 있는 것을 지키는 투자를 할 수밖에 없는 것이다.

따라서 종잣돈이 적어 고민인 20~30대라면 시간이라는 든든한 무기를 활용해 투자하는 방법을 찾아보자. 일단 내가 가진 돈으로는 어떤 유형의 부동산에 투자하는 게 가장 유리한지를 아는 것부터가 우선이다. 지금부터 그 이야기를 시작해 보려 한다.

초기 투자금은 적게 들고, 수익률은 높은 유형 찾기

잠시 투자금의 크기는 잊고 현재 집을 가장 싸게 살 수 있는 방법을 살펴보자. 예를 들어 지금 서울에서 시세 8억 원 정도의 아파트를 가장 싸게 매수할 수 방법에는 뭐가 있을까?

가장 쉬운 방법은 기축 아파트를 매수하는 것이다. 만약 부동산 시장이 침체기라면 급매로 1~2억 원 정도 싸게 매수할 수도 있을 것이다. 시세보다 1억 원 정도 저렴하게 매수했다면 1억 원이라는 안전마진에 더해 앞으로의 시세상승까지 노려볼 수 있다. 이렇게 기축 아파

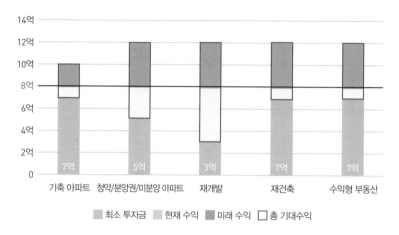

● **부동산 유형별 투자 수익 비교**

범례: ■ 최소 투자금 ▨ 현재 수익 ■ 미래 수익 □ 총 기대수익

트를 매수하는 것은 가장 안전한 방법이지만 초기 투자금이 많이 필요하고, 분양이나 재개발·재건축에 비해 수익률이 적기는 하다.

뭐니 뭐니 해도 아파트 청약은 새 아파트를 싸게 사는 가장 매력적인 방법이다. 하지만 모두 알다시피 서울에 청약이 당첨되는 일은 바늘구멍을 통과하는 것보다 어렵다. 희박한 확률에 매달려 긴 세월을 전 세대원이 무주택자로 사는 것 또한 쉬운 일은 아니다.

분양권 매수를 노려볼 수도 있다. 일단 계약금과 프리미엄만 지불하면 되므로 초기 투자금이 적게 들고, 인근 새 아파트 시세보다 저렴해 안전마진도 확실하다. 나중에 시세차익과 더불어 신축 프리미엄까지 기대해 볼 수

⊘ 프리미엄

프리미엄은 한마디로 '웃돈'이다. 새 아파트 입주권을 받을 수 있는 재개발·재건축 물건은 보통 감정 평가액에 웃돈, 즉 프리미엄을 붙여 매매한다. 분양가는 인근 신축 시세보다 보통 20~30% 낮은 금액으로 책정되기 때문이다.

있다.

그런데 재개발 사업에 투자한다면 초기 실투자금이 이보다 훨씬 적어도 가능하다. 여기서 실투자금이란 대출이나 전세보증금 등 레버리지를 뺀 투자금을 말한다. 물론 해당 구역이 사업시행인가, 관리처분인가 등 사업의 후반기, 즉 안정기라면 초기 실투자금도 커지겠지만, 사업의 초기라면 소액으로 노려볼 수 있는 곳들이 많다.

반면 재건축될 아파트에 투자한다면 안정적인 투자가 되겠지만 이는 초기 투자금이 많이 필요하다. 하지만 사업 수익성이 좋은 데다가 재개발처럼 추후 신축 프리미엄 효과까지 누릴 수 있다는 큰 장점을 가지고 있다. 재개발·재건축과 같은 정비사업은 긴 시간이 필요하지

부동산 상식 1분 수업
재개발·재건축 사업의 절차

재개발·재건축 사업은 구역이 지정되고 나면 크게 조합설립인가, 사업시행인가, 관리처분계획인가라는 단계를 밟아야 이주와 철거를 하고 새 아파트를 지을 수 있습니다. 조합이 설립되었다는 것은 사업을 끌고 가는 주체가 생긴 것을 의미합니다. 초기의 가장 큰 관문이지요. 사업시행인가를 받았다면 사업이 중단될 확률은 적습니다. 다음으로 관리처분인가를 받으면 재개발·재건축 사업의 8부능선을 넘었다고들 하는데요. 그만큼 사업이 안정기로 들어섰다는 것을 의미합니다. 이후로는 이주, 철거, 입주만을 남겨놓은 상태니까요.

만 사업 후반기의 재건축 아파트를 매수하면 그렇게 오래 기다리지 않아도 된다. 대신 그만큼 비싼 프리미엄이라는 대가를 지불해야 한다. 사업 완료가 가까워지며 리스크가 작아질수록 프리미엄이 높아지는 것은 당연하다.

상가나 오피스텔 같은 수익형 부동산은 매달 월세를 받을 수 있다는 장점이 있지만 '공실'이라는 리스크를 감수해야 하며 초기 투자금도 많이 필요하다. 하지만 상가의 경우 상권을 분석할 수 있는 실력을 갖춘다면 현금흐름을 확보해 주며 상상 이상의 높은 수익률 역시 기대할 수 있다.

앞의 도표에서 보듯이 초기 실투자금이 가장 적은 부동산 유형은 재개발 물건이다. 단, 사업 초기에 투자했을 때에만 이런 수익구조가 가능하다. 초기에 투자하는 만큼 실입주를 하기까지는 10년 이상의 시간이 걸릴 수도 있다. 그러나 초기 실투자금이 적을수록 기대수익도 높아진다.

이렇게 부동산 유형별 기대수익과 초기 투자금을 비교해보고 나에게 알맞는 유형을 찾는 것은 매우 중요하다. 리스크는 적으나 수익률은 높은 투자는 세상 어디에도 없다. 높은 리스크를 감당하며 소액으로 재개발 물건에 투자해 긴 시간을 기다릴지, 투자금은 많이 필요하지만 안정적으로 기축 아파트를 매수할지는 본인의 상황과 성향에 맞춰 선택하는 것이다.

소액 투자자라면 더욱 적극적으로 투자하라

코로나 팬데믹 시기에 유동성 확대로 폭등했던 집값은 하락기를 맞았다. 부동산 침체기를 거치며 대부분의 집값이 고점 대비 하락한 상태이지만 여전히 서울에 아파트 한 채를 사는 것은 쉽지 않은 일이다. 자산 증식을 떠나 누구나 일터에서 가깝고 쾌적한 환경을 갖춘 아파트에서 가족들과 안락한 삶을 누리고 싶어한다. 청약 당첨은 요원하고, 지금 가진 돈으로는 원하는 아파트를 살 수 없다면 내 집 마련을 포기하는 것이 답일까?

제2장에서 더 자세히 다루겠지만 부동산에 투자하는 방법은 정말 다양하다. 현재 투자금이 적다면 앞에서 살펴본 것처럼 '초기 재개발'에 투자하는 것이 적합한 투자 전략이 될 수 있다. 적극적으로 찾아보면 의외로 '서울에 아직 이 가격대의 부동산이 있었어?' 하는 물건들을 발견할 수 있을 것이다. 예를 들어 서울 중심지는 아니지만 둔촌동, 천호동 등에는 아직도 1억 원 정도로 투자할 수 있는 정비사업 구역이나 예정지의 물건들이 숨어 있다.

물론 흙속에 묻힌 진주를 찾는 과정이 쉽지는 않다. 또한 초기 재개발 사업에 뛰어드는 것은 큰 리스크를 감수하는 일이다. '정비사업이 중도에 어그러지면 어떡하지?' 하는 두려운 마음이 드는 것은 당연하다.

하지만 입지만 좋다면 그 자체로 든든한 안전장치를 둔 셈이다. 한 가지 사례로 성수동 서울숲 옆에 '서울숲트리마제'라는 명품 아파트가 들어서자 주변의 2~3억 원 하던 빌라들의 시세도 일제히 6~7억 원 대로 껑충 뛰어오른 적이 있다. 재개발 구역 빌라도 아닌데 말이다.

대형 재개발·재건축 사업은 그 자체로 큰 호재이다. 낡은 빌라촌에 재개발로 랜드마크 아파트가 우뚝 들어서면 동네 전체의 분위기가 바뀌고 새로운 생활권이 형성된다. 그 동네의 인식 자체가 달라지는 것이다. 이렇게 미래에 랜드마크 아파트가 될 대형 재개발 구역 근처라면 혹시 정비사업이 무산되더라도 반사이익으로 시세상승을 누릴 수 있으며 추후 정비사업이 재개될 확률도 높다.

가진 돈이 적다면 더욱 적극적으로 투자해야 한다. 가장 위험한 것은 사실 '이 돈으로 할 수 있는 건 아무것도 할 수 없어' 하며 가만히 있는 것이다. 요즘 물가가 급격히 올라 월급 빼고 다 오른다는 말이 있다. 내가 가진 현금은 시간이 지날수록 가치가 하락하게 된다. 내 돈이 가야 할 방향을 빨리 정하지 않으면 안 되는 이유이다. 집값이 물가상승률을 따라 지속적으로 오른다는 것은 지나온 역사가 말해주고 있다. 그래서 가진 돈이 적더라도 나의 요건으로 살 수 있는 선택지를 빠짐없이 펼쳐놓고 가장 입지가 좋고 저평가된 것을 골라 내 집 마련만큼은 꼭 이루기를 바란다.

많은 사람이 부동산 가격이 오르기 시작하면 '지금 아니면 절대 못 사. 영끌해서라도 사야지'라고 생각하고 비싼 가격에 집을 사기 위해 너도나도 경쟁을 한다. 그런데 막상 부동산 가격이 내려가면 '아~ 집값이 더 내려갈지 몰라. 왜 집을 사?'라면서 매수를 망설인다. 하지만 부자들은 정반대로 행동한다.

워런 버핏이 "공포에 사고, 환희에 팔아라."라고 말한 것처럼 부동산이 고점에서 상당 부분 하락한 때에 부자들은 마치 마트에서 탐스럽고 큰 사과를 고르듯이 옥석을 골라 좋은 부동산을 사들인다. 가진 돈이 충분하지 않다면 더욱 부자들처럼 부동산이 하락한 때를 노려 저가 매수를 해야 한다.

그런데 백화점 세일 기간에 좋은 물건을 싸게 사기 위해서는 그 물건의 진짜 가치를 알고 있어야 하듯이 부동산도 그 가치를 제대로 평가할 수 있는 역량이 있어야 하락기에 기회를 잡을 수 있다. 하지만 부동산의 가치를 보는 눈은 단기간에 가질 수 없다. 부동산 투자는 종합적인 사고를 필요로 하기 때문이다. 부동산 입지를 분석할 수 있는 능력은 물론이고, 청약, 재개발·재건축 등 정비사업, 분양권 투자 등 다양한 투자 방법을 미리 공부해야 제대로 안목을 키울 수 있다.

무엇보다 중요한 것은, 5천만 원, 1~2억 원으로도 살 수 있는 부동산 선택지가 매우 많다는 것이다. 처음부터 누구나 살고 싶어 하는 서울의 핵심지에 그럴듯한 부동산을 사기는 어렵지만, 입지가 좋은 곳에 자리한 저평가된 부동산을 사는 것은 얼마든지 가능하다. 한 번에 빠르게 갈 수 있는 길은 없지만, 한 번 성공했다면 두 번 세 번 반복해 점점 상급지로 이동하는 방식으로 돌아가는 길은 분명히 있다. 평범한 직장인도, 사회초년생도 얼마든지 기회가 있다는 뜻이다.

돈이 없어도
서울 핵심지부터 노려라

내가 서울 핵심지를 강조하는 이유

2023년 초 나는 용산 재개발 구역에 4억 5천만 원의 빌라를 2억 원의 실투자금으로 매수했다. 2억 원으로 제2의 강남으로 불리는 용산의 재개발 구역에 투자했다고 하면 놀라는 사람들이 많다. 물론 아직 사업 초기 단계이기 때문에 이 사업이 순탄하게 '입주'라는 목표지점까지 갈 수 있을지는 확실하지 않다. 하지만 용산이 어디인가? '마지막 금싸라기 땅'이라고 불리는 용산정비창부지에 국제업무지구가 들어서면 법적 상한 용적률 1,500%를 뛰어넘는 '마천루' 건물들이 스카이라인을 그릴 것이다. 그 모습이 '롯데타워'를 뛰어넘을 것이라는 얘기까지 나오고 있다. 또한 서울의 센트럴파크가 될 용산민족공원이 완성되면 용산은 강남이 갖지 못한 자연환경을 가지게 된다. 이뿐인가? 용산의 교통호재는 너무 많아 하루 종일 이야기해도 모자를 정도이다. 자식에게 물려주어야 할 땅이란 이야기다.

내가 서울 핵심지를 늘 강조하는 이유는 이렇게 2억 원으로도 투자할 수 있는 곳이 어딘가에는 있기 때문이다. 물론 이 용산의 빌라는 재개발 사업의 불확실성이라는 리스크를 감당하며 오랜 시간을 기다려야 한다. 하지만 나는 궁극적으로 뛰어난 입지만큼 안전을 보장하는 것은 없다고 생각한다.

처음부터 핵심지로 진입하기 어렵다면 준 핵심지부터 시작하자. 앞에서 살펴본 흑석동과 면목동 사례에서 알 수 있듯이 시간이 지날수록 상급지와 하급지의 격차는 커진다. 특히 투자하는 곳이 서울이 아니라면 갈 길이 너무 멀다. 물론 경기도 성남이라면 이야기가 달라진다. 판교나 분당은 이미 시세가 너무 높은 상태이지만 성남의 구도심에는 재개발 구역들이 제법 포진되어 있어 눈여겨볼 만하다.

지인 2명의 사례를 잠깐 이야기해보려고 한다. 2015~2017년 즈음에 한 명은 과천에, 다른 한 명은 강남에 20평대 아파트를 분양받았는데, 당시 분양가는 1억 원밖에 차이가 나지 않았다. 그런데 현재 과천의 아파트는 20억 원, 강남 아파트는 25억 원대에 시세가 형성되어 있다. 한 순간의 선택으로 5억 원의 차이를 만든 것이다.

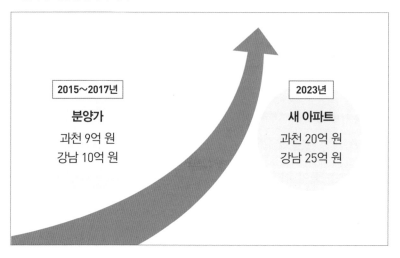

2015~2017년
분양가
과천 9억 원
강남 10억 원

2023년
새 아파트
과천 20억 원
강남 25억 원

투자금이 적다는 이유로 내가 접근하기 쉬운 안전한 곳부터 투자를 시작해 상급지로 올라가는 전략을 꾸릴 수도 있다. 하지만 나는 그 반대의 전략을 취한다. 핵심지에서 찾아보고 또 찾아보다가 정말 안 되면 차선이 되는 입지를 찾아본다. 예를 들어 2억 원이라는 실투자금이 있다면 경기권이나 인천의 아파트보다는 용산의 재개발 빌라를 선택하는 것이다. 리스크는 따르지만 매매가 쉬운 아파트라고 해서 핵심지에서 너무 벗어난 곳을 선택하게 되면 나중에는 핵심지와 비교했을 때 시세차익이 크게 차이 날 수밖에 없다. 대부분 땅 자체의 가치가 그 부동산의 가치를 결정하기 때문이다. 땅값은 핵심 지역일수록 더 많이 상승하고 그 차이는 시간이 지날수록 더욱 커진다.

이미 가진 자와 가지려는 자의 전략

우리가 가장 잘 알고 있는 서울 핵심지로는 압구정, 반포, 용산, 성수, 흑석 등이 있다. 이곳들은 이미 땅의 가치가 높아 비싼 곳이다. 핵심지에 이미 투자한 사람과 투자금이 충분하진 않지만 이곳에 진입하고자 하는 사람의 전략을 각각 알아보려고 한다.

이미 가진 자

핵심지에 이미 부동산을 가지고 있다면 절대적으로 가진 것을 지키는 전략을 구사해야 한다. 지금과 같은 혼돈의 시기에 만약 부동산을 정리한다면 다시 재진입하기 대단히 힘들 수 있기 때문이다.

서울 부동산은 이미 핵심지를 선점하려는 자들의 전쟁터이다. 강남 아파트는 경쟁률도 높지만 청약 당첨 커트라인이 만점(84점)에 가깝다. 게다가 강남의 부자들은 그들의 아파트를 쉽사리 팔고자 하지 않는다. 작년 같은 침체기에도 강남 아파트 매물은 매우 귀한 존재였다. 가격이 떨어지면 오히려 증여세가 줄어들므로 자식들에게 증여하려고 하지 파는 사람은 많지 않기 때문이다. 강남에 부동산을 소유하며 큰 시세상승을 누린 사람들은 이 가치를 누구보다 잘 알기 때문에 쉽사리 내놓지 않는 것이다. 이렇게 매물이 잘 나오지 않으니 강남 아파트의 하방 경직성은 강할 수밖에 없다.

용산도 마찬가지이다. 용산국제업무지구와 용산민족공원 개발 호재, 2040도시기본계획 등을 감안한다면 물건을 쉽사리 정리할 수는 없을 것이다. 잘 지키는 것만으로도 좋은 재테크 전략이라 할 수 있다.

가지려는 자

자신이 가진 돈으로 핵심지의 부동산을 쉽게 매수할 수 있는 사람은 많지 않다. 대부분 자금이 넉넉하지 않지만 기회만 있다면 도전하려는 사람들이다.

핵심지의 아파트는 고액이어서 진입하기에 상당히 버겁다. 이제는 가격이 너무 올라서 더 이상 답이 없다고 생각하는 사람도 많다. 그러나 해당 지역에 임장을 가 현장을 꼼꼼히 조사하고 부동산 전문가나 공인중개사의 도움을 받으면 아직 실투자금 1억 원대로 투자 가능한 물건도 찾아볼 수 있다. 핵심지에도 여전히 많은 빌라(연립주택, 다세대주택)가 존재한다. 주요 입지의 경우, 랜드마크 아파트가 들어서거나 대형 호재가 있으면 주변 빌라 시세도 같이 상승해왔다는 점을 주목할 필요가 있다. 앞에서 예로 든 성수동의 서울숲트리마제 주변 빌라처럼 용산 개발 본격화와 발맞추어서 용산의 빌라 가격도 급상승했다.

또한 주요한 입지이지만 아직 그 가치를 인정받지 못한 곳도 있다. 이런 곳은 당장 수익을 창출할 수 있는 곳이 아니다. 그러나 시간이 걸리더라도 언젠가 빛이 날 곳에 먼저 진입한다면 소액으로 큰 시세차익을 얻을 수 있을 것이다.

핵심지는 무엇으로 결정되는가

자본이 집중되는 핵심지 알려주는 '서울 도시기본계획'

나는 하루에 최소 10분 이상 서울 지도를 들여다본다. 아직도 저평가되어 있고 상승 여력이 있는 곳을 찾는 것이다. 서울 핵심지 또는 준핵심지의 다양한 부동산 유형을 열린 마음으로 바라보고 투자의 답을 찾는다. 이 작업은 부동산 투자자라면 하루라도 게을리해서는 안 된다.

그렇다면 핵심지의 기준은 무엇일까? 내가 부동산 투자에서 특히 집중하는 키워드는 '한강', '용산', '서울도시기본계획' 등이다. 서울시 '2040 서울도시기본계획'의 중심지를 표시한 지도를 보면 현재 자본이 집중되고 있는 곳이 어디인지 한눈에 들어온다. 이렇게 서울시가 집중하는 지역에 우리도 집중할 필요가 있다. 3도심, 7광역중심, 12지역중심을 잠시 살펴보자. 이곳들은 서울에서 집중적으로 개발할 의지를 가진 곳이다. 일단 다음 페이지의 지도를 보면 서울 3도심의 가운데 용산이 위치하고 있다. 용산 주변으로 일자리 타운인 3도심과 눈부신 변화를 하고 있는 용산, 청량리 등 광역중심지들이 보일 것이다. 국가의 예산과 개발계획이 집중되는 곳들이므로 미래를 보여주는 지

> ### ⊘ 2040 서울도시기본계획
> 2040 서울도시기본계획은 시민 삶의 질을 향상시키고 서울시의 지속 가능한 발전을 위한 정책 방향을 제시하는 계획이다. 서울시는 디지털 전환, 팬데믹, 인구변화 등에 따른 미래 도시공간 변화에 대비하여 7대 공간목표를 설정하였다. 사회·경제, 환경·에너지, 교통·기반시설, 문화·복지 등 도시 전체의 다양한 분야를 포괄하는 종합계획이다.

● **2040 서울 도시기본계획 중심지**

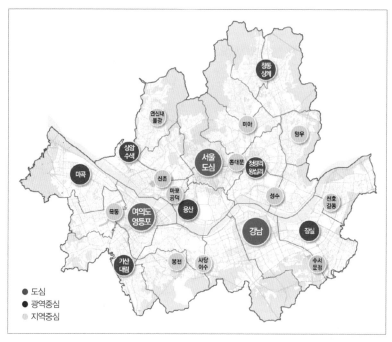

출처: 서울시

도라 할 수 있다.

이미 비싼 강남 아파트의 가격이 더 오를 수밖에 없는 이유는 대한
민국 최고의 입지를 가졌기 때문이다. 강남은 어디와도 비교할 수 없
는 압도적인 일자리를 보유하고 있다. 그렇기에 늘 부동의 부동산 입
지 1위를 고수하고 있다. 그러나 강남에 진입하기 어렵다면 미래에
강남이 될 곳을 선점하면 된다. 제2의 용산, 제2의 마포가 될 곳들도
좋다. 빈 땅이 없는 서울에 무슨 큰 변화가 있을까 싶지만 서울은 아
직도 역동적으로 개발되고 있다. 재개발·재건축 지도를 보면 서울 전

역에 포진해 있는 정비구역이 너무 많아 셀 수 없을 정도이다. 오늘도 수많은 구역들이 낡은 집을 허물고 새 아파트로 탈바꿈하고 있다는 사실에 새삼 놀라게 된다. 이는 핵심지의 저평가된 곳을 선점할 기회가 아직도 많이 남아 있다는 것을 뜻한다.

자금이 넉넉하다면 핵심지의 아파트를 매수하면 된다. 이것이 어렵다면 재개발을 앞둔 빌라, 또는 개발 호재가 있는 곳이나 역세권의 빌라 또는 1.5룸 이상의 오피스텔도 답이 될 수 있다.

역세권 지역

현재 서울시는 재개발, 재건축, 신통기획, 모아타운 등을 통해 주거개선 및 공급 확대를 하기 위해 노력하고 있다. 특히 역세권을 중심으로 개발을 적극 추진하고 있는데 역세권시프트, 역세권 활성화사업, 역세권 고밀도 복합개발, 역세권 청년주택 등 다양한 시도를 하고 있다. 따라서 2040 도시기본계획과 함께 역세권을 주목하면 집중해야 할 부동산 투자 지역을 보다 세밀하게 좁힐 수 있을 것이다.

재개발 및 재건축 지역

투자금이 충분하지 않다면 이미 높은 시세를 형성하고 있는 기축 아파트보다는 안전마진이 높은 재개발·재건축 투자가 유리할 수 있다. 그리고 재개발·재건축 투자를 하기 위해서는 2040 서울도시기본계획과 역세권이 중복되는 곳을 주목할 필요가 있다.

오세훈 서울시장은 서울시를 글로벌 시티로 만들려는 포부를 가지고 있다. 그는 서울을 세련된 도시로 만들기 위해 수많은 정비사업을 적극적으로 추진하고 있다. 재개발, 재건축, 신통기획, 모아타운, 역세권 개발 등을 통해 개선작업이 동시다발적으로 진행하는 중이므로 관심을 가져보자.

인재 집중 지역

고학력자, 고소득자들은 서울과 판교 등 특정 지역에 집중되어 있다. 이렇게 고급 인력이 특정 지역에 집중되는 현상은 4차산업과 인구감소 등과 맞물려 가속화되고 있다. 이는 부동산의 가치와 상관관계가 깊다. 좋은 직장이 집중되면 집값은 자연스럽게 높게 형성되게 마련이다. 실제로 서울에서 인재가 모이는 지역과 집값이 높은 지역은 거의 일치한다. 서울뿐만 아니라 고소득 일자리가 집중되어 있는 지방 광역시도 집값이 높게 형성되는 현상을 보인다. 부동산 투자 시 인재가 집중되는 곳을 우리가 주목해야 하는 이유이다.

학군지

서울대학교 진학률은 강남 3구와 양천구가 가장 높다. 좋은 학군지는 매년 중학생 수가 증가하며 집값과 임대 가격이 상승한다. 학군지가 좋을수록 임대 가격도 높아지며 부동산 가격은 계속 상승할 수밖에 없다.

이는 현재까지 꾸준히 유지되고 있는 부동산 시장의 원칙이다. 자녀를 둔 고학력자, 부자, 상류층 등은 학군지를 대단히 중요시한다. 그래서 강남, 목동, 중계동, 평촌 등과 같은 곳은 집값 하락폭이 적고 상승폭은 크다.

지금까지 입지를 결정짓는 주요 요인을 살펴보았다. 난생처음 부동산 투자를 시작한다면 내가 사는 지역 또는 전에 살았거나 잘 알고 있는 지역부터 조사하는 것이 좋다. 오늘부터라도 집 또는 직장 근처 부동산을 자주 다녀보면 익숙하지만 관심이 없어서 알지 못했던 많은 것을 알게 될 것이다. 핵심지나 또는 핵심지 근처를 잘 알고 있다면 금상첨화이다.

지금 집을 사야 해!
vs. 지금 사면 안 돼!

늘 엇갈리는 주장

부동산 전망은 늘 상반되는 시각이 공존하며 의견이 엇갈린다. 지금 당장 부동산 전망에 대한 기사를 찾아보자. 집값 바닥론, 대출 완화, 분양가 상승 등 여러 이유로 젊은 실수요자 중심으로 집을 사고 있다는 내용의 기사들이 보일 것이다. 반면 앞으로 더욱 하락할 것이라는 어두운 전망의 기사도 볼 수 있다. 이 정도 되면 전문가가 경기를 정말 예측할 수 있는지가 궁금할 수밖에 없다.

사실 경기를 정확하게 예측할 수 있는 사람은 없다. 즉 미래는 그 누구도 알 수 없다. 따라서 부동산 전문가, 경제 전문가라는 타이틀을 달고 있다고 이들의 말을 그대로 받아들여 일희일비해서는 안 된다. 전문가의 의견은 참고만 할 뿐 주식이나 부동산 등 모든 투자는 본인 스스로 하는 것이기에 결과 또한 자신이 책임질 몫이다. 중요한 것은 어떠한 결과가 발생하더라도 본인이 감당할 수 있어야 하며 그 투자가 현재의 삶까지 어렵게 하지 않아야 한다. 그렇기에 투자를 할 때는 철저한 분석과 반복적인 확인이 필요하다. 초보자라면 주변인이나 전문가의 도움을 받는 과정을 거쳐야 한다. 부동산 투자는 자신뿐 아니라 가족 모두의 인생까지 바꿀 수 있기 때문이다.

또한 투자를 실행했다면 자기 확신을 가지고 인내하는 시간을 가져야 한다. 좋은 입지에 투자했다면 시간을 잘 투자해야 원하는 결실을 맺을 수 있다.

서울 아파트는 늘 부족하다

2023년 11월 기준으로 대한민국 인구는 계속 감소되고 있다. 이에 따라서 전국 주택보급률도 100을 기준으로 두었을 때 102 정도가 되었다. 쉽게 얘기하면 집이 남아 돈다는 이야기이다. 서울도 94.2로 주택 보급률 자체는 그렇게 낮지 않다. 이렇게 인구 감소가 계속되면 주택 보급률은 상대적으로 늘어나게 된다. 따라서 공급이 많고 수요는 더 적어

● 아파트 매매가격지수

(기준 월: 2021.6.=100)

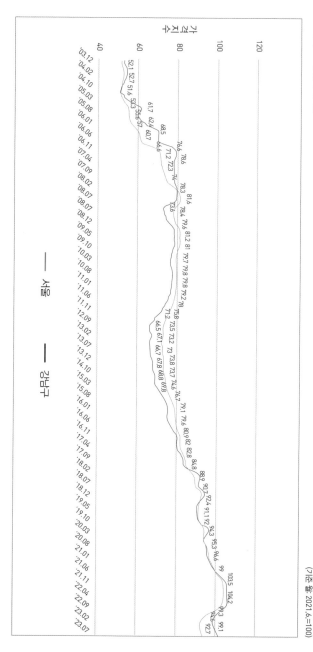

가격지수

120

100

80

60

40

103.5 104.2
99 99.3 99.1
95.3 94.6 92.7
94.3
92.4 91.1 92
90.7
88.9
84.8
80.9 82 82.8
79.1 79.6
76.7
73 73.8 73.7 74.6 69.8
72.2 73.5 73.2 68.8
71.2 75.8 66.7 67.8
66.5 67.1 66.7
79.7 79.8 79.2 78
81.6 79.6 81.2 81
78.3 78.4
73.6
78.6
76.6
71.2 72.3 74
68.5 66.6
61.7 62.4 60.7
52.1 52.7 51.6 52.3 556 57

'03.12
'04.02
'04.10
'05.03
'05.08
'06.01
'06.06
'06.11
'07.04
'07.09
'08.02
'08.07
'08.07
'08.12
'09.05
'09.10
'10.03
'10.08
'11.01
'11.06
'11.11
'12.09
'13.02
'13.07
'13.12
'14.10
'15.03
'15.08
'16.01
'16.06
'16.11
'17.04
'17.09
'18.02
'18.07
'18.12
'19.05
'19.10
'20.03
'20.08
'21.01
'21.06
'21.11
'22.04
'22.09
'23.02
'23.07

——— 서울   ——— 강남구

져 결국 집값도 떨어지지 않겠냐라는 게 집값 폭락설의 논리이다.

그런데 이는 대부분의 한국 사람들이 원하는 주거의 형태가 아파트라는 점을 간과한 주장이다. 서울의 아파트 비율은 59.5%밖에 안 된다. 아파트의 매매 가격 지수도 인구 감소에 따라서 줄어드는 것이 아니라 지속적으로 상승해왔다. 집값이 떨어지면 당장은 개인의 재무 상황에 빨간 불이 켜질지 몰라도 입지가 좋다면 언젠가는 오를 수밖에 없다.

전문가들과 개인마다 의견이 다르지만 장기적으로 집값이 상승한다는 대세적인 부분은 불변의 사실인 것이다.

그래서 언제 사야 되나요?

그럼에도 부동산 투자에 있어서 가장 중요한 고민은 언제 어디에 집을 사야 하는지이다. 언제가 좋을지는 현재 상황과 향후 예상되는 시장 동향 등 다양한 요인을 고려해야 한다. 수많은 변수가 있겠지만 몇 가지 주요한 기준을 살펴보겠다.

1. 부동산 시장 상황

부동산 시장은 상승과 하락 사이클을 반복한다. 큰 폭으로 하락한 뒤 조금씩 상승하는 모습이 보일 때라면 집을 사기에 좋은 매수 타이

● 아파트 평균 거래금액과 거래량

아파트 평균 거래금액

(단위: 만 원)

아파트 거래량

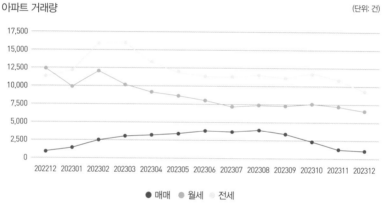

(단위: 건)

출처: 통계청

밍이 될 것이다. 그러면 하락기와 조정기를 거치고 상승하는 시점은
어떻게 포착할 수 있을까?

위의 그래프와 같이 거래량을 통해서 시장의 동향을 파악할 수 있
다. 2023년 9월에는 거래량이 소폭 하락하였는데 이는 좋은 매수 타
이밍의 신호가 될 수 있다. 물론 이에 대한 판단기준도 전문가마다 분

분하다. 서울 강남, 용산 등의 중심지 아파트를 중심으로 거래되던 물량이 어느 정도 소진되어 나타나는 일시적인 현상으로 보는 견해도 있고, 전체적 경기 하락과 금리 변동성, 일부 대출규제 등의 영향으로 상승폭이 둔화됐다고 보는 견해도 있다. 결국 최종 판단은 자신의 몫이니 확신을 가지고 신중하게 투자를 결정해야 할 것이다.

2. 금리와 투자

금리는 부동산 시장에 중요한 영향을 미치는 요소 중 하나이다. 현재 시장에서는 금리 인하의 시점에 대하여 촉각을 곤두세우고 있다. 전문가들 사이에서는 2024년 상반기나 하반기에 금리 인하가 있을 것이라는 다양한 의견이 나오고 있는 상황이다.

금리가 인하되기 위해서는 기본 전제가 있다. 물가안정이다. 금리가 최근 인상된 주요 원인도 인플레이션 압박으로 급격히 미국 금리가 인상됨에 따라 한국금리도 따라 상승한 것이라 볼 수 있다.

현재 고용안정성으로 인한 물가상승 가능성에 따라 미국 연준은 추가금리 인상을 시사하고 있지만 2024년에는 하락할 것이라는 전망이 우세하다. 한국은 단기적으로 PF대출문제, 역전세 해결을 위한 자금 대출상환 등의 문제로 인해 추가 금리 인상을 하기는 곤란하다. 다만 미국과의 금리역전의 부담때문에 2023년 하반기까지 일시적으로 시중금리가 상승하였다.

장기적으로는 물가안정이 이루어지고 있다고 판단된다. 무엇보다 경기가 장기둔화되고 있으므로 금리인하가 이루어질거라는 전망이 나오고 있다.

부동산 가격변동을 가져오는 요인은 많지만 통상 금리가 인하하면 부동산 가격이 상승하고, 금리가 상승하면 부동산 가격이 하락하는 양상을 보여왔다. 2022년부터 최근까지 금리가 가파르게 상승하였는데 이 기간에 부동산은 하락하여 이러한 상관관계를 보여준다. 이는 실제적으로 대출을 이용한 부동산 소유자들의 부담과 부동산 투자 희망자들의 직접적 부담 및 심리적 거부감 등이 복합적으로 맞물린 결과라고 볼 수 있다.

향후 금리인하가 전망되는 가운데, 대다수의 전문가들은 부동산 가격 상승의 시기를 2024년 상반기 부터 내년 하반기까지 다양하게 점치고 있다. 다만 금리인하 변수 하나만을 두고 봤을 때, 금리인하가 이루어졌다고 해서 부동산 가격이 드라마틱하게 바로 상승하지는 않는다. 대략적으로 가시적인 금리인하가 이루어진 후 약 6개월 정도를 기점으로 부동산 가격이 상승한다고 볼 수 있다. 물론 금리 조건만을 따져봤을 때의 시나리오이다.

특히 금리가 낮아질 때는 대출을 이용한 투자가 유리하므로 대출을 활용할 예정이라면 이러한 금리 변화에 주목하여야 한다.

3. 공급과 수요

부동산 시장에서 수요와 공급은 핵심 요소로 현재 공급 상황과 향

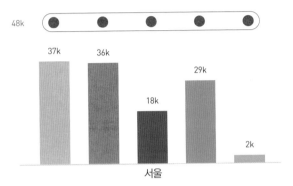

출처: 부동산지인

후 예상을 고려하여 투자 지역을 선택해야 한다. 특히 공급량은 주요한 지표가 된다. 공급량을 알고자 한다면 입주물량 지표를 살펴보면 된다. 부동산지인 홈페이지 또는 애플리케이션에서는 내가 원하는 지역의 입주물량과 수요량을 손쉽게 파악할 수 있다. 만약 아파트에 입주하기를 원하는 수요보다 공급량, 즉 입주 물량이 많아지면 당연히 전세와 매매 시세는 하락할 수밖에 없다. 반대로, 입주물량이 낮은데 수요가 높다면 전세 및 매매 시세는 상승할 것이다. 그러므로 투자를 결심했다면 시장의 수요와 공급 상황을 통해 투자 적기를 살펴보는 것이 좋다. 하지만 이를 완벽하게 예측하기란 불가능하다. 수요는 심리적인 요소에 영향을 받기 때문에 예기치 못한 상황에 크게 흔들릴 수 있다.

● 아파트 미분양 추이

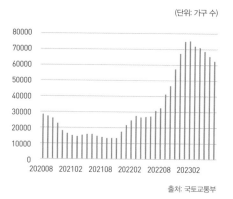

(단위: 가구 수)

출처: 국토교통부

4. 미분양 물량

미분양 아파트의 수량도 중요한 지표이다. 미분양 아파트가 급격하게 줄어들면 전세 시세가 상승할 가능성이 있기 때문이다. 따라서 급격한 미분양 소진 현상이 나타난다면 좋은 매수 타이밍이 될 수 있다.

5. 전세 시세 변동

전세 시세가 급격하게 상승하고 있다면 전세 시장이 활성화되고 있는 것으로 볼 수 있다. 이때 전세로 집을 구하는 것도 고려해볼 만하다. 부동산원 정보 기준으로 2023년 8월까지 결과를 봤을 때, 아파트 전세가격지수가 점차 하향저점에서 상향되고 있는 것을 확인할 수 있다. 현재 비교적 금리가 안정되고, 월세가 상대적으로 가격이 상승한 부분 등을 반영하여 점차 전세 시세 역시 상승하고 있는 것이다.

그렇다면 현재 전세 시세를 고려할 때 어떤 선택을 하는 것이 현명

● **아파트 전세가격지수**

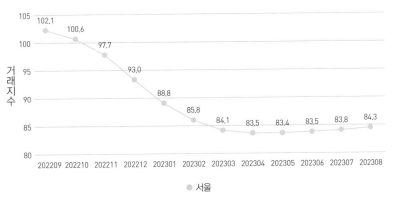

(기준 월: 2021.6.=100)

거래지수

102.1
100.6
97.7
93.0
88.8
85.8
84.1 83.5 83.4 83.5 83.8 84.3

202209 202210 202211 202212 202301 202302 202303 202304 202305 202306 202307 202308

● 서울

출처: 부동산원

할까?

첫째, 공격적인 투자자에게는 남들이 투자를 꺼려하고 주저하는 지금이 투자의 적기일 것이다. 실제 부동산 가격이 대폭 하락했던 2022년과 2023년 초에 현금을 보유한 많은 투자자들이 부동산을 매수했다. 하지만 이런 공격적인 투자는 입지 분석이나 물건 분석을 할 수 있는 능력을 갖추었을 때 해야 한다.

둘째, 안정적인 투자자라면 금리인하의 영향과 부동산 상승효과가 본격적으로 나타나는 시기를 기다릴 것이다. 물론 공격적 투자에 비해 이익이 상대적으로 적을 수는 있지만 안정적인 수익을 낼 수 있다. 주식 투자에서도 바닥과 천장을 판단해서 매입과 매도를 하는 것이 불가능하듯이 욕심을 버리고 부동산 경기가 상승세를 탔을 때 안정적으로 올라타면 심적 및 경제적 부담이 적은 투자를 할 수 있다.

100억 자산의
부동산 부자가 된 직장인

50대 김○○ 님

Q. 직장을 다니면서 어떻게 100억 자산가가 되셨는지 과정이 궁금합니다.

A. 성남에 있는 작은 중소기업을 다녔던 저는 거의 월급의 70%를 저축하려고 노력했지만 아무리 저축을 해도 집 한 채를 장만하기는 어렵다는 것을 일찌감치 깨달았습니다. 어떻게든 집을 장만하고 싶었던 저는 2009년 어느 날 무작정 서점에 가서 부동산 재테크 관련 책들을 사서 읽기 시작했습니다. 처음 접하는 경제용어와 생소한 부동산 투자 내용들을 이해하는 데 많은 시간이 걸렸지요. 그러다 '경매' 책들이 제 마음을 사로잡았습니다. 경매하는 분들 중에는 저처럼 적은 돈으로 시작해서 크게 성공한 경우가 많았기 때문입니다.

그래서 그동안 열심히 모은 2억 원의 종잣돈을 가지고 2010년부터 서울 및 수도권의 중소형 아파트 경매 투자를 하기 시작했습니다. 처음 낙찰받은 물건은 성남 구도심에 있는 소형 아파트였습니다. 첫 시작은 너무나 떨렸고, 과연 내가 할 수 있을까 하는 의구심과 두려움이 가득했습니다. 그러나 두 번, 세 번 낙찰을 받다 보니 자신감이 생겼고, 점차 자산이 늘어나기 시작했어요. 그렇게 성남, 인천, 서울 지역의 주요 역세권 주변 아파트를 대상으로 경매를 했습니다. 이 시절에는 경락자금 대출로 거의 집값의 90%에 가까운 금액을 대출받을 수 있었어요. 대출과 전세보증금을 레버리지로 활용해 단기 또는 장기 투자를 했고, 약 3년 동안 경매를 해서 모은 돈은 대략 10억 원 정도 됩니다.

그러다 서울 뉴타운을 중심으로 재개발이 활성화되는 것을 지켜보면서 재개발로 눈을 돌렸습니다. 2013~2015년 즈음에는 재개발 지역도 부동산 경기 여파로 급매물이 많이 나왔고, 이때 흑석동, 길음동 등의 재개발 구역에 있는 값싼 빌라들을 많이 매입했습니다. 이 시기에는 임대사업자 제도를 통해서 취득세, 종부세, 양도세 등 절세 혜택을 볼 수 있어서 소유한 대부분의 부동산을 임대등록하였고, 20~30%의 보유 부동산은 단기 투자를 하면서 재투자 방식으로 운용을 했습니다. 그러다가 2018년도부터 본격적으로 부동산 경기가 활성화되면서 100억 자산을 이룬 것 입니다.

Q. 아직도 직장에 다니시나요?

A. 지금은 직장에 다니지 않고 있습니다. 하지만 2020년도까지는 제가

꿈꾸는 자산 규모와 현금흐름이 완전하게 만들어지지 않았다고 생각하여 직장을 다녔습니다. 제가 가진 대부분의 자산은 현금이 아닌 재개발 지역의 부동산들이어서 언제든지 재정 상황이 바뀔 수 있다고 여겼기 때문입니다. 그래서 점차 부동산 자산 비율을 현금화하는 데 노력했습니다. 일부는 수익 실현을 하여 연금에 가입했고, 일부는 수익형 부동산으로 갈아타 현금흐름을 만들었습니다. 그리고 나서 직장을 그만두었지요.

Q. 100억의 자산을 모으시는 동안 힘드신 점은 없으셨나요?

A. 저는 경매를 하거나 재개발 투자를 하면서 대출이나 전세보증금을 적극 활용하였습니다. 경기가 좋을 때는 전혀 문제가 안 되었지요. 경기 흐름이 원활한 시절에는 다음 전세 세입자를 구하기도 쉽고, 일부의 집을 팔아서 대출금이나 전세금을 반환할 수가 있었습니다. 그런데 부동산 경기가 얼어붙게 되자, 순식간에 상황이 바뀌었습니다. 당시 수십 채의 부동산 물건을 보유하고 있었는데 경기가 안 좋아지니 전세도 잘 안 나가서 공실로 비워둔 상태로 대출금은 갚아야 하는 이중고를 겪어야 했습니다.

갑자기 이런 어려운 상황에 처하자 극도의 스트레스를 받을 수밖에 없었습니다. 결국 큰 손해를 보고 일부 부동산을 처분해 대출금과 전세금 반환 문제를 처리했습니다. 이 일을 통해 한층 성숙해질 수 있었고, 가진 능력을 벗어나 더 갖고 싶어 하는 욕심이 얼마나 무서운지를 알게 되었습니다.

Q. 마지막으로 부동산 투자에 도전하려는 평범한 직장인분들에게 한 말씀 부탁드립니다.

A. 월급만 가지고는 부자가 될 수 없지요. 부자가 되고 싶다면 일단 부동산 공부를 하시고 투자를 시작하세요.

지금은 재개발, 경매, 분양 등 부동산 투자를 하기에 정말 좋은 시기입니다. 지금 현금을 가지고 있는 부자들은 새로운 황금 알을 낳아줄 부동산을 찾아 투자하기에 바쁩니다. 부동산 경기가 안 좋아서 모든 부동산이 바겐세일을 하고 있을 때 부자들은 움직입니다. 여러분도 재개발이나 경매 등에 대한 막연한 두려움에서 벗어나 내게 맞는 투자법을 찾아서 실천하세요.

여러분이 혼자 투자하기 어렵다면 부동산 투자 경험이 풍부한 주변 지인의 도움을 받으세요. 금전적인 도움을 받으라는 것이 아니라 조언을 구하라는 것입니다.

무엇보다 실천하는 용기가 가장 중요합니다. 부자들이 가는 방향으로 한 발짝씩 걸어가다 보면 여러분도 언젠가 그 길에 서 있을 수 있습니다.

제2장

내게 맞는 투자 방법을
찾는 게 먼저다

내게 맞는 부동산 투자 유형은 무엇인가?

내게 딱 맞는 '내 집 마련' 투자법 찾기

부동산 투자에는 정말 다양한 유형이 있지만 대부분의 사람이 자신에게 맞는 부동산 유형이 무엇인지 따져보지 않고 무조건 청약이나 아파트만을 생각한다. 또는 잘 알지 못하는 부동산 유형에 뛰어들어 낭패를 보는 경우도 주위에서 종종 볼 수 있다.

'내 집 마련'을 절실히 원하는 사람은 많지만 부동산 전체를 아우르는 기초적인 투자 유형에 대해 시간을 들여 공부를 하는 사람은 매우 드물다. 대부분 번듯한 아파트 한 채를 갖고 싶어하지만 나에게 주어진 선택지가 무엇인지 알지 못한다는 것은 참 아이러니한 일이다. 자신의 성향과 자산에 가장 적합한 투자가 무엇인지 종합적인 판단을 내리지 못한다는 것은 내 집 마련이라는 인생의 큰 숙제를 해결하기 위한 지름길을 알지 못하는 것이나 마찬가지이다. 우리가 부동산 전체를 아우르는 공부를 꼭 해야 하는 이유이다.

부동산은 주식과 달리 목돈을 투자해야 하기 때문에 자신에게 맞지 않는 방법으로 투자를 시도하다가 큰 낭패를 보기라도 하면 다음부터는 아예 투자할 생각조차 못하게 된다. 투자 금액별, 성향별, 나이대별로 각자에게 맞는 투자 방법을 찾는 것은 부동산 투자 실패 확률을 줄이기 위해 가장 먼저 해야 하는 일이다.

무엇보다 투자는 시작하는 것 자체가 중요하다. 지금 나의 상황에서 처음으로 접근할 수 있는 부동산 투자가 무엇인지부터 알아보자.

한눈에 보는 부동산 투자 유형

다음 표는 여러 부동산 투자 유형을 정리한 것이다. 처음엔 낯설고 어렵게 느껴지겠지만 각각의 장점과 단점을 알아보고 나에게 알맞는 유형인지 따져보는 데 그렇게 많은 시간이 걸리지 않는다.

● **부동산 투자 유형**

분류		내용
정비사업	재개발	민간 재개발, 공공 재개발, 신속통합기획, 모아타운
	재건축	민간 재건축, 공공 재건축
	소규모 정비사업	소규모 주택정비사업(자율주택정비사업, 가로주택정비사업, 소규모 재건축 사업, 소규모 재개발 사업)
	기타	역세권시프트, 역세권활성화사업, 도심공공주택복합사업, 도시정비형재개발사업 등
분양권		청약
		분양권
		미분양 아파트
주택		아파트
		단독주택, 연립·다세대주택(빌라)
수익형 부동산		상가(아파트 상가, 복합상가, 근린상가, 테마상가)
		오피스텔
		원룸건물, 상가주택, 근생건물(근린생활시설 건물)
토지		전, 답, 과수원, 임야, 공장용지, 주차장, 주유소용지, 창고용지 등

정비사업

시간이 지날수록 도시도 나이가 들게 마련이다. 낡은 기반시설뿐만 아니라 주택을 허물고 새로 짓는 일은 도시 곳곳에서 일어난다. 이를 정비사업이라고 하는데 법이 정한 절차에 따라 도시기능을 회복시

키기 위한 목적으로 도로나 상하수도 등 기반시설을 새로 정비하거나, 주택 등 건축물을 개량·건설하는 등 주거환경을 개선하기 위해 시행하는 사업이다. 주택정비사업으로는 우리가 가장 익숙하게 알고 있는 재개발·재건축 사업이 있다.

보통 재개발은 소방차도 들어가기 어려울 정도로 기반시설이 열악한 빌라촌을 허물고 새 아파트를 짓는 일이라 생각한다. 그리고 재건축은 노후된 아파트를 허물고 새 아파트를 짓는 사업이라고 아는 경우가 많다. 하지만 사실 재건축과 재개발을 나누는 기준은 기반시설이 양호하냐 아니냐이다. 따라서 도로가 반듯하고 기반시설이 좋은 곳들은 빌라나 단독주택 밀집지역인데도 재건축 사업인 경우가 종종 있다.

민간이 주도하는 정비사업도 있지만 LH, SH 등 공공이 주도하는 공공 정비사업도 있는데, 이는 뒤에서 더 자세히 알아보기로 하겠다.

용산에서 보기 드문 초고층 랜드마크 단지인 '래미안챌리투스'를 아는 사람은 많지만 이 아파트가 1974년 입주한 렉스아파트를 1:1 재건축하여 탄생했다는 것을 아는 사람은 드물다. 강북의 대표 대장주인 '마포래미안푸르지오'는 아현 3구역이 재개발되어 탈바꿈했으며, 또 다른 강북의 대표 아파트인 '경희궁자이'는 돈의문뉴타운 1구역이 재개발되었다. 지금도 서울 곳곳에서 제2의 '래미안챌리투스', 제2의 '마포래미안푸르지오' 자리를 꿰차기 위해 많은 재개발·재건축 사업이 진행되고 있다. 낙후된 빌라촌, 오래된 아파트들이 프리미엄 아파트로 변신하여 그 지역의 랜드마크로 자리잡는 일이 반복되는 것이다.

앞에서도 언급했지만 재개발이라는 도구를 활용하면 적은 초기 투자금으로 미래의 새 아파트가 될 부동산에 진입할 수 있다. 그러니 소액 투자자라면 재개발에 특히 주목할 필요가 있다.

특히 요즘 화제를 모으고 있는 '오세훈표' 정비사업도 주목해서 봐야 한다. 바로 신속통합기획과 모아타운이다. 신속속통합기획은 서울시가 정비계획 수립 단계에서 공공성과 사업성이 균형을 이룬 가이드라인을 제시하고, 정비구역 지정까지 신속한 사업 추진을 지원하는 제도이다. 모아타운은 신축과 낡은 건물이 혼재돼 있어 대규모 재개발이 어려운 10만㎡ 이내 노후 저층주거지를 하나의 그룹으로 묶어 대단지 아파트처럼 양질의 주택을 공급하는 정비방식이다. 소규모 정비사업을 계획적으로 활성화해 양질의 주택공급을 확대하기 위한 서울형 저층주거지 정비모델이라고 이해하면 된다. 노후도가 애매해 개발이 어려웠던 동네에 정비사업의 길을 열어준다는 취지로 만들어졌으며, 말 그대로 '모아 모아서' 지하주차장, 공원 등 편의시설을 넣을 수 있는 장점이 있다.

소규모 주택정비사업은 노후·불량건축물의 밀집 등 일정 요건에 해당하는 지역 또는 가로구역에서 스스로 주택을 개량하거나 소규모로 주거환경을 개선하는 방식으로 시행하는 사업이다. 일반 재개발·재건축 사업보다 사업기간이 짧지만 규모가 적어 상대적으로 사업성이 좋지 않을 수밖에 없다. 소규모 정비사업 유형으로는 가로주택정비사업, 자율주택정비사업 등 여러 가지가 존재한다.

이 밖에도 역세권시프트, 역세권 활성화사업, 도심공공주택복합사업, 도시정비형재개발사업 등의 정비사업 유형이 존재한다.

정비사업 초기 단계에 투자하면 상대적으로 시세차익은 크게 볼 수 있지만 사업 진행의 불확실성에 대한 부담감이 크며 입주까지 기간이 오래 걸린다. 반면 사업 후반부로 갈수록 투자금은 커져도 투자 자체가 어그러질 가능성이 적어 안전하며 입주까지 오래 기다리지 않아도 된다.

무엇보다 재개발·재건축 투자에 있어서 가장 중요한 것은 '입주권'이다. 상황에 따라 입주권을 받지 못하는 경우가 생길 수 있기 때문에 어떤 재개발·재건축 사업이든 입주권을 받을 수 있는지부터 먼저 확인해야 한다. 그렇지 않으면 큰돈을 들인 투자가 말짱 도루묵이 될 수 있다.

청약·분양권·미분양 아파트

주택청약은 청약 관련 예금을 통하여 일정한 요건을 갖춘 자에게 동시분양되는 아파트에 청약을 줄 수 있는 자격을 주는 제도이다. 아파트 청약의 장점은 합리적인 가격으로 새 아파트를 살 수 있다는 것이다. 이 장점을 최대로 살리기 위해서는 무조건 시세 대비 최소 10~30% 이상 저렴한 물건을 매입해야 한다. 예를 들어 흑석동의 흑석리버파크자이, 아크로리버하임, 수색동 재개발 구역 등은 분양가상한제 적용으로 주변 시세 대비 매우 저렴한 가격으로 분양이 이루어져 경쟁률이 굉장히 높았다. 이처럼 서울의 청약 당첨률은 매우 낮으며, 무순위 청약의 길이 현 정부 들어서 열리긴 하였으나 이 또한 물량이 적어 당첨될 확률은 역시 매우 낮다.

그래서 누가 시험 살아서 살고 있는 동네에 청약을 넣었다고 하는 이야기를 듣고 깜짝 놀란적이 있다. 평생에 한두 번 올까 말까 하는 기회를 아무렇게나 낭비한 격이기 때문이다. "돈도 없는데 만약 강남에 넣었다가 당첨이 되면 어떻게 하나요?"하고 묻는 사람들도 있는데, 당첨이 안 되어서 문제이지, 강남에 새 아파트를 소유하게 된다는 것은 대대손손 물려줄 가치 있는 재산을 내 것으로 만든다는 의미이다. 당첨만 된다면 중도금대출을 받거나 잔금 시 전세를 주는 등 여러 가지 다양한 문제해결 방법이 있다. 이러한 방법을 미리 잘 알아두면 지레 겁을 먹고 좋은 기회를 놓치게 되는 일은 없을 것이다.

청약 기간이 끝나고 나면 청약에 떨어진 사람들은 분양권에 관심을 갖기 시작한다. 분양권은 준공 후 아파트에 입주할 수 있는 권리이다. 아파트 입주에 앞서 분양계약서를 사고파는 것을 분양권 거래라고 한다. 분양권을 매수할 때는 입지와 가격 등 여러 조건을 따져보고 신중히 결정해야 한다. 입지가 좋지 않은 곳의 분양권에 투자하는 것은 밑 빠진 독에 물을 붓는 것과 마찬가지이다. 분양권은 보통 일반분양가에 프리미엄을 붙여서 매매한다. 이렇게 입주권을 권리 형태로 명의 변경하여 제3자에게 넘기는 것을 '분양권 전매'라고 한다.

분양권 전매는 청약과 마찬가지로 상급지로 이동하기 위한 좋은 수단이기도 하다. 입지가 뛰어난 곳의 분양권을 매수하여 바로 상급지로 진입할 수 있는 것이다. 하지만 좋은 입지라 하더라도 가격에 유의해 분양권을 매수해야 한다. 2023년 중반 이후로 이문동, 상도동, 송도 등에서 고분양 논란이 일면서 실제 계약 포기 사례가 많이 나타나고 있다. 국제 상황 및 인플레이션 등으로 인해 건축 자재비가 상승하여 분양가가 올라가는 것을 막을 수는 없으나 주변 신축 시세 대비 거의 같거나 비싸게 분양권을 매수하는 것은 향후 미래 수익을 포기하는 결과를 초래할 수 있다.

일반 분양에서 미계약되거나 계약 취소된 미분양 아파트를 사는 방법도 있다. 나 역시 미분양 아파트 투자 관련한 경험이 있다. 2007년 말에 흑석뉴타운의 재개발 물건에 투자하고 얼마 안 되어 부동산중개소에서 나에게 분양권 투자를 권하였다. 바로 미분양된 반포자이의 분양권이었다. 그때는 10억 원 대는 당연히 감당할 수 없는 돈이라고 생각하여 그 제안을 사양했다. 부동산에 대해 잘 알지 못하던 시절이라 잔금대출 및 전세보증금을 활용하는 방법이나 완공 후 아파트를 매매하는 방법이 있다는 것을 생각조차 못한 것이다. 그렇게 놓쳐서는 안 되는 큰 기회를 잃고 말았다.

반포자이의 분양가는 전용 84㎡가 약 11억 정도였는데, 2023년에 약 30억 원 초중반 정도로 시세가 형성되어 있다. 딱 3배 오른 셈이다. 사실 분양 당시에는 대형 평수를 제외하고는 모두 완판될 정도로 인기가 높았다. 그런데 2008년 세계금융위기가 닥치며 부동산 시장이 침체되고 고금리라는 악재까지 덮쳐 40% 가까이 미계약이 되며 시장에 분양권 매물이 쏟아져 나온 것이다.

내가 이러한 일생일대의 기회를 놓친 이유는 첫째, 중도금과 잔금을 치르는 여러 가지 방법을 제대로 알지 못해서이며 둘째, 입지에 대한 확신을 가질 만큼 부동산 공부를 하지 못했기 때문이다.

우리에게 기회는 반드시 온다. 기회를 잡기 위해서는 늘 준비되어 있어야 한다. 부동산 투자는 쉽게 결정할 수 있는 사항이 아니다. 많은 준비가 필요하다는 뜻이다. '그때 반포자이 분양권을 샀더라면'하고 후회하는 일을 만들지 않으려면 일찍부터 부동산 투자의 기초 지식은 튼튼히 쌓아놓아야 한다.

청약은 물론이고 분양권 투자도 평소에 관심을 갖고 전략을 짜놓지 않으면 언제고 나에게 기회가 찾아왔을 때 꽉 잡지 못할 수 있기 때문이다.

주택(아파트와 빌라)

아파트 투자는 가장 안정적인 투자 유형으로 실거주를 하며 시세차익까지 노릴 수 있어 많은 사람이 선호한다. 대표적으로는 급매나 경매로 기축 아파트를 시세보다 저렴하게 매수해 시세차익을 노려볼 수 있다. 그러나 강남이나 용산과 같은 핵심지에 아파트를 매입하고자 한다면 고액의 자금이 필요하며 부동산 하락기에도 급매를 찾기는 쉽지 않다.

이때 빌라에 투자하는 것도 한 가지 방법이다. 빌라는 건축물의 용도 분류상 대부분 다세대주택을 말한다. 뒤에서 자세하게 다루겠지만, 빌라 투자는 재개발 구역이나 예정지가 아니라면 추천하고 싶지 않다. 입지가 좋고 '재개발'이라는 호재를 업을 수 있다면 빌라는 소액 투자자들에게 매우 적합한 부동산이다.

⊘ 다세대주택
주택으로 쓰는 1개 동의 바닥면적 합계가 660㎡ 이하이고, 층수가 4개 층 이하인 주택이다.

예를 들어 압구정의 아파트는 가격 장벽이 높지만, 압구정 핵심지 주변의 빌라는 상대적으로 저렴하다. 만약 압구정 재건축이 본격화되면 주변의 빌라도 가격 상승의 영향을 받을 수 있다. 다만 아파트에 비해 빌라는 주거 여건이 열악하고 치안 문제 등이 있을 수 있음을 충분히 고려해야 한다.

수익형 부동산(근생건물, 오피스텔 등)

건물주의 아이콘으로 불리는 서장훈 씨가 보유한 서울 흑석동 건물은 2005년 58억 원에 매입한 것으로, 현재 시세는 약 150억 원으로 추정되고 있다. 월세 수입만 해도 월 2천만 원이 넘는다고 하니 그가 건물주의 대명사가 될 만하다. 이런 얘기를 꺼내니 '집 한 채 사기도 어려운데 웬 건물?'이라고 생각할 수도 있다. 58억이니 150억이니 하는 액수만 들어도 머나먼 남의 일처럼 느껴질 것이다. 하지만 알고 보면 '건물주'가 시쳇말처럼 '조물주 위에 있는 존재'는 아니다. 통상 건물은 대출을 받고 보증금을 끼고 매입한다. 실제로 내가 알아본 인천이나 평택의 매물 중에는 9억 원의 건물인데 보증금과 대출금을 레버리지로 활용하여 약 5천만 원에 살 수 있는 물건도 있었다. 심지어 월 100만 원 이상의 임대료도 들어오는 건물이다.

지금 당장 무작정 투자하라는 것이 아니다. 상가, 오피스텔, 건물 등의 수익형 부동산은 따져봐야 할 게 많다. 특히 공실을 조심해야 한다. 철저히 임장을 하고 시장분석을 해도 향후 공실 여부를 판단하기는 쉽지 않다. 하지만 공실이 생기면 보증금 반환이나 대출이자 납입 문제까지 지장이 생기게 되어 난감한 상황에 처할 수도 있기에 최대한 꼼꼼히 살펴봐야 한다.

입지 좋은 곳에 집 한 채를 사는 데 성공했다면 건물주를 꿈꾸지 못할 이유는 없다. 그러니 모든 가능성을 열어두고 열심히 준비하는 과정이 필요하다.

특히 수익형 부동산은 상가, 오피스텔, 원룸건물 등 주기적으로 임대수익을 얻을 수 있는 부동산이다. 현금흐름에 관심이 있거나 노후 대비를 원하는 사람들에게는 매우 적합한 물건이다. 크게 시세차익 타입과 임대수익 타입으로 나누어 볼 수 있는데 강남과 같은 핵심지의 경우는 이 두 가지 장점을 모두 누릴 수 있다. 예를 들어 강남 청담동 오피스텔은 2015년에 매매가가 6억 원(전세 4억) 정도였는데 당시 월세 시세는 약 100만 원이었다. 대출을 받으면 실투자금 2억 원으로도 진입할 수 있었다. 현재 매매가는 약 15억 원이며 월세는 400만 원 정도이다.

이는 강남 같은 핵심지의 경우이고 보통 오피스텔은 시세차익이 크지 않다. 1.5룸 이상이어서 3인 이상 거주할 수 있거나 강남과 같은 일자리 타운에 해당되지 않는다면 큰 시세차익을 바라보기는 어렵다. 이미 신규 아파트 물량이 많은 상태이고 주변에 일자리가 충분하지 않다면 오피스텔의 수요는 크지 않기 때문이다.

오피스텔 투자 시 또 한 가지 유의할 점은 상가나 상업용 오피스텔과 달리 주거용 오피스텔은 주택 수에 포함되기 때문에 다주택자의 경우 양도세 중과 등에 해당되어 세금 부담이 커질 수 있다는 것이다.

수익형 부동산 투자는 다른 투자에 비해 더 많은 자금이 필요한 것이 사실이다. 그래서 더 철저한 준비기간을 가져야 한다. 우선 내가 사는 주변에 상가나 건물, 오피스텔 등이 어떻게 형성되어 있는지부터 익혀가면서 차근차근 공부를 해야 내공을 쌓을 수 있다.

지금까지 부동산 투자 유형을 알아보았다. 기축 아파트나 개발 호재가 없는 빌라는 수익이 상대적으로 적다. 재개발·재건축 사업 중에 중·후반 단계의 물건은 수익이 보장되지만, 소액으로 진입하는 것이 불가능하다. 반면 초기 단계의 재개발 및 소규모 정비사업 투자, 정비사업 예정지 투자 등은 적은 자금으로도 투자할 수 있지만 불확실성이 있다는 점을 먼저 인지할 필요가 있다.

소액으로 시작할 수 있는 경매

이 모든 유형의 부동산을 좀 더 싸게 살 수 있는 방법이 있다면 바로 경매이다. 경매는 은행 등 금융기관이나 개인이 채권·채무 또는 국세 체납 등으로 압류된 물건을 일반인에게 공개 매각하는 절차이다. 아파트, 다세대주택, 오피스텔, 토지 등 다양한 부동산을 저렴하게 살 수 있는 기회를 제공하므로 부동산 투자에 관심이 있다면 적극적으로 공부해 보길 권한다.

경매는 돈 많은 사람이나 할 수 있는 것이라고 생각하는 사람도 많지만 부동산 경매의 가장 큰 장점은 소액 투자가 가능하다는 것이다. 경락자금대출을 활용하면 실투자금이 낙찰가의 약 30% 정도만 되어도 투자가 가능하기 때문이다. 예를 들어 경매에 입찰하여 시세 9천만 원의 빌라를 6,500만 원에 낙찰받고, 대출금 4천만 원, 전세보증금 2천만 원을 레버리지로 활용하였으며 취득세 및 수리비가 2백만 원이 들었다면 700만 원으로 빌라를 가지게 된 것이다. 이렇게 경매를 잘 활용하면 소액으로도 빌라나 아파트 등을 매입할 수 있다. 특히 입주권을 받을 수 있는 재개발 구역의 도로 같은 특수물건은 상당히 큰 수익을 안겨준다.

다만 경매로 중심지의 좋은 물건을 잡기는 힘들다. 누구나 얻고 싶은 매력적인 물건은 경매에 나오기 전에 급매로 소진이 되기 때문이다. 또한 경매는 경험이 없는 초보자가 접근하기에는 어려운 분야다.

⊘ 권리분석
입찰하는 부동산의 권리 상태를
파악하는 작업

⊘ 명도
토지나 건물을 점유할 권리가 없
는 점유자에 대하여 점유를 타인
에게 넘기는 것

근저당, 유치권 등 권리분석을 할 줄 알아
야 하고 경매의 복잡한 절차 등을 이해해야
하며 임차인을 내보내야하는 명도를 해야
할 수도 있기 때문이다. 따라서 실전 투자
를 하기 전, 체계적인 수업을 들으며 지식
을 쌓고, 충분한 경험을 해야만 한다.

투자 금액별
부동산 투자 유형

여러 부동산 투자 유형을 공부하였다면 나의 자산 상황을 파악하고, 초기 투자금액별로 물건을 분류하면서 내가 투자할 수 있는 범위를 정할 수 있다. 이제부터 초기 투자금 금액대별로 어떤 투자가 가능한지 살펴보도록 하자.

초기 투자금 1억 원 미만 투자

많은 사람들이 처음부터 부동산 투자를 포기하는 이유는 투자를 할 수 있는 돈이 부족하다고 생각하기 때문이다. 이는 투자 대상으로 아파트만을 생각하기 때문에 그런 것이다. 하지만 미래에 새 아파트가

● 초기 투자금 1억 원 미만 투자 유형

내용	특징	
	장점	단점
재개발·신속통합기획·모아타운 예정지	• 적은 금액으로 투자 가능 • 시세차익이 클 수 있음	• 사업 진행 불확실성 있음 • 긴 투자 기간
소규모 주택정비사업		
공공도심복합사업		
도시정비형 재개발		
지방 소형아파트	• 적은 금액으로 투자 가능 • 주택 수 미포함(공시지가 1억 이하) ※주택 수 미포함: 공시지가 1억이하의 지방 소규모 주택은 주택수에 미포함되어, 다주택자에게 세금 측면에서 유리함	• 역전세 가능성 있음 • 경기침체 시 갈아타기 곤란함 ※역전세: 원래 전세가보다 더 낮은가격으로 전세가가 형성되는 것
오피스텔	• 적은 금액으로 투자 가능 • 고정적 임대수익 가능	• 시세차익이 거의 없음 • 주거용은 주택 수에 포함됨
빌라	• 적은 금액으로 투자 가능 • 시세차익 발생(재개발 구역 지정 시)	• 역전세 가능성 있음 • 시세차익이 없음(재개발 구역 미지정 시)
원룸건물 (다가구·다세대주택)	• 적은 금액으로 투자 가능 • 고정적 임대수익 가능	• 공실 리스크 관리 필요 • 임차인 관리 힘듦 • 시세차익이 미미함

될 빌라라면 어떨까? 서울의 재개발을 앞둔 빌라는 1억 원으로도 도전할 수 있다.

　앞의 표에서 보듯이 빌라, 오피스텔, 지방의 소형 아파트 등 꽤 많은 부동산 유형들이 1억 원 미만으로 투자 가능하다. 소액으로 투자할 수 있는 정비사업 역시 다양하여 의외로 선택의 폭은 넓다. 요즘에는 오세훈표 패스트트랙으로 불리는 '신속통합기획'이나 '모아타운'이 많은 관심을 받고 있다. 대출과 보증금을 활용하여 원룸 건물을 매수하는 것도 한 가지 방법이다.

　이 중 리스크가 적은 유형은 지방 소형아파트, 오피스텔 등이고, 리스크가 큰 것은 빌라, 재개발·신속통합기획·모아타운 예정지, 소규모 주택정비사업 등이다. 다만 빌라는 개발 호재가 없는 곳에 투자하면 의미가 없다시피 하다. 수익을 기대해서는 안 된다는 말이다. 구역이 지정되기 전이라면 반드시 입지가 뛰어난 곳이어야 한다. 따라서 빌라에 투자를 할 경우에는 미리 충분히 분석하고 비교하여 개발 호재를 업은 물건을 골려야 한다. 이미 개발이 안정적으로 진행되고 있는 구역의 주변이라면 더욱 좋다.

　경매도 소액 투자자들에게 좋은 도구가 될 수 있다. 경매는 난이도가 높지만 적은 금액으로 투자할 수 있고 대출이 용이하다.

초기 투자금 1억~5억 원 미만 투자

1억 원 이상부터 5억 원까지의 투자금으로는 청약부터 상가, 근생건물까지 더욱 다양한 물건에 투자할 수 있다. 분양권이나 미분양 아파트를 매수하여 시세차익을 노리는 전략도 가능하다. 정비사업 구역 물건도 좋은 투자 대상이다. 신속통합기획이나 모아타운 지정지 물건, 초기 단계의 재개발 물건이나 가로주택정비구역 대상 아파트 물건 매수도 고려할 수 있다.

　수도권 소형 아파트는 부동산 하락기에 저렴하게 매수하고 상승기에 매도하여 시세차익을 노리는 전략으로 접근하는 것이 좋다. 공실률만 잘 관리하면 고정적인 임대수익을 받을 수 있다. 또 입지에 따라 임대수익에 더해 시세차익도 기대할 수 있는 상가, 원룸건물, 상가주택 투자도 가능하다.

　이 중 리스크가 적은 유형은 수도권 아파트, 청약, 분양권, 빌라, 오피스텔, 상가 등이다. 리스크가 높은 유형으로는 미분양 아파트, 신속통합기획·모아타운·소규모 주택정비사업·역세권시프트·역세권활성화사업 지정지(또는 예정지) 물건, 재개발 초기 단계의 물건 등이 있다.

　기본적으로 정비사업은 어느 정도 사업의 불투명성을 내포하고 있지만 강남, 용산, 이태원, 방배동, 상도동, 둔촌동 등 입지가 훌륭한 곳의 재개발·재건축 지정지 또는 예정지의 투자는 땅의 가치를 보고 투자를 고려해볼 수 있다. 물론 자금이 충분하다면 사업이 상당 부분

내용	특징	
	장점	단점
청약, 미분양 아파트	• 초기 투자금이 적음 • 큰 시세차익 가능 • 신축 아파트 투자	• 청약 당첨 가능성 낮음 • 즉각적인 수익 발생 없음
신속통합기획· 모아타운 지정지	• 적은 금액으로 투자 가능 • 시세차익 큼	• 사업 진행 불확실성 있음 • 투자기간이 긴 편
재개발(초기 단계)		
가로주택정비구역 대상 아파트		
원룸 건물	• 적은 금액으로 투자 가능 • 시세차익 발생 가능	• 공실 리스크 관리 필요 • 임차인 관리 힘듦 • 시세차익이 미미함
상가, 상가주택	• 시세차익 기대 가능 • 고정적 임대수익 가능	• 공실 리스크 관리 필요 • 주거용은 주택 수 포함
근생건물	• 적은 금액으로 투자 가능 • 고정적 임대수익 가능	• 공실 리스크 관리 필요 • 임차인 관리 힘듦 • 시세차익이 미미함
건물 리모델링·신축	• 시세차익 기대 가능 • 고정적 임대수익 가능	• 주택 수 포함 • 공실 리스크 관리 필요

진행되어 안정적인 일반 재개발·재건축 구역의 물건을 사면 된다. 자금이 부족하다면 다소 사업의 불확실성이 크더라도 입지가 좋은 곳의

선정지나 예정지 투자를 고려해볼 수 있다.

초기 투자금 5억 원 이상 투자

5억 원 이상의 투자금이라면 높은 임대수익이나 시세차익을 기대할 수 있는 물건에 투자할 수 있다. 자본금이 클수록 돌아오는 수익도 커지기 때문이다.

이 금액대로는 수도권 중·대형 아파트나 사업 후반 단계의 재개발 물건도 투자 가능하다. 규모가 큰 상가, 상가주택, 근생건물 등을 경매로 사는 전략도 노려볼 수 있다. 안정적인 투자로는 수도권 중·대형 아파트를 보증금이나 대출, 즉 레버리지를 활용하여 매입하는 방법이 있다. 준공 단계의 서울 재개발·재건축 구역에 투자하는 경우도 투자금이 많이 필요하지만 사업 진행이 안정적일 뿐만 아니라 높은 시세차익도 누릴 수 있다.

● **초기 투자금 5억 원 이상 투자 유형**

내용	특징	
	장점	단점
수도권 중·대형아파트	• 큰 시세차익 가능(부동산 상승기)	• 높은 부동산 세금 발생

내용	특징	
	장점	단점
신속통합기획	• 시세차익이 큼	• 부동산 상승기 꼭짓점에서 고액에 진입 시 부동산 하락기에 손해 가능성도 있음
재개발(준공 단계)		
재건축		
원룸건물 (다가구·다세대주택)	• 적은 금액으로 투자 가능 • 시세차익 발생 가능(부동산 상승기)	• 공실 리스크 관리 필요 • 임차인 관리 힘듦 • 시세차익이 미미함
상가·상가주택	• 시세차익 기대 가능 • 고정적 임대수익 가능	• 공실 리스크 관리 필요 • 주거용은 주택 수에 포함됨
근생건물	• 시세차익이 큼 • 고정적 임대수익 가능	• 공실 리스크 관리 필요 • 시세차익이 미미함
건물 리모델링·신축	• 시세차익이 큼	• 추가 공사비 발생 가능 • 좋은 시공업체 선정 필수

하지만 현재 부동산 시장은 금리, 인플레이션 등의 영향으로 침체기에 놓여 있기 때문에 공실률이나 가격 하락 등에 대한 주의가 필요하다. 이렇게 시장 변동성을 예측하고 적극적인 대처를 하는 것도 부동산 투자에 꼭 필요한 능력이다.

성향별·나이별
부동산 투자 유형

나의 투자 성향 파악하기

자신의 자산에 맞는 금액별 투자 상품 또는 방식을 정했다고 바로 투자를 시작할 수 있는 것은 아니다. 성향별 투자 방식도 함께 고려해야 한다.

만약 투자금이 적다면 소액 경매에 도전해볼 수 있다. 그러나 투자 성향이 보수적이고 안정적이라면 경매 투자가 힘들 수 있다. 경매는 낙찰받은 후에 임차인과 협의를 해야 할 수도 있고 권리분석에 능숙하지 않으면 손해를 볼 수도 있기 때문이다. 권리분석을 잘못해 임차

● 성향별 투자 유형

분류	내용
안정적 부동산 투자	청약, 분양권, 오피스텔, 수도권 아파트, 상가주택
	재개발 및 재건축(최종 단계)
공격적 부동산 투자	미분양 아파트, 경매, 빌라, 지방 소형아파트
	재개발 및 재건축(초기 단계), 재개발·신속통합기획·모아타운 예정지 소규모 주택정비사업, 공공도심복합사업, 도시정비형 재개발
	상가, 원룸건물(다가구·다세대주택), 근생건물, 건물 리모델링·신축 등

인에게 보증금을 내주어야 하는 지를 몰랐다면 시세보다 비싼 가격으로 건물을 사게 되는 것이다. 현장 분석을 제대로 하지 않아 누수가 되는 집을 낙찰받아 예상치 못했던 고액의 수리비를 지불해야 할 수도 있다. 심지어 거의 사용을 못할 수준의 집을 낙찰받는 경우도 있다. 드물긴 하지만 해당 경매 아파트에 살고 있는 사람이 이사를 가지 않아서 강제로 내보내야 하는 '명도'라는 과정은 경험이 없는 사람에게는 버거울 수 있다. 이렇듯 경매 투자를 하다 보면 시간과 돈을 들여야 하는 복잡한 상황이 발생한다. 보수적이고 안정적인 성향을 지닌 사람이라면 경매의 이러한 단계별 변수들을 미리 고려한 다음 입찰을 해야 할 것이다.

보수적이고 안정적인 투자

비교적 보수적이고 안정적인 투자 성향을 가졌다면 청약, 오피스텔, 수도권 아파트, 상가, 정비사업 후반 단계의 재개발 및 재건축 구역의 물건, 빌딩 등이 적합한 투자 상품이 될 수 있다.

수도권 아파트나 상가에 투자하고 싶다면 인근 부동산 공인중개사를 찾아 시세 파악을 하고 급매 물건을 찾는 전략을 택할 수 있다. 사업 후반부로 들어선 재개발 및 재건축 구역에 투자하려면 많은 자금이 필요하지만 아파트 준공 이후에 안정적인 수익을 기대할 수 있다.

청약은 미리 분양 계획을 확인하고 자신의 점수 및 조건에 맞춰 신청하면 되는 상대적으로 수월한 투자이다. 안정적으로 고수익을 기대할 수 있는 방법이지만 입지가 뛰어난 곳에는 많은 사람들이 몰려들어서 청약에 당첨될 가능성이 매우 희박하다. 구축 또는 신축 아파트는 안정적이지만, 다른 공격적인 투자에 비해 수익률이 낮을 수 있다.

하지만 단 한 번의 투자만으로도 큰 수익을 얻을 수 있기에 안정적 투자를 선호하는 사람 역시 주식 등 변동성이 큰 투자 보다는 부동산 투자로 자산을 키우는 것이 적합할 수 있다. 투자를 할 때에는 항상 리스크를 고려해야 한다. 그래서 투자금의 크기를 결정하는 것이 중요하다. 특히 초보자라면 무리하여 투자하는 것은 금물이다. 투자 물건의 안정성, 수익률 등을 비교하고, 자신이 투자할 부동산이 어떤 시장 환경에서 성장할 가능성이 있는지 등을 고려해야 한다. 투자는 일

종의 경험과 학습 과정이다. 처음부터 모든 것을 완벽하게 이해하고 예측할 수는 없지만 경험을 쌓고 직접 실패와 성공을 맛보면서 자신만의 전문성을 키우는 것이 중요하다.

고수익을 추구하는 공격적 투자

공격적인 투자 유형에는 빌라, 지방 소형 아파트, 신속통합기획이나 모아타운 선정지 또는 예정지, 사업 초기 단계의 재개발·재건축 구역 물건, 원룸(다가구·다세대주택), 상가, 건물 리모델링·신축, 빌딩 등이 포함된다. 이러한 물건에 투자하면 안정적인 투자에 비해 높은 수익률을 낼 수 있지만 복잡한 절차와 까다로운 과정을 거쳐야 하기 때문에 이를 이겨내야 한다. 특히 사업 초기 단계의 재개발 구역 투자는 다양한 변수와 불확실성을 감수해야 한다는 것을 미리 인지하는 것이 중요하다. 건물을 리모델링하거나 신축한다면 높은 건축비용을 감당해야 하기 때문에 미래 가치에 대한 확신이 필요하다.

공격적인 부동산 투자 방식은 수익률이 높은 대신 리스크도 높다. 따라서 공격적인 투자를 하기 전에는 오랜 기간 충분히 부동산 시장조사를 하고 체크리스트를 통해 다각적 검토를 하여 신중하게 판단해야 한다. 또한 불확실성에 대한 불안감과 스트레스를 감내할 만반의 준비가 되어 있어야 한다.

무엇보다 리스크가 높을수록 변수에 어떻게 대처할지에 대한 계획이 필요하다. 예기치 못한 상황에 대비하기 위해 투자자는 충분한 예비자금과 대처 전략을 갖추어 놓아야 한다. 대비책이 없다면 큰 손해가 생겼을 때 멘탈마저 무너질 수 있다.

또한 확고한 투자 마인드를 가져야 한다. 예를 들어 신속통합기획이나 모아타운으로 선정된 지역이나 예정지역 또는 사업초기 단계의 재개발 지역에 임장을 가면 새로운 경험을 할 수 있다. 낡고 오래된 빌라들이 즐비하고, 좁은 골목 사이로 쓰레기가 쌓여 있는 모습들을 보면 과연 내가 이곳에 투자하는 게 옳은 일인지 반문하게 된다. 그러나 공격적 투자는 미래 가치를 예측하고 투자하는 것이다. 마음을 단단히 먹고 미래가치에 투자하는 강인함이 있어야 한다.

최근에는 건물을 매수해 리모델링하거나 신축하는 것이 고수익 투자로 떠오르고 있다. 서울의 땅값 상승에 따라 서울의 단독주택도 전체적으로 가격이 상승했다. 그러나 오래된 단독주택을 매입하여 리모델링 또는 신축하는 투자는 난이도가 높은 편이다. 건축 자재값이 상승하는 것도 사업에 큰 부담이 되고 있으며 큰 규모의 건물이라면 프로젝트 파이낸싱이 필요할 수도 있다. 부동산 침체에 따른 분양의 불확실성도 리스크로 작용한다. 이러한 여러 요인으로 사업이 주춤하는 경우도 종종 있어 부동산 전문가도 어려움을 겪을 수 있다.

다른 방법으로 다세대나 다가구주택을 여러 채 매입해서 전세 또는 월세를 받아 지속적인 수익을 창출하는 투자를 할 수도 있다. 일해서 얻는 근로소득 이외에 매달 고정적인 수입이 들어온다는 것은 큰 의미를 가진다. 하지만 세입자들 민원을 처리하고, 공실률 문제 등을 직접 해결해야 하며 만약 관리를 위탁할 경우에는 관리비가 지출된다는 점을 염두에 두어야 한다.

　부동산 투자는 막연한 기대감과 헛된 꿈을 꾸면서 할 수 있는 것이 아니다. 아무리 공격적 투자 성향을 지녔다고 하더라도 투자계획을 세우고 목표한 투자수익의 한계점을 정할 필요가 있다. 투자로 돈을 벌다 보면 왜 내가 투자를 하려고 했는지를 잊어버리기 마련이다. 행복해지기 위해서 투자하는 것이지 돈을 많이 벌고자 함이 아니라는 것을 잊어서는 안 된다. 미래를 위해 현재의 행복을 희생하는 것은 아무 의미가 없다. 스트레스를 받지 않고 열정적으로 투자할 수 있는 나만의 시스템을 만드는 것은 투자를 위한 첫걸음이 될 것이다.

나이대별 부동산 투자 유형

나이도 투자 유형 선택에 영향을 미친다. 젊을수록 공격적인 투자 전략이 유효할 수 있다. 젊은 시절에는 근무할 수 있는 기간이 길고, 대출이 가능하며, 실패해도 극복할 수 있는 여유가 있다. 따라서 자금을

● **나이대별 부동산 투자 유형**

분류	내용
20~30대	• 청약, 분양권, 미분양 아파트, 경매 • 빌라(재개발 예정지), 재개발 및 재건축(초기 단계), 신속통합기획·모아타운 예정지 • 소규모 주택정비사업(가로주택정비사업, 소규모 재건축)
40~50대	• 청약, 수도권 아파트, 원룸건물(다가구·다세대주택), 상가, 상가주택, 재개발 및 재건축
50대 이상	• 청약, 오피스텔, 수도권 아파트, 상가, 근생건물, 건물 리모델링·신축 • 재개발 및 재건축(최종 단계)

최대한 모아 자산을 빨리 증식할 수 있는 투자 방식이나 높은 시세차익이 기대되는 공격적인 투자 방식이 추천된다.

반면 나이 들수록 보수적인 투자 전략이 유리하다. 근로소득이 늘어날 확률이 적어지고 투자에 실패할 경우 극복할 기간이 부족하기 때문이다. 은퇴를 했다면 대출이자도 감당하기 어려울 수 있다. 그래서 나이가 들수록 근로소득을 대체할 수 있는 임대수익이 나올 수 있는 구조를 만드는 것을 추천한다. 예를 들어 월세 수입을 지속적으로 얻을 수 있는 상가, 빌딩 등에 투자하는 것이다. 이렇듯 자신의 인생 주기까지 고려해 투자한다면 어떤 상황에도 흔들리지 않고 자산을 키워나갈 수 있다.

나만의
부동산 투자 전략 짜기

가계부와 투자 계획서부터 작성하라

사실 나에게 딱 맞는 부동산 투자 방법을 찾기에 앞서 가장 먼저 해야 할 것이 있다. 바로 자신의 경제 규모와 투자 가능 금액을 파악하는 것이다.

가계부는 자신의 수입 및 지출 구조를 정확히 파악하고 불필요한 지출을 줄여서 빠르게 돈을 모으고 저축할 수 있도록 돕는 훌륭한 도구이다. 동시에 가계부로 파악한 자산 현황 및 미래에 축적 가능한 자금을 기준으로 1년, 3년, 5년, 10년, 20년, 30년 등 시기별로 투자 계

● 투자 계획서 양식(예시)

(단위: 원)

분류			기간					
			현재	3년 후	5년 후	10년 후	20년 후	30년 후
자산	동산(금융)	예금	5천만	1억 5천만	1억	1억		
		적금·연금			1억	2억 5천만		
		주식·펀드						
		현금	4천만	5천만	1억	1억		
		임대수익(연)	1천만			5천만		
		전세 보증금	1억	1억	1억	1억		
		기타						
	부동산	거주주택						
		아파트(분양권)				15억		
		오피스텔						
		재개발	2억	4억	6억			
		재건축						
		상가						
		건물						
		토지						
		기타						
부채		신용대출						
		부동산 대출	1억	1억	2억	5억 5천만		
		마이너스 통장						
		세입자 보증금	5천만	1억	1억	5천만		
		기타						
총액			2억 5천만	5억 5천만	7억	15억		
투자 예시			재개발 구역 빌라 매입	재개발 사업 진행 단계: 사업시행 인가	재개발 사업 진행 단계: 관리처분 인가	재개발 사업 진행 단계: 아파트 준공		

획서를 작성하자. 이러한 과정은 투자에 대한 계획을 구체화하는 데 많은 도움이 된다.

머릿속으로만 생각하면 막연한 꿈일 뿐이다. 하지만 직접 시기별 투자 계획서를 작성하고 눈으로 확인하면서 자신의 자산 흐름을 파악하면 투자에 대한 구체적인 목표나 강한 의지를 가질 수 있다. 따라서 부동산 투자를 시작하기 전에 가계부와 투자 계획서를 작성하는 일부터 시작하자.

매월 부동산 투자 전략을 만들자

부동산에 관련된 정책이나 법령, 세금 등은 수시로 바뀐다. 부동산 투자 유형 또한 세부적으로 계속 변화하고 있다. 그래서 부동산 시장에 대한 전체적인 흐름을 파악하면서 동시에 구체적인 투자 전략을 세울 필요가 있다. 특히 월별로 자신만의 부동산 투자 전략을 만들어가다 보면 시장의 변화를 스스로 체감할 수 있다. 또 이를 토대로 월별 투자전략을 작성하다 보면 자연스럽게 자신만의 부동산 투자 정보와 노하우를 축적하게 된다. 다음은 내가 꾸준히 써온 월별 부동산 투자 전략 중 2023년 11월의 전략이다.

부동산 투자 전략(2023년 11월)

선택과 집중을 잘 해야 하는 시기이다. 서울의 중심인 강남 3구, 마용성 (마포구, 용산구, 성동구), 흑석 등을 기점으로 가격이 상승했고, 지금은 숨 고르기를 하고 있는 것으로 보인다.

11월로 접어들면서 부동산 시장에도 많은 변화가 일어나고 있다. 2023년 4월까지 침체기가 이어졌고, 4월 이후 8월 정도까지 다소 거래가 정상화 되는 모습을 보였으며 부분적으로 강세를 띠는 곳도 있었다. 9~10월에 는 부동산 시장이 다시 정체되는 분위기를 보이며 매물은 다소 늘어난 상 태이다.

서울 주요 지역은 이미 급매물이 소진되었고, 핵심지들은 정상 가격으로 회복되었으며 높은 가격의 매물들만 늘어나고 있다. 높은 가격을 지키려 는 집주인과 시세보다 저렴한 급매물을 원하는 매수인들의 기싸움이 벌 어지고 있는 상황이다.

상승한 담보대출 및 전세대출 금리가 유지되고 있으며, 인플레이션도 계 속되고 있는 상황에서 미국과 한국의 경기 변동성을 고려하면 부동산 경 기 상승을 바라보기는 어려워 보인다. 실제로 서울 및 수도권 지역도 매 물이 늘어나고 있으며, 거래가 원활하지 않는 상황이다.

1. 청약

서울 및 수도권의 청약 열기는 식고 있다. 특히 이문동, 상도동 분양 등 의 고분양가 논란으로 계약 포기 사례가 이어지고 있다. 주변 시세 대비 10~30% 이상 저렴한 좋은 입지의 청약에만 주목하는 것이 현명하다. 분 양가 주변 신축 시세와 유사하거나 오히려 높다면 청약은 매우 조심할 필요가 있다.

2. 기축 아파트, 재개발·재건축 투자

서울은 기축 아파트의 급매물이 많이 사라진 상태이다. 보다 큰 시세차익을 생각한다면 기축 아파트보다는 재개발 지역의 물건을 노려보는 것도 고려할 만하다. 서울 재개발 물건은 현재 한남뉴타운, 성수전략정비구역, 흑석뉴타운, 노량진뉴타운, 북아현뉴타운 등을 중심으로 가격이 상승했다가 잠시 주춤하고 있다.

서울 재개발 물건에 투자하려면 3억~10억 원 이상의 자금이 필요하다. 보유 현금이 충분한 경우 현재 재개발 사업이 상당히 진행된 핵심지 재개발 물건을 선택하는 것도 좋은 전략이 될 수 있다. 가격이 너무 높아 진입하기 어렵다면 신림, 마천, 이문, 장위, 상계, 광명, 성남 등의 재개발 지역에서 투자 기회를 찾아볼 수도 있다.

요즘 신속통합기획, 모아타운, 역세권시프트, 역세권활성화사업, 소규모주택정비사업 등에 대한 관심도가 상승하고 있다. 서울에서 이러한 유형에 투자하려면 대략 5천만~5억 원 전후의 자금이 필요하다.

신속통합기획(청파, 청량리, 공덕, 천호, 상도 등), 모아타운(천호, 둔촌, 합정 등), 역세권시프트(용답, 현석, 마포구청 등) 등도 고려해볼 여지가 있다.

자금이 부족하지만 핵심지에 진입하고 싶다면 용산, 역삼, 방배 등의 초급매 빌라도 눈여겨볼 만하다. 이러한 중심 지역에서 향후 개발 후광을 입을 여지가 있는 역세권의 빌라를 지속적으로 분석하면 저평가된 좋은 물건을 찾을 수 있을 것이다.

서울 재건축 지역은 가격이 다소 상승했지만, 자금 여력이 있다면 강남, 여의도, 목동을 중심으로 눈여겨볼 수 있다.

3. 지방의 부동산

경기, 세종, 대구 등 각 지역별 중심지는 급매가 거의 소진되었고 가격이 많이 상승했다. 재상승한 가격을 유지하고 있는 아파트는 큰 시세차익을 기대할 수가 없다. 또한 만약 부동산 시장이 다시 침체되면 또다시 큰 조정을 받을 수 있으니 신중히 접근해야 한다. 안정적인 성향이라면 가격이 합리적이며 입지가 좋은 지방의 아파트를 선택할 수도 있을 것이다.

4. 경매

아직도 전세사기 이슈로 빌라 시장은 침체되어 있다. 이럴 때 모아타운, 재개발 예정지의 빌라에 투자해볼 수도 있다. 하지만 이러한 투자는 부동산 경험이 부족한 초보자에게는 절대 추천하고 싶지 않다. 최근에 모아타운 선정지 및 예정지 몇 곳을 임장 다녀온 결과, 좋은 물건과 입지를 알아보는 안목이 없는 초보자들에게는 위험할 수 있겠다는 생각이 들었다. 경험이 많지 않다면 전문가와 상담을 받는 것도 좋은 방법이다.

5. 건물·빌딩

강남, 송파 등 주요 서울 지역의 건물 가격은 2018~2021년을 기점으로 가파르게 상승하였다. 코로나 시기에도 단일 상가는 주춤했어도 통건물의 입지는 흔들리지 않았다. 다만 금리인상, 대출규제, 단독주택 용도변경에 대한 유권해석 등으로 인해 강남에서도 가격이 하락하고, 거래가 어려워진 건물들이 있긴 하다. 그러나 현금 여력이 있는 투자자에게는 꼬마빌딩을 비롯한 전체적인 건물 매매시장이 위축되어 있는 지금이 좋은 매물을 싸게 매입할 수 있는 기회일 수 있다.

부동산
알짜 정보 찾기

서점에 가면 경제 코너에 부동산 관련 서적이 꽤 많은 공간을 차지하는 것을 볼 수 있다. 인터넷에도 부동산 정보를 얻을 수 있는 다양한 사이트가 넘쳐난다. 각종 홈페이지나 인터넷 카페, 유튜브 등 SNS 채널을 활용하면 입지부터 부동산 세금 문제까지 최신 정보를 손쉽게 얻을 수 있다. 그래서 지금은 방대한 정보들 속에서 내게 필요한 핵심 정보를 추리는 능력이 더 중요하다.

부동산 정보 사이트

각종 부동산 정보 사이트를 통해 일반적이고 객관적인 부동산 데이터 및 자료를 확인할 수 있다. 각 사이트의 특징과 용도를 알아둔다면 추후 투자를 본격적으로 시작할 때 엉뚱한 데서 내게 필요한 정보를 찾느라 시간을 허비하지 않을 것이다. 이제부터 부동산 투자에 도움이 되는 각 사이트들을 소개해 보려 한다.

부동산플래닛에서는 전국의 모든 건물, 사무실, 토지 실거래가를 조회할 수 있다. 또한 매물정보, 상권, 지역별 가격통계 등 각종 정보를 제공한다. 특히 지역별 노후도를 확인할 수 있어서 재개발 투자 시 활용하면 좋다. 부동산플래닛 홈페이지에 접속해 상단의 '실거래가 조회'로 들어가서 '탐색' 버튼을 클릭하면 원하는 지역의 노후도를 확

● **부동산 정보 사이트**

분류	내용
빅데이터	부동산플래닛, 호갱노노, 부동산지인, Prom(공간정보 플랫폼), 네이버페이 부동산, 아실 등
국가 정보	서울 열린데이터광장, 국토교통부 통계누리, 서울부동산정보광장(미분양 상세자료), 스마트국토정보(국토교통부), 국가교통부 실거래가 공개시스템, 한국부동산원 부동산정보(앱), 부동산통계정보시스템(R-ONE) 등
경매	대한민국법원 법원경매정보, 스마트온비드, 온비드공매, 네이버페이부동산경매, 스피드옥션, 두인경매 등

● 부동산플래닛

인할 수 있다.

호갱노노, 부동산지인, 아실 등의 부동산 애플리케이션 및 사이트

● 호갱노노

● 부동산지인

에서는 국토교통부 아파트 실거래가와 시세를 지도에서 한눈에 볼 수 있고, 가장 많이 오른 아파트, 인기 아파트 등 아파트에 대한 풍부한

● 아실

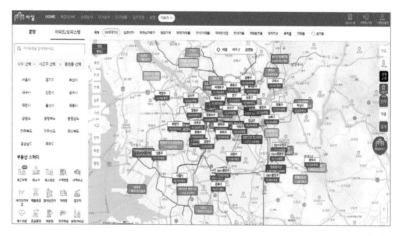

정보를 확인할 수 있다.

부동산지인의 가장 큰 장점은 데이터의 시각화이다. 지역분석 탭으로 들어가면 원하는 지역의 거래량, 수요량과 입주량, 미분양 현황 지표를 통해서 시장의 정확한 수요와 공급을 파악하고 수요·입주 차트와 시장강도 차트를 함께 비교해볼 수 있다.

개인적으로는 아실을 자주 활용하는 편이다. 아실은 최근 하락 아파트, 최고가 순위, 가격 변동 추세, 지역별 매물 증감 추이, 갭투자 매매거래 증가지역, 분양가 비교 등 다양한 부동산 통계를 보기 쉽게 제시한다. 무엇보다 교통망 계획, 재개발 및 재건축 현황, 경매·공매 등의 정보를 지도로 한눈에 볼 수 있어서 편리하다.

국토교통부통계누리, 스마트국토정보(앱), 국토교통부 실거래가 공개시스템, 한국부동산원 부동산정보(앱), 부동산통계정보시스템(R-ONE), 서울부동산정보광장 등에서는 국가에서 제공하는 일반적인 부동산 현황(주택보급률, 건설실적, 임대주택, 주택 미분양)과 부동산 거래(토지·아파트·주택), 부동산 가격, 지가 변동률 등의 통계자료를 확인할 수 있다.

경매 정보 사이트로는 국가가 운영하는 대한민국법원 법원경매정보, 스마트온비드, 온비드공매가 있고 민간업체가 운영하는 네이버페이부동산경매, 스피드옥션 등이 있다. 이 사이트들을 통해 부동산(아파트, 오피스텔, 주택, 건물 등)뿐만 아니라 차량, 선박, 특수물건 등에 대한 경매공고를 확인할 수 있다. 또한 물건을 검색하고 분석할 수 있

● 대한민국법원 **법원경매정보**

으며 매각 통계, 입찰 결과 등을 파악할 수 있어 경매 투자의 필수 사
이트이다.

인터넷 카페·유튜브 등 SNS 채널

경제 분야를 다루는 인터넷 카페와 유튜브 채널을 보면 재개발, 분양
권, 재건축, 임대업 등 광범위한 정보를 얻을 수 있다. 특히 시시각각
업데이트되는 주식, 부동산, 세금 전문가와의 인터뷰를 다루는 유튜
브 방송은 생생한 소식과 전문 지식을 습득할 수 있어 유용하다.

이를테면 재개발·재건축 정보를 다루는 인터넷 카페와 유튜브 채
널에서는 재개발 및 재건축 정보는 물론이고 날카로운 경제 및 정책

변화 흐름과 전망을 접할 수 있다. 전국 재개발 구역에 대한 세세한 정보를 얻고 싶다면 이러한 채널을 자주 들러 최신 정보를 접하는 것이 좋다.

빌딩 투자 관련 정보 역시 SNS에서 다양하게 접할 수 있다. 실거래가, 매물, 임대업 등에 대한 정보를 다양한 강의로 보고 들을 수도 있어 유용하다. 또한 원룸, 다가구, 고시원 등 수익형 부동산에 대한 정보도 확인할 수 있다. 경매 및 부동산 세금에 대한 정보도 여러 SNS 채널에서 일반인이 쉽게 이해할 수 있도록 최신 자료를 제공하고 있다.

앞에서 소개한 사이트들과 각 채널 등을 활용해 부동산 공부를 하되 이러한 정보는 참조만 하는 것이 바람직하다. 특히 인터넷 카페나 유튜브 정보들은 일반적인 투자 정보와 방향성을 파악하는 수준에서 받아들여야 한다. 인터넷 부동산 카페나 유튜브를 무작정 추종하다 보면 개인의 귀중한 시간과 열정을 아무 의미 없이 소모할 수 있다. 항상 스스로 투자 기준을 잡아야 한다는 점을 명심해야 한다. 그 누구도 나의 투자 결과를 대신 책임져 주지 않기 때문이다.

제3장

내 집 마련의 기회,
청약·분양권·미분양 아파트

분양 받을까?
기축 아파트를 살까?

새 아파트의 주인이 되는 방법

요즘 신축 아파트는 최신 주거 트렌드를 반영한 현대적인 디자인과 커뮤니티 시설을 갖추고 있어 누구나 그곳에서 살고 싶다는 욕구를 갖게 한다. 그래서 뒤돌아서면 거래될 만큼 수요가 많으며 중축이나 구축 아파트보다 빠르게 팔린다. 아파트가 새로 지어지면 입주를 마치고 나서도 한동안 신축 프리미엄 효과를 누리며 가격이 오르는 이유이다.

그렇다면 어떤 방법으로 새 아파트를 마련하는 것이 가장 똑똑할까? 첫 번째로 청약을 꼽을 수 있다. 아파트 청약은 재개발의 초기 단계 투자나 경매와 함께 자금이 충분하지 않은 사람들이 도전할 수 있는 최상의 부동산 투자이다.

예를 들어 분양가상한제를 적용받은 흑석동의 아크로리버하임 아파트는 2016년 분양 당시 전용 84㎡ 기준 일반 분양가가 7억~8억 원대였는데, 2023년 7월 기준으로 한강변 조망이 가능한 고층의 경우 22억~25억 원에 호가가 형성되어 있다. 그래서 강남 같은 주요 입지에 분양가상한제를 적용받는 아파트 청약을 '로또 청약'이라고 일컫기도 한다. 당첨만 되면 수억 원에 달하는 시세차익을 얻을 수 있기 때문이다.

청약 외에 신축 아파트를 갖는 방법은 크게 네 가지가 있다. 먼저, 기존 신축 아파트를 직접 매매하는 것이다. 쉽고 안전하지만 그만큼 자금이 많이 필요한 것은 어쩔 수 없다. 다음으로는 전매제한이 풀린 단지의 분양권을 사는 것이다. 즉, 청약 당첨자의 분양권을 사는 방법이다. 프리미엄을 얹어서 사야 되긴 하지만 청약가점이 낮다면 경쟁이 치열한 청약 당첨을 마냥 기다리는 것보다 현실적인 대안이 될 수 있다.

◇ **분양가상한제**
분양가상한제는 공동주택 분양가를 일정 수준 이하로 설정하는 제도이다. 분양가상한제 적용 지역은 정량요건을 충족한 지역 중 주택 가격이 급등하거나 급등할 우려가 있는 지역을 선별하여 주거정책심의위원회 심의를 거쳐 지정한다.

◇ **전매제한**
분양권 투기를 막기 위해 정부가 일정 기간 동안 타인에게 판매할 수 없도록 금지하는 제도이다. 2023년 전매제한 기준이 대폭 완화되며 수도권은 최대 3년, 비규제 수도권은 최대 1년 동안 전매가 제한되는 것으로 기간이 단축되었다. 지방은 계약 후 즉시 전매가 가능하다.

미분양된 물량을 노리는 방법도 있다. 일반공급 2순위까지 청약 신청을 받았지만 소위 '완판'이 되지 않아 물량이 남은 경우 역시 좋은 기회가 될 것이다.

다소 공격적인 성향이라면 시간이 걸리긴 하지만 재개발·재건축 등 정비사업 조합원의 입주권을 살 수도 있다. 재개발·재건축은 사업 초기 단계에 투자한다면 적은 초기자금으로 투자할 수 있다는 장점이 있다.

기축 아파트 매매에 대해서는 4장에서 살펴볼 것이고, 재개발·재건축 투자는 5장에서 다룰 것이다. 여기서는 청약과 분양권, 미분양 아파트에 투자하는 방법을 살펴보려고 한다.

'그때 살걸' 하고 후회하지 않으려면

반포자이, 서초구 래미안퍼스티지, 강남구 도곡동의 타워팰리스 등 강남권의 명품 단지들도 미분양의 늪에 빠진 적이 있다. 당시 미분양 해소를 위해 건설사들은 잔금 납부 연장과 선납 할인 등 많은 혜택을 주기도 했다.

입주 후 서울의 핵심 단지로 자리 잡은 이 단지들을 사서 버틴 사람들은 결국 큰 수익을 보았다. 전용 84㎡ 기준 분양가가 10억 8천만~11억 7천만 원 수준이었던 반포자이는 입주 2년 만에 매매가가 14억

8천만 원으로 뛰어올랐다. 2023년 초에는 전용 84㎡가 36억 원에 거래되면서 분양가 대비 세 배 넘게 가격이 올랐다. 래미안퍼스티지 전용 84㎡는 가장 비싼 분양가가 11억 2천만 원이었다. 이 단지는 2년 뒤 같은 전용면적 최고가가 16억 원 후반까지 치솟았고 2023년 실거래가는 34억 6천만 원 정도이다. 마포래미안푸르지오도 분양가는 7억 원대였는데 2023년 실거래가는 18억 원대이다.

경제위기나 부동산 침체기에는 이렇게 좋은 입지의 아파트도 청약 경쟁률이 낮아지고, 미분양이 나기도 한다. 자금이 부족할수록 이러한 부동산 시장의 변동성 속에서 내 집 마련과 부의 기회를 포착해야 한다.

미분양 아파트라면 무엇보다 미분양이 발생한 이유가 중요하다. 해당 아파트의 입지가 좋고 분양가는 적당한데 단지 부동산이 침체되어서 또는 공급이 많아서 미분양 되었거나 무순위 청약 물량이 나왔다면 투자를 고려해야 한다.

그러나 부동산 경기가 어렵고 경제가 흔들릴 때는 시장에 대한 확신이 없으니 불안할 수밖에 없다. 하지만 불황일수록 무주택자에게는 큰 기회가 된다. 입지를 보는 눈과 가치를 평가할 수 있는 능력만 있다면 말이다. 지나고 나서 "그때 살걸……." 하며 후회하지 않으려면 부동산 공부를 평소에 해놓지 않으면 안 된다. 대출을 이용한다면 내가 감당할 금융비용을 따져보고 투자를 결정해야 하는데 미리 입지를 분속하고 적당한 시세가 얼마인지 파악해 놓지 않으면 시장이 흔들릴 때 과감한 투자를 결심하기 어렵다.

부동산 규제 완화로 느슨해진 틈을 활용하자

2023년, 강남 3구와 용산구만 규제지역으로 남고 나머지가 모두 해제되면서 대출, 분양 대상 등 각종 부동산 규제들이 느슨해졌다. 투자의 문턱이 낮아진 것이다.

청약 제도도 개정되었는데, 1주택자 주택 처분 조건이 없어졌다. 규제지역에서 1주택자도 무주택자와 같은 1순위 조건으로 청약을 신청할 수 있게 된 것이다.

이 밖에도 중소형 평형도 추첨제가 가능하게 되었고, 분양가와 관계 없이 중도금대출을 받을 수도 있게 되었다. 전매제한도 완화되어 분양권을 사고 팔 수 있는 단지들이 생겨나기도 했다.

만약 그동안 여러 규제에 발목이 잡혀 투자를 망설였다면 이러한 제도의 변화를 잘 파악해 활용하는 것도 내 집 마련이라는 목표에 한 걸음 더 가깝게 다가서는 방법이 될 것이다.

새 아파트를 사는
가장 좋은 기회, 청약

나도 당첨의 주인공이 될 수 있을까?

청약은 무주택자에게는 실거주할 수 있는 새 아파트를 살 수 있는 가장 좋은 기회다. 해당 지역에 형성된 시세보다 낮은 가격에 아파트를 분양하기 때문에 자금이 넉넉하지 않은 사람이라면 청약을 노려보는 것이 좋다.

특히 부동산 시장이 불황일수록 무주택자에게는 핵심지 아파트 청약의 문이 넓어진다. 그래서 시장이 안 좋을수록 입지가 뛰어난 곳에 도전을 해야 한다.

청약가점제

많은 가족을 부양하고 있으며 무주택 기간이 긴 사람에게 당첨 확률을 높여주는 제도입니다. 청약통장에 1년 이상(지방은 6개월 이상) 일정한 돈을 한번에, 또는 매달 나누어 납입하면 아파트 분양 1순위가 됩니다. 청약 당첨은 무주택기간(32점 만점), 부양가족수(35점 만점), 청약통장 가입기간(17점 만점)에 따라 점수를 매겨 가점이 높은 순서대로 선정합니다. 청약가점제에서 만점(84점)을 받으려면 15년 이상 무주택이어야 하고, 부양가족은 6명 이상이어야 하며, 청약통장 가입기간이 15년 이상이어야 합니다.

● **청약가점제 적용 기준**

가점 항목	가점	가점 구분	점수	가점구분	점수
무주택 기간	32	30세 미만 미혼 무주택자	0	8년 이상~9년 미만	18
		1년 미만	2	9년 이상~10년 미만	20
		1년 이상~2년 미만	4	10년 이상~11년 미만	22
		2년 이상~3년 미만	6	11년 이상~12년 미만	24
		3년 이상~4년 미만	8	12년 이상~13년 미만	26
		4년 이상~5년 미만	10	13년 이상~14년 미만	28
		5년 이상~6년 미만	12	14년 이상~15년 미만	30
		6년 이상~7년 미만	14	15년 이상	32
		7년 이상~8년 미만	16	−	
부양 가족수	35	0명	5	4명	25
		1명	10	5명	30

가점 항목	가점	가점 구분	점수	가점구분	점수
부양 가족수	35	2명	15	6명 이상	35
		3명	20		
청약 통장 가입 기간	17	6개월 미만	1	8년 이상~9년 미만	10
		6개월 이상~1년 미만	2	9년 이상~10년 미만	11
		1년 이상~2년 미만	3	10년 이상~11년 미만	12
		2년 이상~3년 미만	3	11년 이상~12년 미만	13
		3년 이상~4년 미만	5	12년 이상~13년 미만	14
		4년 이상~5년 미만	6	13년 이상~14년 미만	15
		5년 이상~6년 미만	7	14년 이상~15년 미만	16
		6년 이상~7년 미만	8	15년 이상	17
		7년 이상~8년 미만	9	–	

출처: 주택공급에 관한 규칙 별표 제1호

기축 아파트를 사려면 전세를 끼거나 대출을 받지 않는 한 전체 금액을 한 번에 다 내야 하는데, 청약은 당첨된 직후 계약금 10~20%를 내고 나서 완공될 때까지 약 3년에 걸쳐서 중도금을 납부하고, 입주할 때 나머지 잔금을 내면 된다. 이때 중도금대출과 잔금대출을 활용하게 되면 한꺼번에 목돈을 들이지 않고도 새 아파트를 장만할 수 있다.

안정적인 성향이라면 대출이 두렵고 어렵게 느껴질 수 있다. 이런 경우에는 입주 시기에 전세를 준 뒤, 전세 기간 동안 돈을 더 모으면 대출에 대한 부담을 덜 수 있다. 단, 투기과열지구·조정대상지역은

● 2022년 주요 분양 결과

분양 아파트(타입)	경쟁률	최저 가점	최고 가점	평균 가점
강동헤리티지자이(59)	53.99:1	64점	74점	67.8점
북서울자이폴라리스(59)	133.5:1	66점	69점	67.5점
서울대입구역더하이브센트럴(59)	95.5:1	60점	69점	64.5점
더샵지제역센트럴파크 2BL(84)	39:1	62점	62점	62점
과천 한양수자인(84A)	42:1	69점	76점	70.16점

출처: 한국부동산원 청약홈

실거주 요건이 있으므로 해당되지 않는다.

그러나 강남이나 용산, 과천 등 주요한 지역의 분양가상한제가 적용되는 아파트는 특별공급량이 많고 청약가점이 아무리 높아도 당첨될 확률이 무척 낮다. 그래서 부동산이 침체된 시기가 아니라면 좋은 입지의 아파트 청약에 당첨되기는 하늘의 별따기다. 2024년 분양 예정인 신반포메이플자이, 프레스티지바이래미안, 잠실래미안아이파크 등은 선호도가 높은 핵심 입지에 위치해 가점 60점 후반이나 70점대여야 청약 당첨이 가능할 것이다. 현실적으로 자녀가 1~2명인 30~40대들에게는 요원한 점수이다.

물론 가점이 높은 무주택자라면 내 집 마련 전략으로 청약을 고려하는 것이 맞다. 그러니 자신의 가점을 고려했을 때 당첨 가능성이 어느 정도 되는지 먼저 객관적으로 살펴봐야 할 것이다.

나에게 경쟁력 있는 청약 접근 방법을 찾는 것도 중요하다. 생애최초, 신혼부부, 다자녀, 군인·공무원 특별공급 등 각자의 상황에 맞는 특별공급을 노리는 것이다.

이렇게 나에게 가장 효율적인 선택지를 찾는 노력은 청약 경쟁력을 높여준다. 다만 청약 당첨 가능성이 희박한 경우, 희망고문을 언제까지 할 것인지 결정해야 한다. 과감히 다른 부동산 투자 방식으로 전환하는 것이 더 나은 선택일 수 있다.

청약의 절차

아파트 청약에 당첨되면 동·호수·평형 등이 정해진 아파트를 분양권이라는 권리의 형태로 보유하게 된다. 당첨 후 준공까지 보통 3년이 걸리며 준공이 완료된 후 잔금을 지불하고 등기 절차를 마치면 마침내 새로운 아파트의 주인이 된다. 이제 청약 과정을 간략히 살펴보자.

1. 아파트 분양절차 확인

LH청약플러스 홈페이지에서 분양가이드 메뉴로 들어가면 분양절차와 신청자격 등 다양한 정보를 확인할 수 있다.

● LH청약플러스 분양가이드

출처: LH청약플러스

2. 아파트 분양 방식(공공분양·민간분양) 선택

청약에 당첨되는 첫걸음은 나에게 적합한 아파트 공급 형태를 결정하는 것이다. 아파트를 공급하는 분양 방식은 공공분양과 민간분양으로 구분된다. 공공분양은 공공주택사업자로 등록된 LH와 SH가 담당하고, 민간분양은 민간기업인 주택건설사업자가 주택지구 내에서 건설되는 공공주택 외의 주택을 분양하는 것을 말한다. 공공분양인지, 민영분양인지에 따라 자격과 당첨자 선정 방식, 재당첨 제한 등이 달라지므로 나에게 유리한 유형을 고르는 것도 중요한 문제이다.

3. 청약저축 가입

내가 선택한 아파트를 분양받기 위해서는 우선 청약통장(입주자저축)이 필요하다. 청약통장은 국민주택 등과 민영주택의 주택을 공급 받으려는 사람에게 입주금의 전부 또는 일부를 미리 저축하는 통장을 말한다. 1인 1계좌에 한하여 가입할 수 있는데 현재 가입할 수 있는 청약통장은 국민주택과 민영주택 모두에 청약할 수 있는 '주택청약종 합저축' 하나뿐이다. 매월 2만 원 이상, 50만 원 이하 금액을 본인이 정하여 납입하면 된다.

4. 입주자 모집공고(분양공고) 확인

연간 아파트 공급계획에 의한 입주자 모집공고(분양공고)를 확인해 야 한다. 해당 지구와 관련한 모든 정보를 LH청약플러스, 청약홈, 네 이버페이부동산, 분양알리미(앱) 등을 통해 확인할 수 있다.

5. 공급 대상 확인(일반, 우선, 특별공급)

아파트를 공급하는 방법에는 일반공급, 우선공급, 특별공급 이렇 게 총 3가지가 있다. 일반공급은 우선공급이나 특별공급 대상자가 아 닌 일반 사람에게 제공하는 것이다. 우선공급은 일반인과 청약경쟁을 하되 행정구역 변경, 임대사업자, 직장주택조합 등의 특정조건을 갖 춘 자에게 우선권을 주는 제도이다. 특별공급은 다자녀와 신혼부부, 노부모 부양자, 군인, 공무원 등 특별한 조건을 충족하는 사람들에게 공급하는 것이다.

6. 청약 기준 확인(주택 소유 여부, 자산, 소득, 전매제한 및 거주의무기간)

청약 신청하기 전에 청약자 본인이 직접 주택 소유 여부, 무주택기간 및 부양가족수를 산정해야 하고, 해당 청약의 소득, 전매제한 및 거주의무기간 등 기준을 명확히 파악해야 한다.

7. 청약 신청 및 당첨자 발표

청약은 직접 은행에 방문하거나 인터넷으로 신청할 수 있다. '주택공급에 관한 규칙' 및 '공공주택특별법'의 입주자 선정 기준에 따라 입주자가 선정(당첨자 결정) 된다. 당첨자는 청약홈에서 확인할 수 있다.

8. 계약 체결 및 입주

계약금 납부 후 계약서를 작성하면 계약이 완료된다. 이후 중도금을 분할 납부하고 아파트 완공 후, 잔금까지 납부하면 나의 새로운 아파트에 입주하게 된다.

입주까지 얼마가 필요할까?

"돈이 부족한데 당첨되면 어떡하죠?" 이런 걱정은 일단 중도금대출이나 잔금대출, 입주 시 예상 전세가 등을 꼼꼼히 알아본 후에 하는 게 좋다. 청약은 보통 처음에 계약금으로 분양가의 10%를 납부한다.

중도금은 60%, 잔금은 입주 시 30%를 낸다. 계약금은 당첨자 발표 후 계약일에 납입하면 된다. 예를 들어 분양가가 6억 원이라면 계약금 10%, 즉 6천만 원을 계약일에 지급하고 중도금으로 3억 6천만 원을 내고 입주 시 잔금 1억 8천만 원을 납입하는 것이다.

중도금이 가장 액수가 큰데, 보통 1회차부터 6회차까지 분양가의 60%를 여섯 번에 나누어 납부한다. 그런데 중도금은 대출을 받아 해결할 수도 있다. 그래서 중도금대출 가능 여부를 사전에 알아보는 것이 중요하다. 지역과 개인에 따라 LTV(주택가격 대비 주택담보대출 한도액의 비율)를 적용받지만 DSR(총부채원리금상환비율), DTI(총부채상환비율)는 적용받지 않는다(각 용어에 관한 자세한 설명은 154쪽에서 확인할 수 있다). 소득이나 기존 대출과 상관없이 대출해준다는 이야기이다. 전에는 분양가가 12억 원 이하여야 중도금대출을 할 수 있었지만, 현재는 분양가에 상관없이 가능하게 되었다. 비규제지역이라면 세대당 2건을 대출받을 수도 있다. 중도금대출이 수월해진 것이다.

잔금 납부 시에는 주택담보대출을 받을 수도 있다. 잔금대출은 주택담보대출로, 중도금과 달리 DSR, DTI를 충족해야 하며 KB부동산 시세를 기준으로 대출을 해준다. 해당 아파트의 시세가 높다면 대출도 그만큼 많이 받을 수 있다는 것을 의미한다. 잔금대출을 받아서 중도금대출을 상환하고 모자란 잔금 금액은 현금으로 납부하는 방법이 있고, 전세를 주어 전세보증금으로 중도금 상환을 하고 잔금을 치를 수도 있다.

이렇듯 분양가 전부를 현금으로 마련해야 하는 것은 아니다. 일단 계약금 10%를 현금으로 치르고 나면 입주 시까지 보통 3년이 걸리는데, 대출이나 전세보증금을 잘 활용하여 모자란 돈을 채워서 새 아파트를 내 것으로 만들 수도 있는 것이다.

그런데 수도권 분양가상한제를 적용받은 아파트는 실거주 의무가 있어 입주 시 전세를 놓을 수 없다. 분양가상한제는 아파트 당첨자가 2~5년간 분양 주택에 실제 거주하도록 하는 제도로, 기간 내 이주하면 해당 주택을 LH에 팔아야 한다.

2023년 들어서 분양권 전매제한이 크게 완화되었다. 분양권 상태에서도 사고팔 수 있는 청약 단지가 늘어나게 된 것이다. 전매제한이 풀리면 자금이 부족해 입주를 못할 시 프리미엄을 받고 팔면 된다.

청약의 장점과 단점

청약의 장점

뭐니뭐니해도 청약의 가장 큰 장점은 주변 시세보다 저렴하게 새 아파트를 마련할 수 있다는 점이다. 하지만 새 아파트에 대한 관심이 높아져 지금처럼 부동산 경기가 어려운 시기에도 서울·경기 및 지방 주요 입지의 아파트는 청약에 당첨되기가 어렵다. 이렇게 수요가 많으니 입지가 좋은 곳은 그만큼 빠르게 수천만 원 또는 수억 원의 프리미엄이 붙는다. 또한 완공까지 약 3년에 걸쳐서 분할 납부가 가능하니 다른 부동산 투자 대비 상대적으로 적은 자본으로 투자를 시작할 수 있으며 대출 또는 전세 레버리지를 활용하면 적은 금액으로도 큰 수익을 얻을 수 있다.

2023년 1월 부동산 규제 및 청약 기준이 변경되면서 서울 강남구, 서초구, 송파구, 용산구 네 곳만 분양가상한제가 적용되고 나머지 지역은 적용받지 않게 되었다. 그리고 전매제한 기간이 수도권은 최대 10년에서 3년으로, 비수도권은 최대 4년에서 최대 1년으로 변경되었다. 또한 중도금대출의 상한선이 사라지고, 주택담보대출의 LTV가 70%로 상향되었다.

그 외 규제 완화를 하나씩 살펴보면 기존에는 1주택자가 청약에 당첨되면 기존 주택을 처분해야 하는 요건이 있었지만 폐지되었다. 또한 이제 투기과열지구에서도 분양가 9억 원이 넘는 주택을 특별공급할 수 있다. 소위 '줍줍'으로 불리는 무순위 청약은 거주 지역과 상관없이 다주택자도 신청 가능하게 되었다. 이러한 규제 완화 정책은 무주택자뿐만 아니라 다주택자들까지 청약을 활성화해서 부동산 경기를 부양하려는 목적을 지니고 있다. 이러한 부동산 경기 하락의 연착륙을 위한 정부의 부동산 완화대책을 잘 활용하면 청약 당첨의 확률을 높일 수 있을 것이다.

최근 정부 완화 대책 일환으로 분양가상한제를 적용한 수도권 아파트의 2~5년 실거주 의무를 폐지하기로 하였다가 법안이 통과되지 않아 큰 혼란이 야기되었다. 이와 같이 때로는 정부 대책이 실현되지 않을 수도 있으므로 유의할 필요가 있다.

청약의 단점

청약의 단점은 첫째, 희박한 당첨 확률이다. 2022년을 기준으로 서울 및 경기지역의 주요한 아파트 청약률과 당첨 청약가점을 살펴보면 60점 후반 또는 70점대이다. 주요 입지의 아파트 청약에 당첨되기 위해서는 무주택기간 및 청약통장 가입기간을 충족하거나 다자녀, 생애최초주택, 공무원·군인 등 특별공급 제도를 활용하는 것이 필수가 된 것이다. 따라서 자신의 조건을 고려하여 계속 청약을 기다려야 할지 아니면 과감히 매매로 전략을 바꿀지를 결정해야 한다.

둘째, 규제지역의 청약에 당첨되면 재당첨까지 최대 10년의 제한이 있다. 그러나 이는 2023년 12월 현재 투기과열지구인 강남 3구와 용산구를 제외하면 한 번 청약에 당첨됐던 사람도 또 당첨될 수 있다는 것을 뜻하기도 한다.

셋째, 당첨 이후에는 원래 가지고 있던 청약통장은 쓸 수 없고, 다시 통장을 개설해서 처음부터 다시 시작해야 한다. 그러니 또다른 투자를 위해선 다시 한번 긴 시간의 인내가 필요하다.

이러한 청약의 장단점을 명확히 이해하고, 자신의 상황에 맞는 최선의 결정을 내리는 것이 중요하다. 청약 또한 시장의 동향을 이해하고 전략적으로 접근해야 한다는 것도 잊지 말자.

아파트로 향하는 초고속 열차, 분양권

전매제한이 풀린 알짜 분양권을 찾아라

분양권이라는 것은 아파트에 입주할 수 있는 권리를 의미한다. 분양권은 일반적으로 청약에 당첨되어 갖게 되는 권리인데, 청약을 하지 않더라도 전매제한이 풀린 분양권을 매입하게 되면 신축 아파트에 입주할 수 있게 된다. 부동산 경기에 따라 상승기에는 높은 프리미엄을 주고 사야 하고, 침체기에는 마이너스 프리미엄(최초 분양가보다 낮은 가격에 손절매하는 것) 분양권을 살 수도 있다. 특히 미분양 물량이라면 파격적인 할인 혜택을 받을 수도 있다. 분양권 매입은 부동산 경기 전망, 입지, 미래 가치 등 여러 요건을 고려하여 매수 목적에 맞게 잘 따져보고 선택해야 한다.

분양권 거래는 일반 부동산 거래와 달리 소유권 이전의 개념이 아닌 명의 이전의 개념이 적용된다. 분양권은 등기부등본이나 건축물대장이 존재하지 않기 때문이다. 따라서 명의 이전으로 분양계약서를 넘겨주게 된다.

분양권 매수 절차

분양권 거래 절차는 ① 분양권 매물 찾기, ② 분양권 매매계약(가계약금 입금 전), ③ 분양권 매매계약, ④ 중도금대출 승계, 명의변경(매매계약 잔금 지불), ⑤ 입주의 단계를 거친다.

1. 분양권 매물 찾기

가장 먼저 '호갱노노'나 '아실'과 같은 사이트에 자주 들러 전국 분양권 정보를 파악하는 것이 좋다. 우선 내가 사는 주변 지역을 중심으로 주요 입지의 분양권을 찾아본다. 대략적인 정보 파악이 되었다면, 네이버페이부동산과 해당 지역의 부동산 공인중개사에 전화로 또는 직접 방문하여 사전조사를 해야 한다. 여러 군데의 부동산 공인중개사를 찾아가야 하는데 일반 부동산 매물과 마찬가지로 공인중개사마다 개별적으로 분양권 매물을 가지고 있는 경우가 많기 때문이다.

2. 가계약금 입금 전 중요 사항 확인하기

가계약금을 입금하기 전에 반드시 발코니 확장, 시스템에어컨 등 아파트 옵션, 중도금대출 승계일, 명의변경일, 중개수수료 등 모든 계약조건을 확인해야 한다. 통상 계약금을 내고 잔금을 지급하는데, 분양권 매매는 매매시기에 따라서 달라진다. 예를 들어 매도자가 계약금만 지급한 상태라면, 새로운 매수자가 계약금만 지급하는 형태로 매매계약을 하고, 매수자는 향후 중도금부터 잔금까지 지불해야 한다. 계약취소 방지용으로 중도금 지급 조건을 달기도 한다. 매수자가 중도금을 지급하면 그 계약을 파기할 수 없다. 실제로 한 지인이 2018년 부동산 경기가 상승할 때 분양권을 매수했는데, 아파트 계약 후 짧은 기간에 아파트 가격이 상승해서 매도인이 계약을 취소하고 싶어도 할 수 없도록 중도금을 지급했다. 여기서 말하는 중도금은 분양 중도금이 아니라 분양권 전매의 중도금이다. 예를 들어 분양권 전매 총 매매가가 5천만 원인데, 계약금 5백만 원을 지불하고 나서 중도금 5백만 원을 더 지불한다면 계약 파기를 할 수 없다.

금액은 얼마 안 되지만 인지세도 신경 써야 한다. 최초 공급받은 거래와 이후의 전매거래 내역들을 포함한 전체 거래 수만큼 인지세를 내기 때문에 정확히 파악하고 매도자로부터 해당 금액만큼 받아야 한다.

가장 중요한 것은 자신이 가진 돈을 기준으로 대출을 받거나 임대

(전세/월세)를 하며 분양권을 살 수 있는지 미리 파악하는 것이다. 당연히 가능할 거라고 판단하고 계약했는데, 막상 자금이 부족하다면 계약금을 돌려받지 못한다.

우선 분양가, 프리미엄, 옵션 등을 포함해 초기에 지급해야 할 총 분양권 매매가를 파악해야 한다. 입주가 임박한 분양권을 매입하는 경우에는 입주안내문을 미리 확인해서 입주기한, 잔금 연체이자 발생시점, 중도금대출 기한 등을 파악한다.

마지막으로 조합에서 토지를 담보로 금융기관으로부터 받는 집단대출을 알아봐야 한다. 때에 따라서 개인이 소유한 주택 수, 신용도 등에 의해 집단대출이 불가능할 수도 있으니 반드시 미리 파악해 놓자.

⊘ **인지세**

부동산의 소유권이전등기 또는 주택담보대출을 받아 (근)저당권을 설정할 때 납부하는 세금으로 전자수입인지 홈페이지에서 구입할 수 있다. 거래금액(매매가) 1천만 원 이하 시 면제이며 최대 35만 원(거래금액 10억 원 이상 시)까지 정해진다.

3. 분양권 매매계약

분양권 매입을 결정했다면 부동산 공인중개사가 보내준 당첨자의 신분증, 분양계약서를 확인하고 매도자에게 가계약금을 이체한다. 매도자와 매수자가 만나 매매 계약서를 작성하고 계약금을 주고받으면 공인중개사가 실거래가를 신고한다.

4. 중도금대출 승계, 명의변경(매매계약 잔금)

분양권 거래 시 중도금대출은 매수자에게 승계된다. 지정된 날짜에 은행에 매수인과 매도인 함께 방문해서 대출을 승계한다. 단, 매도자가 중도금을 자납했다면 즉, 대출이 아닌 자기 돈으로 입금했다면 그 회차만큼 매수자도 중도금대출이 나오지 않을 수 있다. 따라서 중도금을 자납한 부분이 있는지 미리 확인해야 한다.

시행사 및 시공사의 분양사무실에 매수인과 매도인이 함께 방문해서 권리의무승계를 진행하여 분양계약서 뒷면에 매도인에서 매수인으로 명의변경을 하고, 건설사의 도장을 받으면 절차가 끝난다.

되도록 같은 날짜에 중도금대출 승계, 명의변경, 매매계약 잔금을 처리하는 것이 간편하다. 단독명의인지 공동명의인지에 따라 필요한 서류 및 방문자가 다를 수 있으므로 방문 전에 미리 정확히 체크해야 한다.

매도인은 분양권을 매도한 후 매도일로부터 60일 이내에 주소지 관할 세무서에 방문하여 양도소득세를 신고해야 한다.

5. 입주

입주 시에는 중도금대출을 상환한 후, 대출을 주택담보대출로 전환하는 등의 은행 업무를 처리하고, 관리사무소에서 관리계약체결 예치금을 내고 입주증 발급을 받으면 된다.

입주 후에는 취득세를 납부해야 하는데 잔금납부일과 준공일 중 늦은 날 기준으로 60일 이내에 납부해야 한다. 소유권이전등기는 소유권 보존등기접수일과 잔금납부일 중 늦은 날 기준으로 60일 이내에 납부하면 된다.

분양권의 장점과 단점

분양권의 장점

분양권은 청약과 마찬가지로 새 아파트를 소유할 수 있는 권리를 갖게 된다. 청약은 높은 경쟁률을 뚫고 당첨이 되어야 하지만, 전매가 가능한 분양권은 돈을 지불하고 쉽게 살 수 있다. 청약은 자신이 원하는 동·호수를 지정할 수 없지만, 분양권 전매는 내가 원하는 입지의 아파트 동·호수를 선택할 수 있는 이점도 있다.

분양 후 완공되기까지 약 3년이라는 시간이 걸리는데, 분양권은 이 기간 안에 매수하면 된다. 이렇게 중간에 진입하기 때문에 청약보다 내 집 마련의 소요 시간을 훨씬 단축할 수 있는 것이다. 초기 투자금이 다른 부동산 투자 대비 적게 들어간다는 점도 큰 장점이다. 또한 새 아파트가 완공이 되는 시점까지 매년 시간이 갈수록 물가상승률과 비례해 가격도 상승하는 효과를 얻을 수 있다.

분양권의 단점

분양권의 단점은 청약 대비 상대적으로 비싼 가격에 구매해야 한다는 점이다. 분양가상한제가 적용되는 아파트에 당첨되면 시세 대비 저렴하게 구입할 수 있지만, 분양권은 시세 수준으로 구입해야 한다. 분양가에 프리미엄이 붙기 때문이다. 다만, 부동산 침체 시기에는 프리미엄이 낮아지거나 마이너스 프리미엄으로 전환될 수 있어 이런 시기를 잘 활용하면 좋은 투자 기회를 잡을 수 있다.

2021년 1월 1일 이후 취득한 분양권은 주택 수에 포함되므로 세금 부담도 고려해야 한다는 점도 유의하자.

남들이 놓친 기회를 내 것으로, 미분양 아파트

위기인가? 내 집 마련의 기회인가?

미분양 아파트는 주택 건설업체가 입주자 모집 공고를 내고 입주자를 모집했으나, 정해진 일정 내에 전부 계약이 되지 않아서 남은 물량을 이후에 선착순으로 판매하는 아파트를 말한다. 국토교통부는 전국 미분양 현황을 매달 발표하는데 이는 부동산 경기를 반영하는 지표가 된다. 2022년부터는 전국에 미분양 아파트가 증가하였고 이에 정부는 부동산 규제 완화 정책을 펼치고 있다.

부동산 투자의 관점에서 미분양 아파트에 투자하는 것은 '역주행'

과 같다. 요즘처럼 부동산 경기가 얼어붙어 많은 이들이 부동산 구매를 꺼리는 가운데 미분양 아파트에 투자한다는 것은 사실 쉽지 않은 일이다.

워런 버핏의 격언인 "공포에 사고 환희에 팔아라."를 다시 한번 떠올려 보라. 많은 부자들이 부동산 시장이 하락할 때, 즉 공포감이 팽배할 때 저가의 좋은 물건을 매수한다. 보통 사람들은 가격이 더 떨어져 영영 회복이 되지 않을 것 같다는 두려움을 느낄 때 부자들은 발빠르게 움직이는 것이다.

미분양 아파트 투자의 성공은 입지, 분양가, 그리고 부동산 경기에 따라 크게 좌우된다. 예를 들어 서울의 마포래미안푸르지오는 2012년 5월 1순위 청약을 시작했는데, 일반분양 886세대 중 30평대는 10채, 40평대는 200채 이상 미분양이 발생했다. 34평의 분양가는 7억 3,900만 원, 45평은 9억 9,200만 원이었는데, 2023년 1월 기준으로 각각 약 16억 원, 25억 원으로 상승했다. 마포래미안푸르지오는 교통과 상권, 일자리 접근성 등 입지가 대단히 좋은 편이다. 미분양이 발생했지만 이러한 탁월한 입지 조건 덕분에 결국 가격이 크게 상승한 것이다.

2012년 당시 부동산 시장은 하락기에서 회복기로 넘어가고 있었다. 하락기를 겪으며 많은 사람들이 이 아파트의 미래 가치를 간과했지만 시장이 회복되고 상승세를 보이면서 좋은 입지와 신축 아파트의 가치를 인정받아 마포래미안푸르지오의 가격도 급등한 것이다.

알짜 미분양 아파트 고르는 전략

그렇다고 무작정 미분양 아파트를 사라고 권장하는 것은 아니다. 입지, 분양가, 분양 시기 이렇게 3가지 요인을 잘 분석하여 판단해야 한다. 입지는 특히 중요한 요소이다. 그러나 입지가 훌륭한 곳이나 대규모 신도시 중심 지역 등은 미분양의 가능성이 적다. 교통, 교육, 편의시설 등 인프라가 갖춰진 대도시와 거점 도시에서 분양하는 아파트 역시 선호도가 높다. 반면 신도시의 인프라가 갖춰지지 않는 곳은 상대적으로 미분양이 발생할 가능성이 높다. 이런 아파트는 가까운 역까지의 거리를 도보로 표현하는 대신 자가용과 대중교통 소요시간으로 홍보하거나, 가까운 ○○신도시의 생활권을 누릴 수 있다는 내용의 광고를 낸다.

분양가 역시 중요한 고려사항이다. 높은 분양가는 미분양 발생의 주된 원인이 될 수 있다. 좋은 입지에도 불구하고 주변 시세에 비해 분양가가 높다면 구매자들을 주저하게 만든다. 만약 입지가 안 좋더라도 분양가가 주변 시세에 비해 많이 낮게 형성되어 있으면 높은 투자수익을 낼 수 있다. 따라서 입지와 함께 분양가의 적정성을 냉정하게 판단해 볼 필요가 있다.

마지막으로 분양 시기도 중요하다. 아무리 입지가 뛰어나고 분양가가 저렴해도 부동산 시장의 상황이 좋지 않을 때 분양하는 경우 미분양이 발생할 확률이 높아진다. 또한 입지도 좋고 분양가가 저렴해도 같은 지역에서 동시에 다수의 아파트를 분양하게 되면 일시적으로 미분양이 발생할 수 있다. 따라서 이러한 시기는 좋은 물건을 발견할 수 있는 기회가 된다.

결론적으로, 가장 많은 수익을 낼 수 있는 미분양 아파트 투자는 부동산 침체기에 분양가가 저렴하게 책정된 좋은 입지의 아파트를 사는 것이다. 이러한 시기에는 아무리 가격이 합리적인 좋은 입지의 아파트라도 시장이 불안정하여 사람들이 청약을 기피하거나 계약을 파기하는 경우가 많기 때문이다. 물론 언제 시장이 회복될지는 예측하기 어렵기에 투자하기 완벽한 때란 결코 없다. 변수와 난관은 언제나 존재한다. 그러나 주변 신축 아파트 시세에 비해 저렴한 미분양 아파트를 부동산 침체기에 매입한다면, 향후 시장이 회복기를 맞았을 때 큰 수익을 기대할 수 있다. 물론 옥석을 가릴 수 있는 부동산 안목을 갖추고 있어야 이런 기회를 잡을 수 있다.

미분양 아파트의 장점과 단점

미분양 아파트의 장점

미분양 아파트 매입도 청약, 분양권과 마찬가지로 새 아파트를 살 수 있는 방법이다. 청약처럼 가점 경쟁을 하지 않아도 되며, 무주택 요건 등 주택 공급에 관한 제한을 적용받지 않아 누구나 새 아파트 분양을 받을 수 있다. 분양권 매수와 같이 내가 원하는 입지의 아파트 동·호수를 선택할 수 있으며 완공되기까지 약 3년의 기간 중 언제든지 진입할 수 있다는 것도 큰 장점이다. 역시 초기 투자금이 다른 부동산 투자 대비 적게 들어가며 물가상승률과 비례해 가격이 상승하는 효과도 얻을 수 있다. 또한 건설사는 미분양 아파트를 빨리 팔기 위해 흔히 계약금 할인, 무이자 중도금대출 등의 혜택을 주기도 한다. 일반 분양에서는 추가 비용이 드는 옵션들도 무상으로 제공하는 경우가 있어 부차적 이득을 얻을 수 있다.

미분양 아파트의 단점

그러나 미분양 아파트에는 몇 가지 단점과 주의해야 할 점이 있다. 예를 들어 입지 조건이 좋지 않거나 주변 시세 대비 분양가가 높은 경우 또는 시공사의 문제로 내부 하자가 있는 경우라면 당연히 투자를 재고해야 한다. 특히 준공 후까지도 미분양된 아파트는 심각한 문제를 가지고 있을 가능성이 높다.

그러나 단지 부동산 경기가 안 좋다는 이유로 미분양되었다면 과감히 투자를 고려해볼 수 있다. 부동산 침체기에는 '부동산 가격이 더 떨어질 텐데, 미분양 아파트를 사면 뭐해.'라고 생각하기 쉽다. 하지만 이럴 때일수록 미분양된 이유를 정확히 분석해보기를 추천한다. 투자의 감각을 기르는 동시에 내 집 마련을 위한 절호의 기회가 될 것이다.

청약 · 분양권 · 미분양 아파트 투자 포인트

가장 먼저 살펴야 할 건 입지

거듭 강조하지만 청약이든 분양권 매수든 가장 중요한 고려사항은 입지이다. 아파트의 가치는 곧 입지의 가치라는 말이 있다. 현재는 비슷한 가격대라도 입지에 따라서 시간이 지날수록 가격 차이가 크게 날 수 있다. 입지를 분석할 때 가장 중요한 부분은 일자리 접근성이다. 일자리가 많고 경제적 활동이 활발한 지역은 주거 수요도 높아 아파트 가치 상승의 핵심 요소가 된다. 다음으로는 주거 편의성 및 안전성 등을 따져보아야 한다.

대규모 단지, 좋은 브랜드, 로열층 선택

기축 아파트를 매입할 때는 가능한 좋은 브랜드와 대규모 단지를 고르는 것이 중요하다. 인지도 높은 브랜드 아파트는 신뢰할 수 있는 건설사가 짓기 때문에 투자 가치가 높다. 그래서 1군 건설사 브랜드의 대규모 아파트는 부동산 경기가 침체되어도 영향을 상대적으로 덜 받으며, 부동산 상승기에는 가격이 더 높게 오른다.

가급적 로열층을 선택해야 하는 이유는 대부분의 사람들이 일조권이 확보되고 소음의 문제가 적은 고층을 더 선호하기 때문이다. 물론 사람에 따라 기준이 다르겠지만, 투자 측면에서는 로열층을 선택하는 것이 유리하다.

분양가 분석(주변 시세 비교)

분양가 분석을 할 때는 분양받으려는 아파트의 가격과 주변 시세를 비교하는 것이 중요하다. 새 아파트는 기축 아파트보다 프리미엄이 붙으니 입주 5년 미만의 아파트와 비교하면 더 명확히 알 수 있다.

부동산 침체기엔 분양가보다 낮은 급매물도 생길 수 있으니, 매물을 꼼꼼히 살피는 것이 좋다. 예를 들어 2023년 1월에는 2024년 1월 입주를 앞둔 서울 송파구 가락동 '송파더플래티넘' 분양권 매물 상당

수가 '초급매', '마이너스 프리미엄' 등의 수식어를 달고 시장에 나왔다. 분양가 14억 5천만 원인 전용면적 65㎡가 '마이너스 프리미엄' 1억 5천만 원을 내걸고 13억 원에 나온 적도 있다. 2023년 6월 입주 예정 인 양천구 신월동 '신목동비바힐스' 64㎡도 분양가(약 7억 원) 대비 7천만 원이 낮은 6억 3천만 원에 분양권 매물이 올라오기도 했다. 이렇게 시장이 안 좋을 때는 분양가보다 낮은 매물이 나오기도 한다.

옵션 항목도 살펴봐야 한다. 보통 시스템 에어컨, 빌트인 가전제품, 중문 등의 옵션과 발코니 확장비용 등의 추가 비용이 발생할 수 있어 이를 포함한 총비용을 고려해야 한다. 이러한 요소들을 면밀하게 검토하면 분양받으려는 아파트의 실제 가치와 투자 가능성을 보다 정확하게 평가할 수 있다.

무순위 청약

무순위 청약은 청약 당첨에 필요한 가점이 부족한 사람들이나 유주택자들에게도 기회를 제공한다. 2023년 상반기까지 정부의 부동산 규제 완화에도 불구하고 청약 시장의 침체가 지속되면서 서울 중심부의 큰 단지들도 계약 포기가 늘어나며 무순위 청약 물량이 증가했다.

금리 부담 증가와 집값의 불확실성으로 인해 미분양 위험이 커지자, 정부는 무순위 청약의 자격 요건을 완화해 미분양 해소에 나섰다.

이에 2023년 2월부터 주택공급에 관한 규칙 개정을 적용하여 유주택자에게 무순위 청약을 허용하고 거주지역 요건은 폐지하였다. 서울에서는 올림픽파크포레온 완화된 규제의 적용을 받아서 미분양을 해결하였다. 해당 아파트의 계약률은 분양 초기에 70% 수준으로 1,400가구 이상이 당첨을 포기하였으나 2023년 7월 기준으로 거의 체결한 것으로 알려졌다.

청약홈에 따르면 2023년 1월 30일 서울 마포구 아현동 마포더클래시 27가구에 대한 무순위 청약이 진행되었다. 이 아파트는 아현 2구역을 재개발한 1,419가구 대단지로 2022년 12월 일반청약을 실시하였다. 당시 53가구 모집에 1,028개 통장이 접수되며 평균 경쟁률 19.4대 1을 기록했으나 막상 뚜껑을 열어보니 계약 포기가 이어졌다. 53가구 중 절반도 안 되는 26가구만 계약이 성사되면서 나머지가 무순위 청약으로 나오게 된 것이다. 하지만 규제 완화의 효과로 무순위 청약 모두 완판에 성공했다.

2023년 6월 서울 흑석리버파크자이 무순위 청약에도 2가구에 약 93만 명이 몰릴 정도로 그 열기가 엄청났다. 주변 시세 대비 약 70%의 가격으로 아파트를 매입할 수 있었기 때문이다. 부동산 규제의 빗장을 풀며 유주택자들에게도 기회가 돌아가자 무순위 청약이 가만히 있어도 시세 차익을 버는 새로운 투자방법이 된 것이다.

다주택자 전략(일시적 2주택, 임대사업자 제도 활용)

청약에 당첨되거나 분양권, 미분양 아파트를 매수하면 보유 주택 수가 늘어난다. 1주택자가 분양권이나 미분양 아파트를 추가로 매입하면 2주택자가 되는 것이다. 주택 수는 청약 신청 취득세, 중도금대출, 잔금대출, 양도세 등 많은 부분에 영향을 미치기 때문에 매우 중요한 문제이다.

현 정부에서는 다주택자에 대한 취득세, 양도세 중과제도 완화 정책을 추진하려고 하지만, 아직까지는 다주택자에 대한 중과세는 유지되고 있다. 다만 강남 3구와 용산을 제외한 전국이 비규제지역이므로 2주택까지는 취득세 1~3%를 적용받을 수 있다. 양도세는 2024년 5월 9일까지 중과세율의 적용이 한시적으로 배제되었는데 기획재정부는 2025년 5월까지 유예 연장을 추진할 계획이다.

따라서 청약에 당첨되거나 분양권을 취득하여 2주택이 되는 경우, 일시적 2주택 비과세 제도를 적극적으로 활용해야 절세효과를 얻을 수 있다. 각종 비과세 및 세제 혜택을 받아서 절세하는 것이 곧 돈을 버는 방법이다.

만약 2020년 전면 축소 또는 폐지된 주택임대사업자 혜택이 복원되고 아파트 등록이 부활되면 2주택자 이상의 다주택자들은 이를 적극적으로 활용할 필요가 있다. 종부세 합산배제, 양도세 중과배제, 장기보유특별공제 등의 혜택을 받을 수 있기 때문이다.

'분양공고 규칙' 확인

분양공고에는 주택공급에 관한 규칙에서 규정하고 있는 청약과 관련된 중요한 내용들이 표시되어 있다. '청약가점제도'의 적용 여부, '재당첨 제한기간 규정의 적용 여부', '청약 1순위 자격제한', '청약 제한 사항', '분양권 전매제한과 관련된 사항', '부동산 거래신고, 자금조달 및 입주계획서 신고 의무화', '청약 순위별 자격요건', '청약가점제 적용기준' 등이다.

또한 입주자모집공고문 중 기타 유의사항도 꼼꼼히 살펴볼 필요가 있다. 예를 들어 "인접 지역의 개발로 인해 향후 입주 시 먼지, 소음 등으로 환경권 및 생활권이 침해될 여지가 있습니다.", "단지 주변 도시계획도로상에 한전 전신주, 전선 및 통신선 등이 이동 설치될 수 있으며, 이로 인해 일부 세대는 직접 조망에 따른 미관 및 기타 피해가 생길 수 있습니다.", "일부 동은 주변 건물 및 구조물, 기존 건물의 재건축 및 증축, 단지 내 인접 동에 의해 조망권의 침해가 발생할 수 있습니다."와 같은 주의할 내용들이 표시되어 있을 수 있기 때문이다. 이런 정보들은 투자 결정에 영향을 줄 수 있으므로 세심하게 확인하는 것이 좋다.

종합부동산세 합산배제 제도 활용

정부는 2023년 7월 6일 미분양된 공공임대주택과 관련한 종부세 합
산배제 정책을 발표했다. 이 개정안에 따라서 공공임대주택과 공공주
택사업자 등이 소유한 부속토지 위에 있는
민간임대주택에 대해 종합부동산세 합산배
제 혜택이 제공된다. 종합부동산세 합산배
제란 요건에 충족하는 토지나 주택을 종합
부동산 과세 대상에서 제외시키는 것을 말
한다. 또한 공공주택사업자가 보유한 미분
양된 분양전환공공임대주택에 대해 미분
양일로부터 2년간 한시적으로 종합부동산세 합산배제가 적용된다.

♡ **종합부동산세**
부동산으로 많은 재산을 보유한
사람에게 세금을 부과하여 소득격
차를 줄이고 부동산 투기를 억제
할 목적으로 부과하는 세금이다.
소유한 모든 주택의 공시가격 합
이 9억 원을 초과(1세대 1주택자
인 경우 12억 원 초과)하는 경우 종
합부동산세 부과 대상이 된다.

청약·분양권·미분양 아파트 관련 내용들을 파악했다면, 대략 자신
이 투자할 수 있는 지역 및 분양 매물을 선정해보자. '네이버페이부동
산', '아실', '분양알리미(앱)' 등과 같은 곳에서 '청약', '분양중', '분양계
획', '미분양'을 검색해보면, 아파트 분양현황을 파악할 수 있다. 관심
물건을 정리해 분양현황의 흐름을 파악하고, 계속해서 관심 있는 지
역의 변화를 지켜보다 보면, 투자의 적기를 찾을 수 있을 것이다.

군인 특별공급으로
청약에 당첨되어 20억 원을 벌다

은퇴한 60대 남성

Q. 군인공제 특별공급이라는 말이 생소한데요. 언제부터 관심을 가지셨나요?

A. 저도 원래는 정신없이 군 생활을 하느라 재테크나 부동산에 대한 고민은 늘 뒷전이었죠. 그러다 아이의 한 마디가 모든 것을 바꿨습니다. 어느 날 뜬금 없이 "우리는 거지야."라고 해서 물어보니 친구들이 저 허름한 관사에 사는 애들은 거지라고 했다는 것이었습니다. 어린아이들의 잘못된 시선이었지만, 그동안 내 집 마련에 대해 진지하게 생각해 본 적이 없던 저는 가족을 위한 제대로 된 보금자리가 필요하다고 느꼈습니다. 이때부터 집을 마련하기로 결심했고 선배의 조언으로 군인 특별공급 청약을 알아보기 시작했습니다.

Q. 청약 당첨의 비결은 무엇인가요?

A. 그때는 청약가점이 70점대에 불과했어요. 좋은 입지의 아파트는 꿈도 못 꿀 점수였죠. 그래서 더 높은 점수를 쌓기 위해 7년을 기다렸습니다. 자금 마련이 가장 걱정되었는데 계약금, 중도금, 잔금까지 어떻게 치러야 하는지 알아보니 조금씩 길이 보이더라고요. 중도금이나 모자란 잔금은 일정 부분 대출을 받으면 해결할 수가 있다는 것을 알게 되었습니다. 또한 정 안 되면 완공되고 약 2~4년 동안 전세를 놓고 돈을 더 모아 입주하면 된다는 것을 알고 나니 마음이 한결 편해졌지요.

열심히 돈을 모았고, 청약 전략을 세웠어요. 서울의 아파트에 청약을 넣었지만 번번이 실패했죠. 하지만 포기하지 않고 계속 도전했습니다. 그리고 드디어 강남의 20평대 특별공급에 93점으로 당첨됐어요. 그날의 기쁨은 이루 말할 수 없었습니다.

Q. 군인 특별공급으로 아파트를 분양받고자 하는 분들에게 조언 부탁드립니다.

A. 최고 브랜드만 바라보지 말라고 조언하고 싶어요. 저는 운 좋게 특별공급을 통해서 좋은 아파트를 갖게 되었지만, 너무 오랜 기간을 기다려야 했어요. 지금 와서 생각해 보니 좀 더 넓은 시야로 다양한 기회를 살펴보면 좀 더 빨리 당첨될 수도 있었습니다. 무주택 기간이나 다양한 조건들도 잘 살펴보아야 합니다. 예를 들어 도시형생활주택 같은 부동산은 주택 수에 포함되지 않는다고 생각하는 분들도 있는데, 포함됩니다. 도시형생활주택을 소유하고 있다면 무주택자가 아닌 거죠. 자금이 모자라는데 대출 금리가 부

담스럽다면 국가보훈처에서 청약을 위한 대부 지원을 하고 있으며 특례보금자리론이라는 저리 대출도 있으니 이런 제도도 활용하시면 좋습니다. 군인 특별공급은 전역한 군인에게도 열려있다는 점도 참고하세요.

Q. 전역 후의 삶은 어떤가요?

A. 전역을 한 후에는 고향으로 갔어요. 아파트를 팔아 건물을 샀고 리모델링을 하여 임대 사업을 시작했습니다. 임대료와 연금을 받으니 군 생활을 하던 시절보다 경제적으로 여유로워졌죠. 이제는 아내와 함께 자주 여행도 다니고, 손자들과도 시간을 보낼 수 있게 되었어요. 군 생활을 할 때는 경험하지 못한 여유를 만끽하고 있습니다.

Q. 군 복무 중인 분들에게 내 집 마련에 대해 한 마디 해주세요.

A. 관사 생활에 익숙해지지 말고, 미래를 위해 재테크와 청약 준비에 관심을 가져보세요. 군인 특별공급은 국가에서 군인에게 제공하는 혜택입니다. 이를 잘 활용하면 내 집 마련 문제를 해결하고 안정적인 생활을 꾸릴 수 있습니다. 연금만으로는 노후 대비가 충분하지 않지요. 경제적으로 여유로운 미래를 위해 지금부터 준비하세요.

제4장

결국 돈 버는
아파트 투자

영끌하지 않아도
아파트 살 수 있다!

안정지향 투자자들의 선택, 아파트 투자

아파트를 단지 실거주 목적만으로 생각한다면, 고민을 할 필요가 없다. 내가 살고 있는 지역 또는 근무하는 지역의 편의성 좋은 아파트를 사서 거주하고 다만 시세 상승에 대한 기대를 하지 않으면 된다. 그러나 아파트를 통해서 높은 수익을 올리고자 한다면, 그만큼 고민을 많이 해야 한다. 아파트를 사는 방법에는 여러 가지가 있기 때문이다.

새 아파트를 소유하고 싶다면 청약에 도전하거나 분양권을 매수하는 방법도 있고, 재개발·재건축 사업, 소규모 주택정비사업, 도심공공주택복합사업 등을 통해 조합원입주권을 얻는 방법도 있다.

이 중에서 가장 초기 자금이 적게 들면서 높은 수익을 낼 수 있는 아파트 투자 방법은 청약이고, 소액부터 고액까지 다양한 자본금으로 높은 수익을 내는 방식은 조합원입주권 투자이다. 다음으로 고수익을 내는 방식은 경매나 급매로 아파트를 사는 것이다.

이 장에서는 기축 아파트에 투자하는 방법을 살펴보려고 한다. 한국에서 아파트는 실거주 목적과 투자 목적을 동시에 충족하는 경우가 많다. 특히 핵심지의 아파트라면 이미 구축된 인프라와 주변 환경, 검증된 주거 환경을 가지고 있어 편리하고 쾌적하게 실거주하며 장기적으로는 시세차익도 누릴 수 있다.

무엇보다 안전을 최우선으로 여기는 투자자들에게는 기축 아파트가 가장 매력적인 투자 대상일 것이다. 재개발 구역 빌라 투자나 경매 투자는 높은 수익률을 기대할 수 있지만 그만큼 리스크도 크다. 사업 지연, 추가 비용 발생 등의 변수가 발생할 수 있는 것이다. 이러한 불확실성은 안전지향 투자자에게 큰 부담이 될 수 있다.

또한 기축 아파트는 그 지역의 부동산 시장 동향을 통해 수익률을 어느 정도 예측할 수 있다. 가격 비교가 쉽기 때문에 누구든 시세를 파악하기 용이해 매수·매도하기에 좋고 임대를 주기도 쉽다.

이러한 이유로 안전지향적인 투자자들은 기축 아파트에 더 큰 매력을 느낀다. 다른 여러 유형의 부동산이 높은 수익을 약속할지라도, 안정성과 예측 가능성을 최우선으로 여기는 이들에게는 기축 아파트가 훨씬 더 끌리는 투자 대상이 되는 것이다.

작은 눈덩이 여러 개 굴리기 vs. 큰 눈덩이 한 개 굴리기

자금이 넉넉해 서울 핵심지의 아파트 한 채를 쉽게 살 수 있다면 좋겠지만, 그렇지 않은 사람이 많은 것이 현실이다. 기축 아파트 투자는 부동산 투자에서 안전한 투자에 속하지만 그만큼 많은 자금이 필요하다.

자금이 부족하다면 재개발이나 미분양, 경매 등 약간 공격적인 방법으로 투자를 반복해 자산을 불린 후 핵심 입지의 아파트를 구매할 수도 있다. 종잣돈이 1억 원 미만이라면 지방 중소형 아파트나 오피스텔, 빌라 투자도 가능하다.

만약 서울의 아파트를 사기에는 자금이 부족한 안전지향형 투자자라면 기대수익이 적긴 해도 지방 중소형 아파트로 눈을 돌릴 수도 있을 것이다. 이러한 소액 투자를 여러 번 반복한다면 수익이 불어나겠지만 집을 자주 매매하는 것은 많은 수고와 노력이 들어가는 일이라는 것을 염두에 두어야 한다. 작은 눈덩이를 여러 개 굴릴지, 핵심지에 투자하여 큰 눈덩이 하나를 굴릴지는 본인이 선택하는 것이다. 확실한 것은 큰 눈덩이는 커지는 양과 속도가 훨씬 빠르다는 사실이다.

나는 공격적인 성향의 투자자이다. 지금 나에게 딱 1억 원이 있다면 큰 눈덩이를 선택할 것이다. 즉 내가 갈 수 있는 가장 입지가 좋은 구역의 재개발 물건에 투자할 것이다. 리스크가 있긴 하지만 땅의 가치가 높고 기대수익이 크기 때문이다.

0원으로 집 사는 기술, 갭투자

실거주할 게 아니라면 전세를 끼고 아파트를 살 수도 있다. 이처럼 건물을 매입한 후 전세를 내어주고 매매가가 상승하면 시세차익을 얻는 것을 '갭투자'라고 한다. 따라서 이 방법을 활용하면 본인이 자본금이 부족하거나 심지어 '0원'이라 하더라도 아파트를 살 수 있다. 한때 많은 사람이 시세차익을 노리며 갭투자에 뛰어들어 그 황금기를 누렸다. 잠깐 아파트 갭투자의 사례를 살펴보자. 부동산 투자 수익률은 2023년 6월 실거래가를 기준(호갱노노 앱 참조)으로 조사했고, 취득세·재산세·양도소득세 등의 세금 및 기타 경비는 계산에서 제외했다.

다시 마래푸(마포래미안푸르지오) 이야기를 해보려고 한다. 이 아파트는 '마용성' 시대의 간판스타로 마포구 아현동 일대를 재개발한 3,885세대의 단지이다. 2023년 기준으로 입주한 지는 9년이 됐다. 2017년 6월 마래푸 34평형(전용 84㎡)은 8억 8,300만 원에 거래되었다. 당시 전세가는 6억 5,500만 원으로 전세가율은 74%였다. 전세를 끼고 초기 투자금 2억 2,800만 원으로 매수했다면 5년 뒤에는 18억

2,500만 원에 팔 수 있었다. 실투자금 대비 수익률은 413%로 9억 4,200만 원의 수익을 낼 수 있었던 것이다.

한 가지 예를 더 들어보겠다. 성동구 옥수동은 동호대교를 건너면 바로 압구정동이라 강남에 출퇴근하는 직장인들에게 인기 있는 주거지이다. 현재 옥수동의 대장 아파트는 2012년 입주한 래미안옥수리버젠이다. 이 아파트는 2017년 6월 33평형(전용 85㎡)이 9억 7천만 원에 거래되었다. 당시 전세가는 7억 3,700만 원으로 전세가율은 76%였다. 전세를 끼고 2억 3,400만 원에 매수했다면 5년 뒤 21억 원에 팔 수 있었다. 실투자금 대비 수익률은 482%로, 11억 2,900만 원의 시세차익을 낼 수 있었던 것이다.

그러나 아파트 갭투자는 전세 거래량이 줄고 월세 거래량만 늘어나는 시기에는 적절한 투자방법이 되지 못한다. 이런 시기에 하는 갭투자는 실패 사례만을 남길 뿐이다.

지금처럼 금리가 계속해서 상승 중이고, 금융비용 부담으로 인해서 매매와 관련된 담보대출이나 전세자금 대출 둘 다 수요가 줄고 있는 시기에는 월세 비중이 계속 늘어날 것이다. 시세 대비 30% 이상 떨어진 급매물이나 2017년 이후 부동산이 급상승하기 전 가격으로 살 수 있는 핵심 입지의 아파트라면 긍정적으로 검토해봐야겠지만 전세보증금을 레버리지로 활용하는 갭투자는 절대 유의해야 한다. 상승기가 찾아올 때까지는 시세차익을 내기가 어렵고, 전세자금 대출을 받는 사람이 줄어들어 임차인을 구하기도 힘들기 때문이다. 따라서 매입 자체도 쉽지 않다. 만약 전세 세입자를 구했다고 해도 부동산 가격의 하락으로 손해를 입을 수 있다. 특히 부동산 가격의 하락으로 전세보증금을 돌려주지 못한다면 세입자의 인생까지 위험에 빠트릴 수 있으므로 주의하여야 한다.

한편 대출이나 전세비율이 높지 않고 투자금이 충분한 경우, 부동산 침체기는 그동안 너무 가격이 높아서 눈여겨보기만 하던 좋은 입지의 아파트를 싸게 살 수 있는 기회가 될 수도 있다. 시장이 어둡다 하더라도 자신의 자산에 맞게 현명하게 투자한다면 새로운 이익을 창출하는 것도 가능하다는 것을 잊지 말자.

기축 아파트 투자의 핵심은 상급지 갈아타기

지금 살고 있는 집보다 더 넓은 집, 더 살기 좋은 동네로 이사 가는 것을 일명 '상급지 갈아타기'라고 한다. 현재 아파트를 소유하고 있는데 핵심지에 있지 않다면 상급지로 갈아타는 전략을 세우는 데 게을리해서는 안 된다. 만약 핵심지 아파트를 보유하고 있다면 지키는 것만으로 전략이다.

상급지일수록 집값 상승폭이 크므로 부지런히 갈아타지 않으면 상급지로 가는 건 평생 요원한 일이 되어버린다. 시간이 지날수록 격차가 벌어지기 때문이다. 2022년 하락기를 맞이했던 부동산 경기는 역시 서울의 핵심지 위주로 다시 제자리를 찾아가고 있다. 특히 서울 강남을 중심으로 한 거주 수요는 집값 조정기에도 여전했다. 호황기이든 침체기이든 집값의 양극화는 더욱 심해지고 있는 것이다. 그래서 상급지 갈아타기란 결코 쉬운 일은 아니다.

입지가 좋아 땅의 가치는 높으나 건물이나 기반시설이 좋지 않아 재개발되는 구역의 빌라가 수익률이 높을 수밖에 없는 것도 한 번에 핵심지에 진입할 수 있기 때문이다. 돈이 부족해도 서울 핵심지로 진입할 수 있는 방법부터 우선적으로 고려하라는 것도 이런 이유에서이다.

아파트를 마련했다는 사실에 만족하며 대출금을 갚기에 급급해서는 안 된다. 당장은 어렵더라도 더 높은 곳을 바라보며 상급지로 갈아타는 계획을 세워보자. 이러한 계획을 가지고 있는 사람과 그렇지 않은 사람의 미래는 천지 차이로 다를 수밖에 없다.

침체기라면 부자처럼 투자하라

경제적으로 여유가 있다고 모두가 부자 마인드를 갖춘 것은 아니다. 상급지로 계속 갈아타기를 하는 사람이 있는가 하면, 여건이 되는데도 내 집 한 채 마련하기를 쉽게 결정하지 못하는 사람도 있다. 이유는 다양하다. 대출에 대한 두려움으로 인해 전세를 선호하는 사람이 있는가 하면 '이제라도 아파트를 사야 할까?', '대출받았다가 집값이 떨어지면 어쩌지?' 하며 완벽한 시기를 노리다가 적기를 계속 놓치는 사람도 있다.

내가 소유했던 가재울 아파트의 세입자 A씨는 의사로 충분한 자산을 보유하고 있었다. 당시 이 아파트를 팔아 다른 곳에 투자하려고 했던 나는 2017년에 A씨에게 6억 9천만 원에 사라고 제안했지만 A씨는 거절했고 2019년에는 시세가 껑충 뛰어올라 13억 원대가 되었다. 2019년에 임대 재계약을 하면서 A씨가 "여기를 샀어야 됐는데……." 하며 후회의 말을 했던 게 기억이 난다. A씨는 결국 11억 8천만 원에 같은 단지의 아파트를 샀다.

2017년은 하락기를 마감하고 상승세를 타기 직전이었다. 하락기를 지나며 매수 심리가 좋지 않던 시기라 집값이 떨어졌음에도 A씨처럼 많은 이들이 두려움에 집 사기를 망설였다.

백화점의 신상품도 시간이 지나면 아웃렛에서 대폭 할인된 가격에 살 수 있다. 이 상품의 가치를 제대로 아는 사람은 비쌌던 물건이 파격적으로 할인하면 고민하지 않고 즉시 살 것이다. 아파트도 마찬가지로 가능한 가격이 하락했을 때 사야 한다. 그렇다고 입지 등 중요한 요소를 고려하지 않고 무조건 싼 것을 사라는 것이 아니다. 같은 지역이라도 최대한 가격이 내려갔을 때 사야 한다는 말이다.

아파트
매매 절차

투자 가능 금액 확인

아파트를 100% 현금으로 사는 사람은 많지 않다. 청약으로 입주를 하든, 기축 아파트를 사든 많은 사람들이 대출을 활용한다. 그래서 현재 내가 가지고 있는 총 자산을 파악하고 투자 가능한 금액을 정리하는 것이 중요하다. 주택담보대출과 신용대출 가능 금액까지 정확히 파악해야 하기 때문이다. 투자를 결심하고 나서는 늦다. 투자하기 전에 자신의 가용자산과 대출한도를 종합해서 투자 가능한 총 금액을 파악해야 한다.

청년, 신혼부부, 다자녀가구, 무주택·유주택자 등 각자의 상황에 따라서, 또는 투자 지역에 따라 DTI, DSR, LTV 등이 다르기 때문에 대출 금액도 달라진다.

간략한 대출 관련 용어 정의를 살펴보자. 정부가 개인 대출 한도를 얼마나 제한할지 정하는 기준은 크게 담보인정비율(LTV), 총부채상환비율(DTI), 총부채원리금상환비율(DSR) 세 가지로 나뉜다. LTV와 DTI는 주택담보대출 한도를 정할 때 쓰이고, DSR은 대출 종류와 무관하게 모든 빚의 총량을 규제하는 장치라고 보면 된다.

다만 주택담보대출은 내가 투자하려는 부동산 물건이 얼마까지 대출이 가능한지 은행에서 알아봐야 정확히 알 수 있으므로, 투자 가능 금액 파악과 원하는 부동산 물건을 찾는 과정이 거의 동시에 이루어져야 한다.

부동산 상식 1분 수업

DTI Debt To Income

총부채상환비율로 금융부채 상환능력을 소득으로 따져서 대출한도를 정하는 계산 비율을 뜻합니다. 대출상환액이 소득의 일정 비율을 넘지 않도록 제한하기 위한 기준이지요. 즉 DTI는 주식담보대출의 원리금과 신용대출과 같은 기타 대출의 이자(원금 제외)의 합계액이 연소득의 일정 비율을 초과하지 못하도록 한 규제입니다.

DSR_{Debt Savings Ratio}

총부채원리금 상환 비율을 의미합니다. 쉽게 설명하면 연간 소득에 비해 대출 원리금 상환 비율이 어느 정도인지를 뜻합니다. DSR은 소득이 많을수록 유리합니다. 즉 DSR은 주택담보대출뿐만 아니라 개인이 소유한 모든 금융권 대출의 원리금이 연소득의 일정 비율을 넘지 못하도록 한 것으로 규제 강도가 가장 세지요. 현재 DSR 40% 규제가 시행되고 있으며 특례 보금자리론이나 전세보증금 반환 목적 등 특수한 경우에만 적용이 배제되고 있습니다.

LTV_{Loan To Value Ratio}

주택가격 대비 주택담보대출 한도액의 비율을 의미합니다. 예를 들어 LTV가 50%면 10억 원짜리 아파트를 구매하려는 개인이 빌릴 수 있는 주택담보대출 금액은 최대 5억 원입니다. LTV는 부동산 경기 상황에 따라 수시로 바뀌는데, 현재 무주택자와 1주택자의 경우 비규제지역은 70%, 규제지역은 50%의 LTV를 적용받습니다.

물건 찾기

아파트 투자도 다른 투자와 마찬가지로 기본적으로 자신이 주거하는 지역을 중심으로 먼저 살펴봐야 한다. 자신이 잘 아는 지역에 투자하면, 부동산에 대해 잘 알지 못하더라도 자신감을 가질 수가 있다. 마침 그 지역이 투자하기에 적절하다고 판단될 만큼 입지가 좋다면 가장 합리적인 투자가 될 것이다.

투자의 핵심은 투자 수익을 높이는 것이다. 그러기 위해서는 우선 상급지부터 알아보아야 한다. 먼저 투자할 지역의 우선 순위를 정하는 것이 중요하다.

누구나 가고 싶어 하는 곳이 바로 중심지, 즉 상급지이다. 자신이 가능한 투자금액에 따라서 강남, 용산, 반포 등의 핵심지역부터 살펴보고, 투자 가능한 부동산 매물을 찾는 노력을 기울여야 한다. 물론 근무하는 지역이나 가족의 생활여건에 따라 투자가 제한적일 수 있지만, 가능하다면 전세 레버리지를 이용해서라도 좋은 입지의 매물을 먼저 찾아보자.

네이버페이부동산, 아실, 호갱노노, 직방 등의 다양한 홈페이지를 활용해서 전체적인 지역 시세와 매물을 확인하고, 어느 정도 투자 윤

● **네이버페이부동산 실거래가 조회**

출처: 네이버페이부동산

곽이 잡히면 각종 부동산 카페 및 블로그에서 해당 부동산에 대한 다양한 정보를 찾아보면 된다. 이렇게 정보탐색의 과정을 거친 뒤, 해당 지역의 여러 부동산 공인중개사들을 찾아가서 매물을 파악해보자. 공인중개사를 찾아갈 때는 절반은 매수자의 마인드로, 절반은 매도자의 마인드로 접근하면 보다 새로운 정보를 얻을 수 있다.

아파트 주요 하자 확인 & 가계약 체결

마음에 드는 아파트를 찾았다면 해당 아파트를 직접 방문해서 주요한 하자가 있는지 확인해야 한다. 아파트 상태를 파악하는 것은 중요하다. 혹시 중대한 하자가 있어서 계약을 취소할 수도 있고, 수리가 필요하다면 그 금액만큼 할인받을 수 있기 때문이다. 수리가 필요한 곳의 상태를 정확히 확인하여 도배·장판, 인테리어 등 필요한 부분의 수리를 해야 한다. 주요 하자로는 난방, 전기, 가스, 화장실의 문제나 누수, 결로 등이 있는데, 직접 미리 공부를 해서 파악할 수 있지만, 그러기 어렵다면 이를 잘 아는 주위 사람과 함께 확인하는 것도 좋다.

가장 좋은 방법은 입주 확인 체크리스트를 보면서 꼼꼼히 하자를 확인하는 것이다. 만약 하자가 있다면 공인중개사 또는 부동산을 잘 아는 전문가와 함께 상의해서 해결하자.

매수 협의가 이루어지면 해당일에 계약서를 쓸 수도 있지만, 대부분 당일에는 계약서 작성 및 계약금 납입일에 대한 협의를 하고 가계약금을 납입하는 것으로 첫 단계를 밟는다. 가계약금은 얼마인지 정확히 정해져 있지 않다. 가계약금을 입금하면 정식 계약서를 쓰지 않았더라도 매매에 대한 당사자 간의 합의가 있고, 그 증빙자료가 있을 시 일방적 파기 시 배상을 해야 한다. 즉, 매수자가 일방적 파기 시 가계약금을 포기해야 하고, 매도자가 일방적 파기 시 가계약금의 배액을 배상하게 된다.

평상시는 가계약금의 액수가 중요하지 않다. 그러나 부동산 상승기라면 상황이 달라진다. 상승기에 좋은 입지의 아파트를 매수할 때는 직접 방문하거나 하자를 확인하는 과정도 거치지 않고 가계약금을 입금하는 사람들도 있다. 가계약금을 먼저 넣는 사람이 매수자가 되기 때문이다. 이럴 때에는 가계약금 액수가 적다면 매도인이 포기하고 배상한 뒤, 더 큰 액수로 다른 매수자와 계약을 하는 경우도 있다. 매수자가 잔금이 아닌 중도금을 내면, 계약을 매도자가 일방적으로 파기할 수 없다는 점도 알아둘 필요가 있다.

중개수수료는 가계약에 앞서 미리 합의하는 것이 좋다. 대다수 공인중개사들은 미리 수수료를 말하지 않는다. 원래 수수료 요율이 정해져 있기 때문에, 굳이 말하지 않고 그 액수만큼 받기를 바라는 것이다. 그러나 요즘 직방이나 여러 부동산 거래 사이트의 수수료가 대단히 낮게 형성되어 있기 때문에 비교를 해본 뒤 공인중개사와 협의를 하면 수수료도 낮출 수 있다.

계약 체결(계약금 납부)

아파트 매매 계약을 진행할 때는 등기부등본을 꼭 확인해야 한다. 등기부등본을 통해 소유자와 계약자가 동일한지를 확인하고, 담보대출금 등 부채를 파악할 수 있다. 그리고 계약서 작성 전 계약자의 신분증을 확인해야 한다. 대리인일 경우는 위임장 절차도 반드시 확인하라. 소유주 확인 시에는 신분증, 도장, 통장, 임대차계약서까지 모두 확인해야 한다는 것도 잊지 말자.

대리인이 올 때는 위임장과 위임자의 인감증명서 그리고 신분증까지 모두 확인해야 한다. 법인인 경우는 법인의 등기부등본과 인감도장, 사업자등록증 사본이 필요한데, 당연히 인적 사항이 모두 일치해야만 한다. 법적으로 서류가 완벽하게 갖춰져 있어야 혹시나 모를 문제가 일어나더라도 피해를 최소화 할 수 있다.

계약 시 확인할 사항

- 소유자와 계약자가 동일한지 확인
- 담보대출금 등 부채 확인
- 계약서 작성 전 계약자의 신분증 확인
- 대리인일 경우 위임장, 절차 확인

특히 계약금에 대해서는 꼼꼼히 알아둬야 한다. 계약금이란 부동산 매매 계약을 체결할 때 부동산을 사고자 하는 매수자가 매도자에게 지급하는 금액이다. 대부분 계약금은 계약 당일에 바로 지급하며, 매수·매도하기로 한 확정금액의 10% 정도를 지급한다. 이 계약금은 계약이 잘 이뤄졌다는 것을 증명해줄 수 있는 금액이자 위약금이나 해약금의 성질을 지닌다.

규제지역 내 아파트를 구입하면 주택자금조달계획서를 제출해야한다. 아파트 매매 가격을 어떻게 충당할 것인지를 문서로 작성 후 증빙자료를 함께 제출하면 된다. 보통 아파트 계약 체결일로부터 30일이내 실거래 신고를 할 때 함께 한다.

대출 시 은행 방문(대출 약정서 작성)

대출이 필요하다면 인터넷으로 신청하거나 또는 은행에 방문해서 주택담보대출 또는 개인 신용대출을 활용하면 된다. 미리 파악한 나의 대출 여건을 기반으로 대출금리 비교사이트를 통해 해당 물건에 대한 구체적인 대출금리를 비교해볼 수도 있다. 은행 자체 주택담보대출 이외에도 생애최초 디딤돌대출, 보금자리론, 적격대출, 생애최초 주택자금대출, 적격대출 등 다양한 대출이 있으므로, 충분한 비교를 통해서 조금이라도 금리를 낮추려는 노력이 필요하다.

● 금리 비교가 가능한 은행연합회 소비자포털

출처: 은행연합회 소비자포털

잔금 납부 & 입주

잔금을 납부하기 전에 반드시 은행의 이체한도를 최대로 설정해 놓아야 한다. 결제 방식에 따라 1일 이체한도 또는 카드 결제한도를 미리 올려놓아야 잔금을 납부할 때 한도가 모자라 당황할 일이 없다. 잔금일에 필요한 서류 및 준비물도 꼭 확인해야 한다. 계약금, 중도금, 잔금 등 돈을 이체할 때마다 등기부등본은 반드시 확인하자.

잔금을 치르는 날은 매도인의 이삿짐을 모두 뺀 상태에서 매도인과 매수인 그리고 중개사가 함께 방문하여 공실의 상태에서 집 상태를 확인한다. 이렇게 집 상태를 모두 확인하고 이상이 없다면 다시 중개사무소로 돌아와 잔금 처리를 진행하게 된다. 소유권이전등기, 근저당권 설정, 잔금대출은 모두 같은 날에 이루어진다. 따라서 주말보다는 평일에 진행하는 것이 좋다. 법무사는 소유권이전등기, 근저당권 설정 등을 담당하고, 매도자와 매수자는 잔금 및 기타금 정리를 하면 된다.

아파트 투자 핵심 포인트

입지 분석

투자금이 넉넉하다면 손쉽게 강남이나 서울·경기 등의 주요 지역에 있는 가장 좋은 입지의 아파트를 사면 된다. 그러나 그렇게 쉽게 거액의 목돈을 마련할 수 있는 사람은 많지 않을 것이다.

그렇다면 뛰어난 입지를 갖춘 지역을 계속적으로 지켜보다가 가격이 싼 재건축 아파트 급매물을 사는 것도 좋은 대안이 될 수 있다. 예를 들어 분당은 여러 구역에서 동시다발적으로 재건축 또는 리모델링이 진행되고 있다. 그런데 지역이 넓고 재건축이 순차적으로 진행되고 있기 때문에 사업 속도가 제각각이다. 아직 사업이 진행되기 전, 또는 초기 단계의 재건축 물건이나 리모델링의 가능성이 있는 아파트를 매입하면, 상대적으로 적은 금액으로 투자가치가 높은 좋은 아파트에 투자할 수 있다.

산업구조 변화의 물결에 올라타라

산업구조 변화에 의해 일자리도 변화를 겪게 된다. 4차 산업혁명에 따라 AI, 빅데이터 산업이 급속도로 발달하였고 이러한 산업을 이끄는 고급 인력이 일자리의 핵심이 되었다.

네이버, 카카오를 비롯한 IT기업, 유망 스타트업 기업이 판교나 분당, 강남에 포진되어 있기 때문에 이런 지역에는 고급 일자리도 계속 증가할 수밖에 없다. 따라서 강남, 판교, 분당, 성남 등과 같은 일자리타운은 최고의 입지를 갖추었다고 볼 수 있다. 다음으로 일자리가 풍부한 마곡이나 여의도 같은 곳도 훌륭한 대안이다.

최근엔 대규모 물류시설이 서울 중심지나 근접지역으로 이동하고 있으니 이를 주목해 살펴보는 것도 좋겠다.

실거주할까? 투자할까?

앞에서도 강조하였지만, 아파트를 사는 이유를 확실히 해야 한다. 편안한 안식처에 거주하기 위해 아파트를 매입하고자 한다면 직장 접근성, 생활 편의성, 아이들 교육 여건 등을 고려하고, 본인의 취향을 반영해서 고르면 된다. 하지만 만약 투자 목적도 있다면 그 기준점을 명확히 해야 한다.

최근에 한 지인이 "저는 마포 공덕에 집을 사고 싶어요. 그런데 지금 30평대 아파트 가격이 약 15억 원 정도라 제가 가진 돈으로 살 수가 없어요. 그래서 어떻게 할지 고민이에요. 공덕동 쪽에 분양이 나올 때까지 기다려야 할까요?"라고 문의를 해왔다.

기다리다가 정말 운 좋게 공덕동에 아파트 분양 물량이 나왔다 해도, 이 지인은 과연 가진 금액으로 살 수 있을까? 확률은 거의 제로에 가깝다. 청약에 당첨될 확률도 적지만, 시간이 지날수록 분양가 역시 상승하기 때문이다.

정말 공덕의 아파트에서 살고 싶다면 가진 돈으로는 당장 불가능하니 차선의 대안을 마련해야 한다. 징검다리 전략도 한 가지 방법이다. 1차 목표로 본인이 접근 가능한 금액대의 부동산에 투자하고 그 부동산의 가치가 상승하기를 기다리는 것이다. 운이 좋으면 생각보다 가격이 높게 치솟아 한 번에 공덕으로 갈아탈 수도 있다.

아무것도 하지 않고 걱정만 하는 것은 의미가 없다. 만약 '나는 미래에 강남이나 용산 같은 곳에 내 집을 가질 거야'라는 꿈을 가지고 있다면 지금 당장 투자에 뛰어들 실행력이 필요하다.

예를 들어 본인이 거주하거나 근무하는 지역과 멀리 떨어져 있다고 투자할 만한 가치가 있는 저평가된 아파트 급매물을 포기하는 사람은 아직 아파트를 투자적 측면으로 보지 못하는 것이다. 이런 경우, 투자 지역의 아파트를 전세 또는 월세를 끼고 매입하고, 본인은 거주지 또는 근무지 근처에 월세 또는 전세로 살면 된다.

급매물 아파트를 사더라도 우선 자신이 투자할 수 있는 최대한 상급지의 아파트를 사야 한다. 한 번에 상급지로 가지 못한다면, 여러 번의 갈아타기를 반복하면 된다. 그래야 투자 수익의 열매가 커진다.

대규모 단지, 좋은 브랜드, 로열층

2022년 7월 25일 '뉴시스'가 모바일 투표 앱 '크라토스'를 통해 앱 사용자 4,894명을 대상으로 '아파트 브랜드가 집값에 영향을 미치는 정도'를 묻는 질문에 전체 응답자 중 48.2%가 '매우 그렇다', 45%는 '그렇다'라고 답했다. 아파트를 선택할 때 가능한 좋은 브랜드의 대규모 단지를 골라야 하는 이유이다. 유명 브랜드의 대단지 아파트는 부동산 경기 침체의 영향을 상대적으로 덜 받고, 부동산 상승기에는 가격이 더 크게 올라갈 가능성이 높다. 무엇보다 대다수의 사람들이 선호하기 때문에, 투자가치가 높고 매수나 매도를 빠르게 할 수 있어서 환금성이 좋다.

또한 가급적 로열층의 아파트를 선택해야 한다. 분양권 매매나 미분양 아파트 투자 시에도 마찬가지이다. 사람에 따라 기호가 다르지만 대부분 사람들이 로열층 아파트를 선호하기 때문에 투자 측면에서는 로열층을 선택하는 것이 중요하다.

그러나 서울 중심지 아파트라면 대규모 단지, 좋은 브랜드, 로열층이 아니더라도 투자 가치가 높을 수 있다. 다른 조건을 상쇄할 수 있을 만큼 뛰어난 입지를 가지고 있다면 과감히 선택해볼 여지가 있다. 한마디로 대단지, 브랜드 등의 조건보다는 입지가 더 중요하다는 것이다.

아파트 급매 잡기

아파트는 가급적 급매로 매수하는 것이 좋다. 그런데 부동산 상승기에는 공급에 비해 수요가 많으므로 급매를 찾기 어렵다. 이러한 시기에 급매로 아파트를 매수하려면 해당 지역의 여러 부동산중개소를 찾아가서 안면을 익히고, 수시로 찾아가야 한다. 부동산마다 단독으로 보유하고 있는 급매 물건이 다를 수 있기 때문이다.

급매는 말 그대로 불시에 급하게 나오기 때문에 언제든지 계약할 돈을 준비하고 있어야 한다. 부동산 활황기에는 공인중개사가 자신이 알고 있는 친한 고객을 중심으로 전화를 걸어서 급매 정보를 주기 때문에 바로 계약을 하지 않는 경우에는 몇십 분 차이로 다른 사람이 계약을 할 수도 있다.

반면에 부동산 침체기에는 '선택'과 '집중'을 잘해야 한다. 내가 가지고 있는 돈은 한정적이지만, 침체기에는 좋은 아파트 급매물들이 쏟아져 나오기 때문이다. 그러나 이럴 때에도 급한 마음으로 투자하기보다는 신중히 여러 주요 입지의 아파트를 비교 분석해서 충분히 투자 가치가 높은 아파트 급매물을 잡아야 한다. 부동산 하락기에는 재개발 및 재건축 물건이 더욱 크게 하락하는 경향이 있으므로 기축 아파트, 분양권과 재개발·재건축 물건을 비교해보고 투자를 결정하는 신중함이 필요하다.

다주택자 투자 전략

2023년 1월, 강남 3구와 용산을 제외한 모든 지역이 규제지역에서 해제되면서 2주택까지는 취득세율 1~3%를 적용받게 되었다.

또한 양도소득세는 2024년 5월 9일까지 다주택자 중과세가 한시적으로 배제되었는데 정부는 이 유예기간을 2025년 5월까지 연장할 계획이다.

만약 2020년 전면축소 또는 폐지된 주택임대사업자 혜택이 복원되고 아파트 임대주택등록이 부활되면 2주택자 이상의 다주택자는 이 제도를 적극 활용해볼 수 있다. 임대주택등록으로 종부세 합산배제, 양도세 중과배제, 장기보유특별공제 등의 혜택을 받게 된다면 대단한 절세 효과를 볼 수 있게 되기 때문이다.

갭투자는 역전세 주의!

갭투자는 부동산 시장이 호황인 경우에는 적은 금액을 투자해 높은 투자수익을 기대할 수 있는 전략이다. 하지만 침체기에는 전세가격이 매매가격을 넘어서 흔히 말하는 '깡통주택'이 될 수 있다. 예를 들어 2020년 서울 A아파트 34평대를 전세보증금 9억 원을 끼고 12억 원에 매입하였다고 해보자. 실투자금은 3억 원으로 비교적 적은 투자금을 가지고 서울에 아파트를 매수한 셈이다. 2020년은 부동산 상승기였기 때문에 이 아파트 가격은 대략 15억 정도 상승할 수 있었을 것이다. 그러나 2023년 현재는 전반적으로 전세가격과 매매가격이 동반 하락한 상태이다. 만약 A아파트 전세가가 5억 원대에 형성되고 매매가격은 다시 10~12억 원대에 형성되었다면 전세 계약 만기가 되어 새로운 세입자를 들여야 하는 시점에 추가적으로 3억 원을 마련해야 하거나 매수한 가격보다 내려간 가격으로 눈물을 머금고 매도를 해야 된다.

아파트를 매입하면서 전세보증금을 레버리지로 활용하는 경우는 대단히 일반적이다. 다만 부동산 경기에 따른 변수에 대비하지 못한다면 큰 투자 손해를 볼 수도 있다는 점을 유의하자. 전세보증금을 레버리지로 활용하더라도 자신이 감당할 수 있는 금액인지 따져보아야 한다. 참고로 아무리 높아도 매매가 대비 전세가가 70% 이상이 되는 경우는 주의를 기울이는 것이 좋다. 전세금 비율이 70% 이상이라면 본인의 자산 비율이 적어 여러 상황에 대비하기 곤란하기 때문이다. 역전세 상황에 대응할 수 있는 여력이 부족하며 공실이 발생한다고 하더라도 대처하기 힘드니 꼭 유의하길 바란다.

지금 대한민국 아파트 경기는?

부동산 시장의 흐름과 물건을 분석하는 능력은 단기간에 생기지 않는다. 초보자라면 내가 잘 아는 지역부터 차근차근 살펴보라. 3개월, 6개월, 1년, 3년 등의 단위로 전세 및 매매가격의 시세변동을 파악하고, 수시로 나오는 매물들의 가격도 동시에 확인하다 보면, 전체적인 가격 흐름도 파악할 수 있다. 또한 내가 어떠한 물건을 잡아야 할지에 대해서도 자신감이 생기게 된다. 이런 과정을 통해 입지를 보는 눈을 키웠다면 조금 더 먼 지역이나 주요한 입지의 매물도 분석해보자.

부동산 시장의 아파트 현황을 살펴보면 2023년 1분기를 기준으로 전국의 모든 아파트의 가격이 대폭 하락했다. 예를 들어 인천 송도 아파트가 15억 원에서 절반 가격으로 하락했으며 광교신도시도 15억 원이었던 아파트가 8억 원에 거래되었다. 서울 및 경기 지역도 아파트 평형 또는 지역에 따라 대략 3억~10억 원에 가깝게 하락하였다.

그러다가 2분기 이후로 본격적으로 아파트 가격이 재상승하기 시작했다. 2022년과 2023년 1분기까지 가파르게 상승하던 금리가 잠시 주춤하면서 정부가 대출 규제를 완화하였고, 인플레이션으로 인해 건축비가 상승하자 실수요자 중심으로 부동산 거래가 활발히 이루어지기 시작했다. 예를 들어 송파구는 2020년 고점 대비 약 70% 부근까지 하락했던 부동산 가격이 다시 90% 이상으로 회복하였다. 특히 서

● 전국 아파트 시세 확인

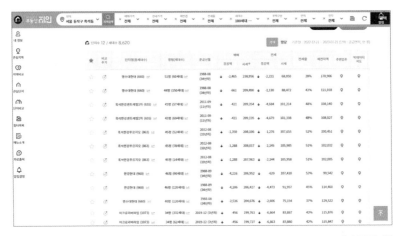

출처: 부동산 지인

● 최근 하락 아파트 확인

울의 강남, 용산, 마포, 성동구 등을 중심으로 가격이 거의 회복되었으며, 대구 수성구, 세종시, 송도, 부산 해운대구 등의 지방 거점지역 또

한 다시 가격이 상승하였다. 다만 이러한 주요 지역 이외에 서울 외곽, 수도권, 지방의 아파트 가격은 이렇다 할 변화를 보이고 있지 않다.

2023년 10월 기준으로는 서울을 포함한 전국 아파트의 매매 가격 지수 전세지수가 하락했다. 이러한 추이는 계속 지켜볼 필요가 있다. 전국 아파트들의 시세는 '부동산 지인'에서 확인하면 자세하게 알 수 있다.

왼쪽의 시세 표는 '아실'에서 최근 하락 아파트를 검색한 내용이다. 이 사이트에 들어가면 전국 아파트 시세뿐만 아니라, 최고가, 최고상승 아파트 등을 알 수 있고, 특히 각 지역별로 매매, 전세, 월세의 최고가 대비 하락폭을 알 수 있다. 하지만 어디까지나 전반적인 시세를 보여주는 자료이므로 반드시 참조만 하고 투자 시에는 항상 직접 방문해 확인해야 한다. 인터넷 정보는 '이 시기에 이 지역이 이 정도 가격을 형성하고 있구나.' 정도로만 참고하면 된다.

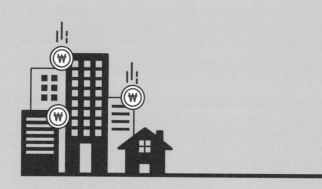

제5장

재개발·재건축 투자로
새 아파트 선점하기

돈이 없다면 시간에 투자하라! 재개발 투자

새집이 될 낡은 집을 노려라!

월급을 모아서 서울에 아파트 한 채를 마련하는 것이 어렵다는 것은 누구나 알 것이다. 특히 자본력이 부족한 20대의 사회초년생들에게는 더욱 머나먼 일로 느껴질 수밖에 없다. 그나마 초기 투자금이 적게 드는 청약이 가장 접근하기 쉬운 방법이지만 가점이 낮은 2030세대는 가능성이 매우 낮은 것이 현실이다.

그러나 청약만이 새 아파트를 저렴하게 구매하는 유일한 방법은 아니다. 청약 당첨자의 분양권을 구매할 수도 있고, 재개발·재건축 등

정비사업 조합원의 입주권을 매수할 수도 있다. 전세를 활용한 레버리지 투자도 하나의 방법이 될 수 있겠다. 이렇게 방법은 다양하며, 각각의 방법은 특유의 장점을 가지고 있으므로 무주택자라면 완벽하지 않더라도 일단 현실 가능한 선에서 투자를 시작하는 것이 중요하다.

이 중 재개발 투자는 가진 자본 규모 내에서 최고의 위치를 선점할 수 있는 전략이다. 일반분양이나 청약과 달리 청약가점과는 상관이 없고, 자격 제한도 없다. 서울 거주자가 아니어도 되고, 청약통장이 없어도 상관없으며 심지어 무주택자가 아니어도 괜찮다. 다만, 긴 기간 기다려야 된다는 점은 염두에 두어야 한다.

'목돈이 기한 없이 묶여버리는 것은 아닐까?' 하는 걱정에 두려워하는 사람들이 많은데, 재개발·재건축에 투자했다고 꼭 입주까지 해야 하는 것은 아니다. 중간에 시세차익을 보고 매도할 수도 있다. '나중에 중도금이나 잔금을 낼 돈이 부족하면 어쩌지?' 하는 불안감에 섣불리 투자에 발을 들여놓기 망설여 진다면 일단 중도금대출이나 잔금대출에 대해 자세히 알아보자. 잔금대출이 어렵다면 입주 시 전세를 놓는 방법도 있다. 이러한 방법에 대해 속속들이 알고 있다면 지레 겁먹고 투자를 포기하는 일은 없을 것이다. 물론 가장 큰 수익을 낼 수 있는 방법은 입주까지 가는 것이다. 특히 핵심지에 진입했다면 끝까지 가져가는 것이 현명한 전략이다.

재개발이란 무엇인가

재개발 사업은 주거환경이 낙후된 지역을 철거하고 도로와 상하수도, 주택 등을 새로 짓는 사업이다. 낙후된 지역을 개발하여 새롭고 깨끗한 아파트 주거단지로 바꾸는 사업이기 때문에 주거환경뿐 아니라 도시환경 개선 효과도 크다.

보통 재개발 사업은 구역 내 땅이나 건물을 가진 '토지등소유자'가 주축이 되어 추진되는데 가장 큰 특징은 낙후된 저층 주거지를 고층 주거지로 탈바꿈시킨다는 것이다. 재건축보다 도로나 공원 등 기반시설을 새로 짓는 비용이 더 많이 들지만, 일반분양을 더 많이 할 수 있다는 장점이 있다.

많은 사람이 재개발은 쉽게 접근하기 어렵고 두려운 영역이라고 느

● **재개발 사업**

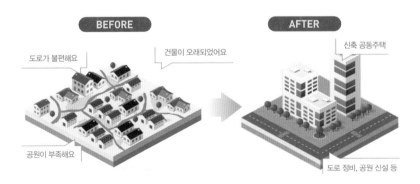

출처: 서울시 《우리집 우리동네 정비사업가이드》

낀다. 좋은 투자처라고 생각했어도 막상 직접 찾아가면 오래된 빌라들만 몰려 있는 달동네인 경우가 많다. 국제적으로 큰 주목을 받은 한국 영화 〈기생충〉에도 실제 사람이 산다고 믿기지 않을 정도로 낙후된 주거 환경이 등장해 화제가 되었다. 실제 영화의 촬영지였던 아현동 일대 역시 현재 공공재개발에 지역에 포함되었다. 영화만큼 극적으로 노후된 지역만 있는 것은 아니겠지만 재개발 사업이 기대되는

부동산 상식 1분 수업
재개발과 재건축의 차이

보통 재개발은 낡은 빌라촌에 새 아파트가 들어서는 것, 재건축은 오래된 아파트가 새 아파트로 다시 지어지는 것이라고 생각하는 분들이 많을 텐데요. 빌라촌이라고 꼭 재개발인 것은 아닙니다. 노후한 주택을 허물고 새 아파트를 짓는 정비사업이라는 면에서는 같지만 '기반시설'이 양호한가를 따져봤을 때 양호한 곳은 재건축, 그렇지 못한 곳은 재개발로 구분하기 때문인데요. 예를 들어 소방차도 다니기 어려운 구불구불하고 좁은 골목길이 이어진다면 '재개발', 길이 반듯하고 넓으며 기반시설이 잘 갖추졌다면 '재건축'이라고 이해하면 쉽습니다.

그래서 재개발은 낙후된 지역을 개선하려는 공익의 목적을 지니고 있고, 재건축은 주민들의 삶의 질을 개선시키려는 사익의 목적을 지닙니다. 재개발을 시행할 때는 노후도나 주택접도율 등을 비중 있게 다루는 반면 재건축 아파트는 30년째가 되는 시점부터 '안전진단'이라는 문턱을 넘어야 하는 이유입니다.

곳을 직접 찾아가 보면 '과연 이런 곳에서 살 수 있을까?' 의문이 들 수밖에 없다. 나 역시 2007년 흑석뉴타운의 빌라를 매수할 때 낙후된 동네를 보고 비슷한 생각을 했다.

사실 재건축이나 재개발 투자는 초보자들이 접근하기 쉽지는 않다. 평상시 관심을 가지고 공부하지 않았다면 사업 절차도 복잡하고 어렵게 느껴질 것이다. 그래서 경매만큼이나 일반 사람들이 두려워하는 분야인 것은 사실이다.

그러나 상대적으로 초기 투자금이 적게 들고 수익률이 높다는 것도 인정해야 할 부분이다. 그렇다고 재개발 투자만을 적극적으로 권유하는 것은 아니다. 만약 재개발 투자가 너무 두렵고 어렵게 느껴진다면 다른 대안도 있다. 재건축을 노릴 수 있고 실거주가 가능한 기축 아파트를 매수하거나, 전세를 끼고 갭투자를 하는 방법이다.

다만 재개발이라는 매력적인 투자 영역이 있다는 것을 가급적 많은 2030세대에게 소개하고 싶다. 재개발 투자라는 도구를 내 것으로 만들면 소액으로도 중심지에 투자할 수 있는 선택지가 확 늘어나기 때문이다.

새 아파트 단지로 탈바꿈하는 드라마틱한 과정

재개발이나 재건축을 처음 접하는 사람들은 '조합', '토지등소유자',

'관리처분인가', '분담금' 등 낯선 단어가 외계어처럼 들릴 것이다. 그러나 재개발·재건축 핵심 용어와 단계를 이해하는 것은 그리 어려운 일은 아니다. 큰 개념만 이해하면 나머지는 자연스럽게 익숙해질 것이다.

노후된 빌라로 이루어진 낡은 동네는 어떻게 새 아파트 단지로 바뀌는 것일까? 이 드라마틱한 변신의 과정이 사실 단순하지는 않다. 아주 굵직한 부분만 짧게 살펴보도록 하자.

먼저 재개발이 시작되려면 낡은 빌라촌이 '재개발 구역'으로 설정되어 동네에 선이 그어져야 한다. '도시·주거환경정비 기본계획'에 포함되거나 면적이나 노후도 등 구역 지정 요건을 충족해 입주민들의 60% 이상 동의로 주민제안을 하면 지자체가 심사하여 구역으로 지정할 수 있다. 한편 재건축은 안전진단까지 추가로 통과해야 구역으로 지정된다.

구역이 생기면 조합설립이라는 관문을 넘어야 한다. 보통 재개발·재건축 사업의 주체는 '조합'이다. 조합은 조합원들이 세운 법인이라고 보면 된다. 조합을 세우기 위해서는 토지등소유자의 3/4 이상이 동의해야 한다. 그런데 재개발이나 재건축 사업의 초기 단계에서 주민들의 의견을 수렴하고, 주민 동의서 수집을 진행하고, 사업의 기본 방향을 설정하는 것은 누구일까? 바로 '조합설립 추진위원회'이다. 추진위원회도 토지등소유자 중 과반수의 동의를 받아야 하며 시장이나 군수의 승인을 받아야 자격이 부여된다.

추진위원회는 동의서에 사인을 받고 취합한 동의서를 시청이나 구청에 제출하여 조합설립 허가를 신청한다. 조합설립 이후로는 재개발·재건축의 과정이 크게 다르지 않다고 보면 된다.

조합이 설립되면 보통 추진위원장이 조합장이 되고, 추진위원회 임원이 조합 임원이 되는 식으로 조합이 구성되며, 이후 이들이 월급을 받으며 사업을 이끈다. 사장은 조합장, 직원은 부동산을 현물로 내놓는 조합원이라고 이해하면 쉽다.

조합이라는 사업 주체가 설립된다는 것은 매우 많은 것을 의미한다. 구역이 지정되고 조합이 설립되기까지의 기간은 어느 정도라고 콕 집어 말하기 어려울 정도로 언제가 될지 기약할 수 없지만, 조합이 설립되고 나면 시공사가 선정되는 등 본격적인 사업이 시작된다.

다음으로는 사업시행인가라는 관문을 넘어야 한다. 사업시행인가를 받기 위해서는 건축심의, 환경심의, 교통심의 등을 통과해야 한다. 사업시행인가를 받으면 실제 새 아파트를 갖기 위해 나에게 얼마의 돈이 필요한지 구체적인 윤곽이 드러난다.

그런데 조합원 각자의 부동산은 가치가 모두 다르다. 1억 원짜리 빌라를 가진 사람, 10억 원짜리 건물을 가진 사람 등 천차만별인 것이다. 예를 들어 25평의 조합원분양가가 6억 원이라고 할 때, 조합은 1억 원짜리리 빌라를 가진 A조합원에게는 "일반분양가보다 싼 조합원분양가 6억 원에 25평 아파트를 살 수 있는 권리를 드릴게요. 당신은 1억 원의 가치를 가진 빌라를 현물로 내놓았으니 5억 원의 분담금을 추가로 내면 25평의 아파트를 받을 수 있습니다."라고 통보하고, 3억 원짜리 부동산을 가진 조합원 B에게는 "3억 원 가치의 부동산을 현물로 내놓았으니 3억 원을 분담금으로 내면 25평 새 아파트를 가질 수 있습니다."라고 통보한다. 이때 조합원이 가진 부동산의 가치는 실거래가로 평가되는 것이 아니다. 전문가가 감정평가를 하여 평가한 금액이다. 이를 '감정평가액'이라고 한다. 소유한 부동산의 감정평가액이 신청한 평형의 조합원분양가보다 크면 현금으로 받게 된다. 분담금 또한 일반분양처럼 계약금 10%를 계약 시 납입하고 착공부터 완공까지의 기간 동안 보통 여섯 번에 나누어 중도금 60%를 납입한다. 그리고 입주 시 나머지 30%를 잔금으로 납입한다.

새 아파트를 받기 위해 각자 얼마를 내야 하는지가 대략 결정되면 '조합원분양'을 통해 조합원의 평형이 결정된다. 인기 있는 평형에는 신청자가 몰려 눈치싸움이 벌어지곤 한다.

다음으로는 관리처분인가라는 단계를 향해 나아간다. 관리처분인가가 나면 주민들이 이주하고 철거와 착공에 들어가게 된다. 바야흐로 마무리 단계인 것이다. 그래서 관리처분인가가 나면 사업의 8부 능선을 지났다고들 한다. 착공에 들어가면 모델하우스가 지어지고 일반분양이 시작된다. 공사가 완성되고 준공 인가를 받으면 드디어 입주를 할 수 있다. 비로소 새 아파트가 내 것이 되는 것이다.

이렇게 여러 단계를 거쳐야 하기 때문에 보통 재개발·재건축 사업은 10년 또는 그 이상이 소요된다.

철저히 분석하고 시간에 투자하라

장기 보유가 가능한 재개발·재건축 투자는 하락장에서도 가치가 크게 떨어지지 않고, 상승장이 도래했을 때 신속히 가치가 상승하는 물건을 선택하는 것이 중요하다. 주기적으로 찾아오는 하락장이 나만 피해갈 거라는 생각은 버리는 것이 좋다. 투자로 인한 스트레스가 쌓이면, 하락장이 끝나갈 무렵 투자금을 원금 수준으로 회복하거나 소폭의 이득이 날 때 잘못 판단하여 투자를 포기할 위험이 있다. 이렇게 되면 심적으로 지치고, 수익은 별로 얻지 못하는 '손해만 남은 투자'가 될 수 있다.

J씨와 K씨의 투자를 예로 들어 보겠다. J씨는 2012년에 흑석 3구역의 빌라를 3억 원에 매입했다. 이 빌라는 다세대주택으로,

> ⊘ **대지지분**
> 공동주택 전체의 대지면적을 소유자 수로 나눈 면적이다.

대지지분 13평, 건평 8평, 전세보증금 5천만 원이고 건축한 지 35년 정도 되었으며 구조는 철근 콘크리트이고 공시지가는 평당 400만 원이었다.

해당 지역은 조합설립인가 이후 사업시행인가가 계속 미뤄지고 있었는데, J씨는 약 1억 원의 대출을 받고 이자를 납부하고 있었다. 물론 사업이 지지부진해서 '내가 과연 옳은 선택을 한 것인가'라는 마음에 답답한 적이 많았다. 그러다가 2014년 말에 사업시행인가가 났고, 2017년에 관리처분인가를 받아 2023년에 아파트가 완공되었다. 해

> **⊘ 권리가액**
>
> 조합원들이 소유한 부동산의 가치를 평가하여 결정한 금액이다. 권리가액은 감정평가액에 비례율을 곱하여 산정한다. 감정평가액은 감정평가사가 일정 기준을 적용하여 산출한 금액이고, 비례율은 사업성을 나타내는 지표로서 수익률과 비슷한 뜻으로 보면 된다. 비례율이 높을 수록 권리가액이 높아지므로 조합원에겐 더욱 유리해진다.

당 재개발 구역은 10평 내외의 작은 평형대가 많았으므로 J씨는 33평형의 분양대상자가 되었다. 대다수 조합원의 대지지분이 적으면, 지분이 적어도 큰 평수를 배정받을 수 있다. J씨가 산 부동산을 현시점에서 평가를 한다면 권리가액이 1억 9천만 원 정도 될 것이다. 조합원분양가는 일반분양가의 70~80% 정도이고, 조합원분양가에서 권리가액을 제한 금액을 추가로 부담해야 한다. 이 모든 것을 감안하면 대략 조합원분양가가 7억 8천만 원으로, 분담금이 5억 9천만 원이라고 했을 때 총 투자금은 8억 9천만 원(초기 투자금 3억 원+분담금 5억 9천만 원)이다. 현재 해당 지역의 주변 시세가 18억~21억 원이므로, 약 10년 동안에 초기 투자금 3억 원으로 약 9억 원에서 12억 원의 시세차익을 얻을 수 있게 된 것이다.

반면 K씨는 서울시 방배동 재개발 구역의 집을 2013년에 2억 5천만 원에 매입하였으나 개인적인 자금 사정으로 2억 8천만 원에 팔았다. 이 부동산은 대지지분 11.8평, 건평 8평, 전세보증금 4천만 원이고 건축 연한은 30년 정도이며 구조는 철근 콘크리트이다. 다세대주택이며 공시지가는 평당 350만 원이다.

대지가 20평 이상 되는 집의 비율이 얼마 되지 않는 지역으로 10년 가까이 여러 가지 이유로 사업 진전이 지지부진한 상태였다. 필요경비와 금융비용 및 기회비용 등을 따져본다면, 투자한 10년 동안 K씨는 오히려 손해를 보았다고 할 수 있다. K씨가 손해를 본 이유는 무엇일까? 해당 구역의 사업은 매입시점에서 매도시점까지 한 단계도 진행되지 못했다. 게다가 전국적으로 부동산 시장이 얼어붙었을 시점에서 처분하였기 때문에 이익을 내지 못한 것이다.

해당 재개발 구역에는 10평 내외의 작은 평형대가 많으므로, 팔지만 않았다면 33평형의 분양대상자가 될 가능성이 높았다. K씨가 판 부동산을 현시점에서 평가를 한다면 권리가액이 1억 5천만 원 정도될 것이다. 대략 조합원분양가는 7억 5천만 원으로 분담금이 6억 원이라고 했을 때 총 투자금은 8억 5천만 원(초기 투자금 2억 5천만 원 + 분담금 6억 원)이다. 현재 해당 지역의 주변 시세가 17억~20억 원이므로 약 8억 5천만 원에서 11억 5천만 원의 시세차익(세금 계산 전)을 낼 수 있었을 것이다. 이 사례에서 보듯이 입지와 사업성, 구역의 사업진행 속도 등 자세한 정보를 바탕으로 매수·매도 포인트를 잘 결정해야 한다. 확신이 없다면 시간과의 싸움에서 질 수밖에 없기 때문이다.

재개발 투자의 장점과 단점

재개발 투자의 장점

재개발 투자의 큰 장점은 청약을 하지 않고도 새 아파트를 마련할 수 있고, 일반분양자보다 좋은 층과 동, 평면 타입을 미리 배정받을 수 있다는 것이다. '현재가치'와 '미래 가치'를 동시에 누릴 수 있는 큰 시세차익 또한 거부할 수 없는 장점이다. 아파트를 매입하면 시세보다 저렴한 급매를 잡지 않는 한 현재가치를 누릴 수 없고, 미래에 있을 가치만을 기대할 수 있다. 예를 들어 현재 흑석동 아파트 30평대를 약 20억 원에 매수한다면 현재 매수 금액보다 상승할 것을 기대할 것이다. 그런데 흑석뉴타운의 조합원입주권을 매수할 경우 약 17억 원의 투자금이 소요되므로, 기존 아파트에 투자하는 것에 비해 큰 수익을 보장받을 수 있다. 또한 정상적으로 부동산 경기가 유지되는 상태에서는 사업이 다음 단계로 진행될 때마다 시세가 1~2억 정도 상승하기도 한다. 기존의 신축 아파트보다 향후 더 최신의 신축 아파트를 가질 수 있다는 것도 장점이다.

게다가 재개발 투자는 소액 투자부터 고액 투자까지 모두 가능하다. 일부 서울시 신속통합기획이나 모아타운 예정지는 개발 진행 가능성이라는 기회에 투자하는 것이므로 투자위험을 감수해야 하지만 상대적으로 적은 금액으로 투자할 수 있다. 사업이 거의 완료 단계에 있는 서울 민간 및 공공 재개발 지역에 투자하면 투자 위험을 회피할 수 있지만 초기 단계에 진입하는 것보다 고액의 투자금이 필요하므로, 기대 수익이 그만큼 감소한다.

마지막으로 재개발은 일시적 2주택자 비과세 특례와 대체주택 비과세 특례를 활용하여 비과세 혜택을 받으며 2주택에 동시 투자할 수 있다. 또한 기존 주택을 취득한 날부터 1년 이상이 지난 후에 관리처 분인가 이후의 입주권을 매입하는 경우, 입주권을 취득한 날부터 3년 내에 기존의 집을 양도하면 1세대 1주택으로 간주하여 비과세를 받을 수 있다.

기존에 보유한 주택이 재개발 또는 재건축이 되면서 거주할 곳이 없을 때 거주하는 곳을 '대체주택'이라고 한다. 대체주택으로도 비과세 혜택을 받을 수 있다. 먼저 재개발 구역의 부동산을 보유하고 있다가 사업시행인가일이 지난 후에 대체주택을 취득한다. 이때 준공이나 임시사용승인 등 입주할 수 있는 날로부터 새 아파트에 3년 이내 입주하는 요건과 1년 이상 거주 하는 요건을 충족해야 한다. 그리고 주택이 완성되기 전이나 완공 후 3년 이내에 대체주택을 양도하면 비과세 혜택을 받을 수 있다. (더 자세한 내용은 210쪽에서 확인할 수 있다.) 일부 예외조항이 있으므로 자세한 내용은 소득세법 시행령 제156조를 참조하자.

재개발 투자의 단점

재개발 투자의 가장 큰 단점은 불확실성과 기다림이다. 재개발 사업은 여러 절차를 거쳐야 하므로, 사업 진행의 불확실성을 내포하고 있다. 이를테면 재개발 사업 진행 도중 구역 지정이 취소되거나 조합이 해체될 수도 있는 것이다. 또한 사업이 중간에 중단되거나 조합장이 해임될 수도 있다. 보통 재개발 사업은 많은 조합원이 사업의 주축이 되어 진행하기 때문에 미처 생각하지 못한 불확실 변수가 발생하는 경우가 많다.

두 번째 단점은 입주까지 긴 시간이 소요된다는 점이다. 재개발 사업은 시작해서 완료되는 시점까지 최소한 10년 정도의 시간이 걸린다. 가장 오랜 시간이 걸리는 부분은 재개발 구역 지정 단계부터 조합설립인가 단계까지이다. 간혹 한남뉴타운이나 성수전략정비구역 같은 경우처럼 조합설립인가 이후 사업시행인가를 받는 데까지 오랜 시간이 걸리기도 한다. 이렇게 사업 기간이 길다 보니 예를 들어 세계금융위기 같은 경제위기가 닥치거나, 2022년처럼 금리가 급상승하고 부동산 거래 자체가 정체되는 경우, 재개발 또는 재건축 물건들의 가격이 상당히 하락하기도 한다. 원래 사업 한 단계가 끝날 때마다 시세가 상승하는 것이 통상적인 패턴이지만 부동산 경기가 얼어붙어 있는

● **재개발 투자의 장점과 단점**

장점	• 청약 없이 새집 마련 가능 • 좋은 층과 동, 평면을 미리 배정받을 수 있음 • '현재 가치'와 '미래 가치'를 동시에 누릴 수 있어 큰 시세차익 가능 • 소액 투자부터 고액 투자까지 모두 가능 • 대체주택 비과세 혜택
단점	• 사업의 진행에 대한 불확실성 • 장시간 소요 • 부동산 불경기에는 가격 하락폭이 큼(사업 후반에 진입하는 경우 초기에 비해 하락폭이 더 커서 큰 손해가 발생할 가능성 있음)

때에는 이런 단계와 상관없이 가격이 하락할 수도 있는 것이다.

이렇게 재개발 투자는 기존의 아파트와 같은 현물 자산에 투자하는 것이 아니라 미래의 가치에 투자하는 것이므로 리스크가 상대적으로 높을 수밖에 없다.

.

재개발 사업의
유형

재개발 사업의 유형에는 대표적으로 민간 주도 재개발, 정부 주도의 재개발, 신속통합기획, 모아타운 등이 있다. 하나씩 자세히 들여다 보자.

민간 주도의 재개발

민간 주도의 재개발은 조합이 사업의 주체가 되어 GS건설(자이), 현대건설(힐스테이트)과 같은 민간 건설업체에 시행을 맡기는 방식으로 진행한다. 임대주택 세대수가 적어 기존의 소유자 입장에서는 높은 가격 상승을 기대할 수 있고, 공공 재개발과 달리 공익성을 최우선으로 하지 않기 때문에 아파트 자체의 고급화를 이루어낼 수 있다.

서울의 정비구역 중에 종로, 용산, 송파 등(2023년 11월 기준) 토지거래허가구역으로 지정된 곳은 실거주 요건 충족 및 각종 규제를 받으므로 유의해야 한다. 반대로 토지거래허가구역에서 해제되는 구역은 관심을 가져야 한다. 참고로 2023년에 강남 일대, 원효로3가, 한남 1구역, 이태원, 흑석동 일대 등의 비아파트가 토지거래허가구역에서 해제되었다.

민간 주도의 재개발 사업 절차

재개발 사업 절차는 크게 정비구역 지정, 조합설립 추진위원회 설립, 조합설립인가, 시공사 선정, 사업시행계획인가(사업시행인가), 분양공고 및 분양신청, 관리처분계획인가(관리처분인가) 이렇게 7단계로 나눌 수 있다.

더 단순하게 4단계로 나누면 ① 계획 수립 단계, ② 사업시행 단계,

③ 관리처분 단계, ④ 사업 완료 단계로 구분되며, 각 단계에서는 일정 주민 동의율을 필요로 한다.

첫 번째, 계획 수립 단계에서는 정비계획을 수립하고 정비구역을 지정한다. 주민은 공공에 사업을 제안하고, 공공은 사업의 타당성을 검토하여 사업추진 여부를 판단한 후 정비구역을 지정한다.

재개발 구역 지정을 위한 법적 요건은 다음과 같다. 특히 주목해야 할 요건은 노후도인데, 노후도가 맞지 않으면 사업을 시작조차 할 수 없다. 신축빌라가 들어서 노후도가 깨지면 사업 진행이 불가능한 것이다.

● **재개발 구역 지정 법적 요건**

- **노후건축물**: 철근콘크리트인 건축물은 건축된 지 20~30년 이상, 그 외 건축물은 건축된 지 20년 이상 경과 건축물
- **주택접도율**: 폭 4m 이상 도로에 4m 이상 접한 건축물의 비율
- **과소필지**: 토지면적이 90㎡ 미만인 토지
- **호수밀도**: 1만㎡(100m×100m) 안에 건축되어 있는 건축물 동수(공동주택 및 다가구주택은 세대수가 가장 많은 층의 세대수를 동수로 산정)

출처: 서울시 《우리집 우리동네 정비사업가이드》

출처: 서울시 《우리집 우리동네 정비사업가이드》

두 번째, 사업시행 단계에서는 사업시행자인 조합을 설립하여 사업시행계획인가를 진행한다. 시공자 선정은 조합설립인가 후 가능하다. 서울시만 유일하게 조합 단독 시행자인 경우 사업시행계획인가 후에 시공자를 선정하였다가, 2023년 7월부터 조합설립 후에 선정할 수 있게 되었다. 이에 따라 민간 재개발이나 신속통합기획 모두 시공자 선정이 앞당겨졌다.

세 번째, 관리처분계획인가 단계에서는 관리처분계획을 수립하고 공사를 진행한다. 관리처분인가를 통해 조합원은 분양받을 권리를 가지게 되고, 본인이 향후 부담해야 할 분담금액을 확정받게 된다.

마지막으로 사업완료 단계에서는 공사 준공과 함께 사업이 완료된다. 사업이 완료되면 조합은 해산되고 모든 사업 절차가 마무리된다.

정부 주도의 재개발

공공성 담보하는 대신 인센티브 제공하는 재개발

정부 주도의 재개발은 공공성을 담보하는 대신 사업성 보전을 위해 다양한 인센티브를 제공한다. 예를 들어 용도지역 및 용적률 상향 등 도시규제를 완화하고, 분양가상한제 대상에서 예외하는 등 사업성을 보장한다. 또한 사업시행계획 인가 전 통합심의를 하여 신속한 인허가 추진이 가능하며 사업비 융자 및 국비 지원 등을 받을 수 있다.

● 공공 재개발 인센티브

도시규제 완화	사업성 보장	신속한 인·허가	사업비 지원
• 용도지역 상향 • 용적률 상향 • 기부채납 완화	• 관리처분 시 확정된 주민분담금 보장 • 분양가상한제 미 적용	• (신설) 도시계획 분 과위원회 • (시설) 통합심의	• 사업비 융자 • 이주비 융자 • 기반시설국비지원

● 공공 재개발 사업 시행자

출처: 서울시 《우리집 우리동네 정비사업가이드》

196

공공 재개발은 사업 주체에 따라 공공과 조합이 공동 시행하는 정비사업과 공공이 직접 시행하는 정비사업 두 가지로 나뉜다. 공동 시행 정비사업은 LH나 SH 등 공기업이 사업시행자로 참여하는 방식으로, 공익성을 확충하는 동시에 주민들의 의견을 사업에 반영하는 형태를 지닌다. 공공이 직접 시행하는 정비사업으로는 2·4대책의 공공재개발이 있으며 민간 조합은 해산되고 LH나 SH 등 공공 주도하에 사업이 진행된다.

공공 재개발은 민간 재개발에 비교하여 사업 절차가 간소화되고 용적률 인센티브와 같은 혜택이 주어지지만, 권리산정기준일(재개발·재건축 등 정비사업지에서 아파트 분양권을 받을 수 있는 권리를 부여하는 시점) 이후에 부동산을 매입하면 현금청산(조합원이 되지 못해 아파트 입주권을 받지 못하고 현금으로 청산되는 것)을 받게 되어 아파트 입주권을 받을 수 없으므로 주의해야 한다.

권리산정기준일은 공공 재개발 1차(2021. 4. 14.)는 2020년 9월 21일, 2차(2022. 8. 26.)는 2021년 12월 30일, 이후 공모는 2022년 1월 28일이다. 그리고 공공 재개발, 신속통합기획은 다음과 같이 토지거래허가구역으로 지정되어 실거주 요건 충족 및 건축 제한 등의 규제를 받으므로, 투자하고자 하는 해당 구역의 권리산정기준일 및 토지거래허가구역 지정 여부를 면밀하게 파악해야 한다.

● 토지거래허가구역 지정현황 확인

*서울시 토지거래허가구역 지정 현황은 서울부동산 정보광장에서 확인할 수 있다.

출처: 서울부동산 정보광장

공공 재개발 사업 절차

공공 재개발 사업은 단독 시행의 경우 주민 2/3 이상의 동의가 있어야 하고, 공동시행은 주민 1/2 이상의 동의만 있으면 공모 참여를 통해 사업 추진이 가능해진다. 특히 종상향과 용적률 증가를 통해서 일반분양 세대수가 증가하여 조합원들의 분담금이 낮아질 수 있으므

출차: 서울시 《우리집 우리동네 정비사업가이드》

로 상대적으로 사업성이 좋지 않은 지역의 경우 이 제도를 통하면 사업 진행이 원활해질 수 있다. 종상향이 이루어진다는 것은 1·2종 일반 주거지역을 2·3종으로 높이는 것을 말한다. 종상향이 이뤄지면, 용적률이 높아지고 층수 규제가 완화돼 정비사업의 사업성이 개선된다.

공공단독시행방식으로 시행할 경우 조합설립의 절차가 필요 없다는 장점이 있다. 서울시 신속통합기획, 모아타운은 정부 또는 서울시가 주도하는 재개발 사업이기 때문에 인허가 기준을 완화하여 사업 속도를 단축시킬 수 있다.

서울시 신속통합기획

오세훈표 패스트트랙, 신속통합기획

서울시 '신속통합기획'은 민간 주도 정비사업인데 서울시가 정비계획 수립단계부터 정비구역지정까지 가이드라인을 제시해 정비구역 지정단계까지의 기간을 단축해주는 사업이다. 이외의 부분은 민간 재개발과 거의 동일하다.

가장 큰 장점은 사업기간이 단축된다는 점과 층수 규제를 완화하는 인센티브를 받을 수 있다는 점이다. 단점은 아직 완벽한 가이드라인이나 규정이 미미한 상태라는 것이다. 정비구역 지정 이후로는 민간 재개발과 같은 방식으로 사업이 진행되는데, 사업 규모가 민간 재개발보다 작고 영세한 경우 상대적으로 불확실성이 클 수 있다. 즉 사업이 장기화될 수 있는 여지가 있다는 것이다.

유의할 점은 권리산정기준일 이후에 소위 '지분 쪼개기'를 하면 소유권이전등기를 하더라도 현금청산 대상이 되어 입주권을 받을 수 없다는 것이다. 특히 권리산정기준일 이후 준공되는 신축 주택은 분양권이 주어지지 않음에도 해당 주택을 매수하면 마치 분양권이 주어지는 것처럼 홍보해 피해가 발생하고 있으므로 각별히 유의해야 한다. 권리산정기준일은 2021년 이전 공모 공고로 선정된 구역은 '공모공고일', 2022년 이후 공모 공고로 선정되는 구역은 2022년 1월 28일로 지정한다. 무엇보다 신속통합기획 지정 지역 또는 일부 탈락 지역은 갭투자 등 투기 목적 거래를 방지하기 위해 토지거래허가구역으로 지정되므로, 실거주 요건을 충족해야 하는 등의 규제를 받게 된다.

향후 지속적으로 신속통합기획 지역이 지정될 것이며 현 정부에서 토지거래허가구역 해제를 논의 중이므로, 계속 주시할 필요가 있다.

서울시 신속통합기획 사업 절차

서울시 신속통합기획은 공공에서 민간 정비사업의 계획과 절차를 지원하는 제도이다. 즉, 서울시에서 신속통합기획팀을 만들어 시간이

● 신속통합기획 사업 절차

출처: 서울시 《우리집 우리동네 정비사업가이드》

많이 소요되는 정비계획 수립, 건축설계, 사업시행인가가 빨리 진행되도록 보고하는 것이다. 이를 통해 유연한 정비계획이 수립될 수 있고, 혁신적인 건축 디자인이 이루어질 수 있으며 인가가 빨라져 신속하게 정비사업이 추진될 수 있다.

서울시 모아타운

소규모 주택정비사업을 보완하다

재개발·재건축 정비사업은 규모나 노후도 등 법정요건에 맞아야 시작을 할 수 있다. 노후도가 깨졌거나 규모가 작은 곳, 또는 사업성이 낮은 곳들은 대규모로 진행되는 일반 재개발·재건축 사업으로 진행할 수가 없는 것이다. 그래서 이런 곳들은 가로주택정비사업 같은 '소규모 주택정비사업'으로 개발되기도 한다. 그런데 이런 소규모 주택정비사업은 '나홀로 아파트만 양산하는 것 아니야?', '7층이면 조금 높은 빌라 아니야', '부족한 주차장이나 편의시설은 그대로인데 건물만 새것으로 바뀌는 것 아니야?' 하는 아쉬운 점들이 있었다. 층을 높이기도 어렵고 규모가 적으니 도로나 주차장, 공원 등 기반시설을 마련할 수가 없는 것이다. 이에 대한 해결책으로 개별 필지 대신 블록 단위로 공동 개발하는 방식이 바로 모아타운이다. 다시 말하면 재개발이 어려운 10만㎡ 이내 노후 저층 주거지를 묶어 공동주택·편의시

● 모아타운

설을 공급하는 정비사업방식이다. 말 그대로 소규모 정비사업을 '모아 모아서' 통합하여 진행해 멀리서 보면 대단지 아파트처럼 보이며 통합 지하주차장을 만든다거나 공원을 조성할 수 있도록 만든 제도이다.

대상 지역은 신축·노후주택에 혼재되어 재개발이 곤란한 지역이 다. 구역 지정이 되려면 노후도가 57% 이상이고, 주민 동의율은 80% 이상이어야 한다. 특히 노후도 조건의 허들이 낮은 것은 모아타운의 가장 큰 특징이다. 지정 이후에는 층수 제한과 용적률 완화 혜택을 주 는데, 층수를 높일 수 있게 되면 건폐율이 낮아서 토지 활용도가 높아 진다. 건물 간 거리를 확보할 수 있고 공원이나 도서관 등 커뮤니티

시설을 세울 수 있게 되는 것이다. 또한 일정한 임대주택 공급비율을
충족하면 분양가상한제를 적용받지 않을 수 있다.

서울시에 따르면 일반 재개발·재건축이 완료될 때까지 통상 8~10
년의 기간이 소요되는 반면에 모아타운은 3~4년 정도 소요될 것으로
예상된다. 그러나 아직 구체적인 사례가 없어서 예상보다 기간이 더
소요될 여지가 있다.

일반 민간 재개발에 비해 적은 초기 투자금으로 투자가 가능하다는
것도 큰 장점이다. 서울 한남뉴타운이나 흑석뉴타운 같은 곳의 민간
재개발은 대략 10억 원 이상의 투자금이 필요한 반면에, 모아타운은
대략 1~3억 원의 초기 투자금이면 진입이 가능하다.

모아타운의 단점은 여러 작은 구역을 묶어서 개발하기 때문에, 조
합장이 여러 명으로 구성되므로 의견 조율이 어렵고 통합개발이 어려
워서 원활한 사업 진행이 불확실하다는 것이다. 또한 규모가 작아서
공사비가 오를 경우 사업성이 떨어질 수 있다. 해당 주민들이 전문지
식이 없으면 정비업체의 입김에 사업이 좌지우지될 수 있다는 점도
유의해야 한다.

특히 모아타운 투자를 하기 전 주의해야 할 점은, 모아타운 후보지
로 지정하면서 투기 수요의 유입을 차단하기 위해 미리 권리산정기준
일을 정한다는 점이다. 1차 후보지 공모에서 선정된 곳은 2022년 1월
20일, 2차 후보지 공모에서 선정된 곳은 2022년 6월 23일, 3차 후보
지 공모에서 선정된 곳은 2022년 10월 27일, 4차 후보지 공모에서 선

정된 곳은 2023년 11월 30일이 권리산정기준일로서, 이 날짜 이후에 신축 또는 용도변경을 한 물건을 매입하면 현금청산이 될 수 있다. 무엇보다 일반 재개발이나 신속통합기획보다 사업 규모가 작아 리스크가 더 높으므로 단기투자 마인드를 가지고 섣부른 투자를 하게 되면, 오랜 기간 투자금이 묶일 수도 있다.

● 권리산정기준일과 토지거래허가 지정 여부

구분		권리산정기준일	토지거래허가	적용법령
공공 재개발	1차 (2021. 4. 14.)	2020. 9. 21.	2022. 1. 26.~ 2023. 1. 25.	도시 및 주거환경 정비법
	2차 (2022. 8. 26.)	2021. 12. 30.	2022. 8. 31.~ 2023. 8. 30.	
	이후 공모	2022. 1. 28.	공모결과 발표 후 지정	
신속통합 기획	2021년 이전 공모공고	공모공고일	2022. 1. 2.~ 2023. 1. 1.	도시 및 주거환경 정비법
	2022년 이후 공모	2022. 1. 28.	공모결과 발표 후 지정	
모아 타운	1차	2022. 1. 20.		소규모주택정비법
	이후 공모	공모결과 발표 다음 날		

서울시 모아타운 사업 절차

서울시 모아타운의 추진 절차는 모아타운 선정, 계획 수립 및 지정, 사업시행 3단계로 나누는데, 자치구에서 직접 모아타운 계획을 선정하거나 주민이 직접 계획 수립을 제안하여 추진할 수 있다. 서울시에서는 매년 대상 공모를 통해 20곳을 지정할 계획이다. 2023년 12월까지 지정한 모아타운은 81개소이다.

모아타운 지정 이후에는 관리계획 고시 및 승인 절차를 거쳐 조합설립 동의(동의율 80%)를 받아야 한다. 예를 들어 2021년 4월 선정되어 2023년 초 관리계획 고시 예정인 시흥3동, 시흥5동, 등촌2동은 관리계획 용역과 주민설명회를 진행하였는데, 관리계획 지정 고시까지약 2년이 소요되었다. 이후 조합설립 연번 동의서 기준으로 동의서를 받는데 토지등소유자의 80%의 동의가 필요하다.

모아타운은 대상지 선정보다 관리계획 용역 및 지정 고시, 조합설립이 가능하냐가 관건이다. 이후에는 민간 재개발과 동일한 절차를 다시 밟아야 한다. 그만큼 사업이 완료될 때까지 상당한 시간이 소요될 것이다. 무엇보다 신속통합기획과 달리 토지거래허가구역으로 묶이지 않아서 신축한 빌라들이 많아 노후도 요건인 57%를 충족하지 못할 수도 있으므로 다각적인 모니터가 필요하다.

지금까지 재개발의 여러 유형들을 하나씩 살펴보았다. 다음 페이지의 표는 각각의 장점과 단점을 요약한 표이다.

● 재개발 유형별 장점과 단점

특징	민간 재개발	공공 재개발	신속통합기획	모아타운
장점	• 사업 단계별 재개발 투자 진입에 따른 차등화된 시세차익 보장 • 아파트 고급화 가능 • 사업 초기에 진입 시 소액 투자 가능	• 용도지역 종상향 (용적률 증가) • 공공시행으로 속도가 빠름 • 공공시행으로 비용 투명화 • 분양 가 상한제 제외	• 층수 완화, 용적률 완화 • 인허가 기간 단축 • 민간(조합) 주도의 사업 진행에 따른 자율성 보장	• 상대적으로 적은 자금으로 투자 가능 • 층수 완화, 용적률 완화 • 인허가 기간 단축
단점	• 복잡한 사업 절차 • 사업 진행을 위한 주민 동의 구하는 것이 어려움 • 사업 진행에 대한 불확실성과 장기화에 대한 우려 • 토지거래허가구역 지정된 곳(실거주 필수) • 입주권 취득 가능여부 확인 필수	• 용적률 완화를 위한 기부체납 필수 • 공공으로 진행 시 고급 민간아파트 브랜드 유지 곤란 • 현금청산 대상일 경우 아파트 입주권 지급 안 됨 • 토지거래허가구역 지정(실거주 요건 충족 필수)	• 용적률 완화를 위한 기부체납 필수 (공공임대주택 도입) • 사업 진행에 대한 불확실성과 장기화에 대한 우려 • 현금청산 대상일 경우 아파트 입주권 지급 안 됨 • 토지거래허가구역 지정(실거주 요건 충족 필수)	• 여러 구역의 통합에 따른 다수의 조합장 유지 (사업 진행 불확실성이 가장 큼) • 현금청산 대상일 경우 아파트 입주권 지급 안 됨 • 장기간 투자금 회수가 어려울 수 있음

재개발 투자
핵심 포인트

내게 맞는 재개발 투자 유형 고르기

재개발 투자 유형의 특징과 장·단점을 어느 정도 파악했다면, 나에게
맞는 투자 유형을 선택해야 한다. 이때 자신의 개인적인 금융자산, 개
인 투자 성향, 투자 가능 지역 등을 종합적으로 고려하자. 각 재개발
투자 유형마다 진입하는 시점에 따라서 투자 금액 크기의 차이가 나
기 때문에, 재개발 사업 진입 시기도 중요하다.

　예를 들어 2023년 초에 흑석뉴타운 3구역의 30평대 새 아파트를
신청할 수 있는 조합원입주권은 약 17억~18억 원(프리미엄 13억 원)에

거래가 되었다. 거의 완료 단계에 있는 재개발 물건이어서 투자금 가격대가 높은 것이다. 만약 사업시행인가 단계가 진행되던 2016년 초기였다면 조합원입주권을 받을 수 있는 대지지분 10평의 빌라를 약 3억 5천만 원에 살 수 있었다. 매매가 6억 5천만 원의 빌라를 전세를 끼고 초기 투자금 약 3억 5천만 원을 들여 매수하였다면 감정평가액이 약 2억 원으로 책정되어 분담금 5억 원 정도를 내면 새 아파트에 입주할 수 있었던 것이다. 30평대 새 아파트를 받는 데 드는 투자금이 총 11억 5천만 원으로 수익률이 매우 높은 투자이다.

2023년 초에는 신속통합기획을 신청한 예정지 중의 하나인 관악구 신림동의 물건(대지지분 12평, 매매가 1억 5천만 원, 전세보증금 9천만 원)을 초기 투자금 6천만 원으로 투자할 수 있었다. 위험을 감수하고 이런 물건을 선택하여 적은 초기 투자금으로 투자할지, 고액의 투자금으로 리스크가 대부분 해소된 상태의 안정적인 물건에 투자할지는 본인이 선택하는 것이다.

일시적 2주택자 비과세 특례 & 대체주택 비과세 특례

일시적 2주택자 비과세 특례 및 대체주택 비과세 특례 조항을 잘 활용하면 이미 주택을 보유하고 있는 사람일지라도, 재개발 및 재건축 물건에 동시 투자하며 비과세 특혜를 받을 수 있다.

대체주택 비과세 특례

- 재개발·재건축 사업 또는 소규모 재건축 사업 등의 사업시행인가일 이후 대체주택을 취득하여 1년 이상 거주할 것
- 재개발·재건축 사업 또는 소규모 재건축 사업 등의 관리처분계획 등에 따라 취득하는 주택이 완성된 후 3년 이내에 그 주택으로 세대 전원이 이사하여 1년 이상 계속하여 거주할 것
- 재개발·재건축 사업 또는 소규모 재건축 사업 등의 관리처분계획 등에 따라 취득하는 주택이 완성되기 전 또는 완성된 후 3년 이내에 대체주택을 양도할 것

2023년 1월 12일, 정부는 일시적 2주택자들은 새 집을 산 뒤 3년 안에 기존 주택을 처분하면 1주택자와 같은 세금 혜택을 받을 수 있다는 내용의 시행령 개정안을 발표하였다. 이 개정으로 일시적 2주택자가 1주택자와 같은 과세 특례를 적용받기 위해서 갖추어야 하는 요건인 주택 처분 기간이 2년에서 3년으로 연장되었다. 3년 안에만 기존 주택을 팔면 1주택자의 기본공제 12억 원을 적용받게 된 것이다. 또한 조정대상지역 내에 신규 주택을 취득하더라도 3년 이내 집을 처분하면 양도세 비과세나 장기보유특별공제, 감면된 취득세율 적용 등의 혜택을 받을 수 있다. 이미 1주택을 보유한 사람이 재개발에 투자하는 경우에도 활용할 수 있는 제도이다.

정비사업 투자 시 활용하면 좋은 대체주택 비과세 특례를 간단히

살펴보자. '소득세법 시행령 제156조의2 제5항'에 근거하여 1주택을 소유한 1세대가 그 주택에 대한 재개발 사업이나 재건축 사업 또는 소규모 재건축 사업 등의 시행기간 동안 거주하기 위하여 대체주택을 취득한 경우에 다음 각 호의 요건을 모두 갖추어 대체주택을 양도하는 때에는 이를 1세대 1주택으로 보아 비과세를 받을 수 있도록 한다.

입지 분석

재개발 투자에 있어서도 입지만큼 중요한 것은 없다. 당연히 입지에 따라서 투자금액에도 차이가 난다. 서울 재개발 핵심 투자 지역인 한남뉴타운, 성수전략정비구역, 흑석뉴타운 등은 서울의 중심지에 있어서 고액의 초기 투자금이 필요하고, 외곽의 재개발 지역은 상대적으로 투자금이 적게 든다. 초기 투자금이 크다는 것은 당연히 향후 발생될 수 있는 시세차익도 그만큼 크다는 걸 뜻한다.

가능하다면 자신의 자산 범위 상한선과 하한선을 고려하여 투자할 수 있는 지역을 폭넓게 물색하고, 자신이 생각하는 곳보다 상위의 지역에 우선적으로 투자하는 것을 추천하고 싶다. 그런 다음에 더 상급지로 이동하기를 반복한다면 부동산 자산이 크게 늘어날 것이다.

사업성 비례율 분석

재개발의 사업성을 파악하는 방법 중 하나가 비례율이다. 사업성이 있는지 없는지 판단할 수 있는 대표적인 지표로서, 통상적으로 비례율이 100%를 넘게 되면 비용보다 수익이 큰 사업이다. 쉽게 말해서 비례율이 100%가 넘는다는 것은 총 일반분양가액이 사업비용보다 더 높다는 것을 뜻한다. 즉 지출보다 수입이 더 많으므로 조합원 부담이 줄어들어 조합원의 이익이 커진다는 것을 의미한다.

비례율의 계산은 종후자산평가 합계에서 총 사업비를 뺀 수치를 종전자산평가 합계로 나누어 100을 곱하면 된다. 여기서 총 사업비는 건설비 등 재개발 사업 진행 시 지출되는 비용을 말하며, 종후자산평가 합계는 해당 사업의 총 수익을 말한다.

권리가액은 감정가에 비례율을 곱한 금액이므로 비례율이 높을수록 자연스럽게 권리가액도 높아진다. 따라서 비례율이 높을수록 투자 가치가 올라간다고 볼 수 있다. 분담금은 조합원분양가에서 권리가액을 뺀 금액이며, 권리가액이 높아지게 될 경우 분담금이 줄어든다.

그렇다면 비례율이 높은 재개발 구역, 즉 사업성이 좋은 구역은 어떻게 찾을 수 있을까? 조금이라도 비례율이 높은 구역은 사업추진 속도가 빠른 구역, 조합원 수가 적어 일반분양 물량이 많을 것으로 예상되는 구역, 평탄한 지형이어서 건축 비용이 덜 들어갈 구역 등이라고 할 수 있다.

참고로 요즘 계획 초기단계보다 공사비 증가 등으로 인해 비례율이 낮아지는 사례가 많이 있다. 이러한 점을 감안하여 추가로 발생될 수 있는 투자금액을 고려해볼 필요가 있다.

대지지분과 고도제한

대지지분도 살펴봐야 할 중요한 요소 중 하나다. 대지지분이 낮으면 재개발하는 경우 보상해 줄 대상자가 많아 사업성이 떨어진다. 반대로 대지지분이 높다는 것은 용적률이 낮아서 더 많은 아파트를 신축할 수 있다는 것을 의미한다. 용적률(건축물 바닥 면적의 합계/대지면적 ×100)은 건축물 연면적을 대지면적으로 나눈 비율을 말한다.

재개발로 새 아파트가 지어지고 남은 이익은 조합원이 나누어 받게 된다. 쉽게 설명하면, 조합원 수가 적을수록 개발하고 나서 각 조합원에게 돌아올 이익이 커지게 되므로 인원수가 적고 대지지분이 넓은 곳이 투자자에게 매우 유리하다. 대지지분이 넓은 곳이 바로 사업성이 좋은 재개발 지역이라는 이야기이다.

고도와 층수제한 규제도 중요한데, 이를 고도제한이라고 한다. 예를 들어 경기도 성남시에서 비행안전구역으로 지정된 태평동, 수진동, 신흥동 일원의 재개발 단지와 야탑동, 이매동 일원의 재건축 단지들은 층수와 높이 제한을 받는다. 고도제한이 적용되는 단지와 그렇지 않은 단지의 가격은 적게는 수천만 원에서 많게는 억 단위까지 차이가 날 수 있다.

지분 쪼개기가 성행하지 않는 지역을 선택하는 것도 중요하다. 지분 쪼개기를 하면 단독 소유인 단독주택 또는 다가구주택을 여러 개로 구분등기가 가능한 다세대주택으로 신축하여 지분을 나눔으로써 인위적으로 재개발 아파트 분양권 물량을 늘리게 된다. 지분 쪼개기는 해당 구역의 인원수를 비정상적으로 늘려 대지지분이 낮아지고 사업성이 떨어지게 만든다.

재개발 예정지 또는 재개발 지정 후 탈락된 지역 중에서는 무분별한 지분 쪼개기가 이루어져 기존 조합원들이 많은 분담금을 내게 되는 경우가 종종 있다. 예를 들어 2019년 12월 전주법원과 전주지검이 만성동으로 이전하면서, 이 일대에 2,300여 가구 아파트 신축을 위한 재개발이 추진되었다. 그런데 2022년 상반기부터 지분 쪼개기가 성행하기 시작했다. 이를테면 4층 건물의 경우 10여 개였던 사무공간이 갑자기 40개 이상으로 늘어나게 된 것이다. 지분 쪼개기가 성행하면 기존 주민들이 피해를 보게 되며 투기 세력의 이득만 챙겨주게 된다.

상황에 따라 달라지는 매수 전략

재개발·재건축 투자는 감정평가 이전과 이후로 나누어 방법을 달리

해야 한다. 감정평가 이전에는 감정평가액을 알 수 없으므로 감정평가가 잘 나올 수 있는 부동산 물건을 선택할 필요가 있다. 감정평가액은 대상 물건의 유형, 위치, 규모 등에 따라서 결정되므로, 투자 시 여러 가지 요소를 감안해야 한다. 감정평가액이 이미 결정된 부동산 물건에 투자하는 경우에는 매수가격과 감정평가액, 분담금을 종합해서 고려하여 투자금 대비 높은 수익을 얻을 수 있는 물건에 투자하면 된다.

투자 기간에 따라서도 재개발 물건을 매입하는 방식이 달라진다. 일반적으로 대지지분이 작은 소규모 빌라와 같은 재개발 물건은 상대적으로 초기 투자금이 적어서 투자하기 쉬우며 그만큼 수요가 많아 환금성이 뛰어나다. 반면에 대지지분이 큰 단독주택은 초기 투자금이 많이 들지만 새 아파트를 얻고도 현금을 지급받을 수도 있고 상가를 받을 수도 있다. 그래서 사업 최종단계까지 가져갔을 때 큰 이익을 얻을 수 있다. 따라서 단기적인 재개발 투자를 위해서는 대지지분이 작은 물건, 장기적인 투자를 위해서는 대지지분이 큰 물건을 추천한다.

재개발 투자 유의사항

재개발 투자에 있어서 가장 유념할 부분이 노후도이다. 노후도는 통상적으로 67%가 넘어야 하고, 오세훈 시장이 도입한 모아타운 역시 57% 이상이 되어야 한다.

박원순 전 서울시장 재임 시절, 여러 뉴타운 재개발 정비구역 중 상당수가 해제되었다. 구역이 해제되면 건축업자들이 등장해 낡은 단독주택이나 빌라를 매입하여 다세대나 다가구 주택을 건설하여 분양한다. 이렇게 신축 건물이 우후죽순 들어서면 이 지역은 노후도 기준에 더 이상 부합하지 않아 향후 재개발이 어려워진다. 게다가 일부 부동산 업자들은 이 사실을 숨기고 재개발이 진행될 것처럼 소개해 신축 건물을 판매해 피해자가 생기기도 한다.

공공 재개발, 신속통합기획 사업은 지정 예정된 후보지가 1차 또는 2차에서 당장 탈락되어도 개발행위허가제한구역 및 토지거래허가제한구역 지정을 통해서 더 이상 추가적인 개발을 진행하지 못하게 막고 있다. 그런데 모아타운은 토지거래허가구역으로 지정되지 않아 주의를 기울여야 한다.

유의해야 할 또 한 가지는 실거주 요건 확인이다. 서울의 많은 재개발 구역이 한남, 성수 등과 같이 토지거래허가구역으로 지정되어 있어서 매매 시 시·군·구청의 허가를 받아야 하고, 2년간 실거주를 해야 하며 매매나 임대가 금지된다. 공공 재개발, 신속통합기획 지정지와 탈락지의 일부 구역도 개발행위허가제한구역 및 토지거래허가구역으로 묶여 있어서 실거주 요건을 반드시 충족해야 한다. 신속통합기획이나 모아타운 '예정지'는 이러한 제한이 없지만, 구역 지정이 될지 안 될지 모르는 불확실성을 안고 있고, 지정된다 하더라도 아직 조합설립인가조차 나지 않은 구역에 투자하는 것은 특별히 주의를 기울

재개발 투자 유의사항

- 노후도 충족 확인
- 조합원 지위 양도 조건 충족 확인
- 권리산정기준일에 따른 현금청산 여부 확인(새 아파트를 받을 수 있는 입주권 여부 확인 필수)
- 실거주 요건 확인(토지거래허가구역 여부 확인)

여야 한다.

재개발 투자를 하기 위해 재개발 전문가가 될 필요는 없지만, 재개발에 대한 기본 상식은 가지고 있어야 주도적으로 그리고 제대로 투자를 할 수 있다.

재개발사업 추진 현황 파악

우선 전체적인 재개발 사업 추진 현황을 파악할 필요가 있다. 투자 가능 금액, 투자 가능 지역 등을 고려해 재개발 물건을 고르기 위해 전국적으로 진행되고 있는 지역별, 단계별 재개발 현황을 알아야 한다. 이를 파악하기 위해서는 '손품'을 팔아야 하는데 서울은 '정비사업 정보몽땅' 사이트에 접속하면 각 구역별로 진행되고 있는 상세한 재개발·

● 정비사업 정보몽땅을 통해 서울 재개발 사업 현황 파악

출처: 정비사업 정보몽땅

재건축 현황을 확인할 수 있다. 그리고 서울 및 경기지역의 현황을 알기 위해서는 '서울 경기 재개발 재건축 정비사업 정보' 앱을 통해 상세한 정보를 파악할 수 있다.

초기 투자금별
재개발 지역 찾기

재개발 지역 찾아보기

전체적인 재개발 추진 현황을 파악했다면 대략 자신이 투자할 수 있는 지역을 선정해본다. '네이버페이부동산' 사이트의 '매물'에서 해당하는 지역으로 들어가 메뉴 중 재개발을 선택하면, 재개발 구역 매물 및 시세 현황을 파악할 수 있다. 그러나 네이버페이부동산, 아실 등과 같은 인터넷 사이트의 정보는 전체적 흐름을 파악하는 용도로 활용하고, 실제적인 투자를 하기 위해서는 직접 해당 지역의 부동산을 방문해 현장의 정보를 파악해야 한다. 부동산 시장의 흐름은 시도

때도 없이 변하고 있다. 그 변화의 흐름을 거스르지 않고, 제대로 분석해 투자하기 위해서는 여러 가지 노력이 필요하다.

초기 투자금별 투자 가능 재개발 지역

초기 투자금을 기준으로 5천만 원부터 5억 원 이상의 금액까지 투자 가능한 부동산들을 정리하였다. 전세를 끼고 소액으로 투자할 수 있는 곳은 모아타운, 신속통합기획 예정지가 주를 이루고 있고, 고액 투자처로는 입지가 좋은 곳, 정비사업이 많이 진행되어 안전한 곳 등으로 분류할 수 있다.

토지거래허가구역으로 지정된 곳은 실거주를 해야 하므로 전세를 끼고 투자할 수 없다. 다만 토지거래허가구역이더라도 임대사업자가 등록한 물건을 포괄승계하거나 신규로 임대사업자 등록을 하여 허가를 받을 경우에는 실거주 요건을 충족하지 않고 전세를 줄 수 있어 초기 투자금을 낮출 수 있다.

이렇게 임대사업자 등록이 된 물건을 승계하거나 신규로 임대사업자 등록신청 및 허가를 받는 방법을 활용한다면 토지거래허가구역, 공공 재개발 구역(후보지), 신속통합기획 선정지(예정지)에서도 전세보증금 레버리지를 활용할 수 있다. 다만 서울인 경우 서울에 거주하면서 임대사업자로 등록되어 있어야 실거주를 하지 않아도 된다.

● 초기 투자금별 재개발 지역

초기 투자금	재개발 지역
5천만 원 이하	모아타운·신속통합기획 추진지
	모아타운 선정지: 구로, 화곡 등
5천만 원~1억 원	모아타운·신속통합기획 추진지 모아타운 선정지: 둔촌동, 천호동 등
	• 재개발 추진지 • 역세권 재개발 추진지
1~5억 원	• 모아타운 선정지: 합정동, 망원동, 성산동, 봉천동, 일원동 등 • 신속통합기획 선정지: 창신동, 서계동, 자양동, 용두동, 상도동, 답십리동, 고척동, 목2동 등
	• 재개발 추진지: 영등포, 원효로3가, 창신·숭인 등 • 역세권 재개발 추진지: 용산구 용문동 일대, 용답동, 고덕동 등
	• 재개발 구역: 상계, 청량리·제기, 이문·휘경, 신림, 미아, 장위 등 • 재개발 구역(서울 외): 성남, 덕소, 광명, 인천 등
5억~10억 원	• 재개발 구역: 신당, 북아현, 거여·마천, 수색·증산, 흑석, 노량진, 청량리, 광명 등
10억 원 이상	• 재개발 구역: 흑석, 한남, 성수 등

　　민간 주도의 서울 재개발 투자는 적어도 2~3억 원 이상의 초기 투자금이 필요하다. 전세 또는 대출을 통해서 초기 매매가를 낮출 수는 있다.

　　공공 재개발의 물건을 찾을 때는 권리산정기준일 및 토지거래허가구역에 유의하여야 한다. 구역에 따라 권리산정기준일 및 토지거래허가구역 지정일이 다르기 때문에 각각 확인하여야 한다. 권리산정기준일에 따라 현금청산 대상 기준이 다르고, 토지거래허가구역 지정일 이후 투자 시에는 실거주 요건을 충족해야 한다. 다만 앞에서 설명했듯이 토지거래허가구역이더라도 임대사업자가 등록한 물건을 포괄승계하거나 신규로 임대사업자 등록을 하여 허가받을 경우에는 실거주 요건을 충족하지 않고 전세를 줄 수 있다.

요즘은 특히 신속통합기획이 많은 관심을 받고 있다. 2022년 12월 29일, 신속통합기획 주택재개발 2차 후보지 25곳이 선정되었다. 이 곳들은 토지거래허가구역으로 지정되어서 실거주 의무를 준수해야 한다. 따라서 전세보증금 레버리지를 활용할 수 없으므로, 초기 투자금을 줄이기 위해서는 개인 대출을 이용해야 한다. 다만 신속통합기획 지역에서도 임대사업자는 공공 재개발과 마찬가지로 실거주 요건을 충족하지 않아도 된다.

신속통합기획과 함께 오세훈표 정비사업으로 주목받고 있는 서울시 모아타운은 신속통합기획처럼 토지거래허가구역으로 지정되지 않아 전세보증금 레버리지를 활용한 투자가 가능해서 대부분 적은 초기 투자금으로 투자할 수 있다. 다만 앞서 언급한 바와 같이 일반 재개발과 신속통합기획에 비교하여 불확실성이 더 높다는 점은 유의해야 한다. 주요 모아타운 선정지로는 일원동, 둔촌동, 천호동, 합정동, 망원동, 성산동 등이 있다.

잘 고르면 똑똑한 아파트가 되는
재건축 투자

재건축이란 무엇인가

재건축 사업은 도로 등 기반시설이 양호하지만 노후하였거나 불량한 건축물에 분류되는 공동주택(아파트)이 밀집한 지역의 주거환경을 개선하기 위해서 시행하는 사업이다. 통상 일정 재건축 요건을 충족한 공동주택(아파트) 단지를 대상으로 진행한다. 따라서 재개발과 달리 도시환경 개선효과보다는 아파트 단지의 주거환경 개선효과가 더 크다. 쉽게 말해서 상하수도시설, 비상대피시설, 공공공지, 공원, 공용주차시설, 도로시설, 하천, 소방용수시설 등의 여건은 양호하지만 주거

● **재건축 사업**

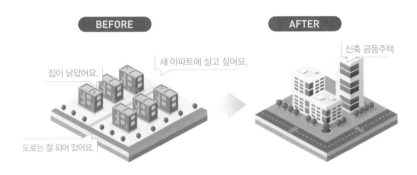

도로 등 주변 기반 시설이 양호하나 건물이 낡고 오래된 공동주택(아파트, 연립)을 다시 지어 정비하는 사업이다.

출처: 서울시 《우리집 우리동네 정비사업가이드》

시설(아파트)만 노후한 경우에 주거시설(아파트)만을 다시 짓는 사업이다. 재건축을 진행하는 방식에는 민간 재건축과 공공 재건축이 있는데, 이 책에서는 민간 재건축을 중심으로 설명하고자 한다.

재건축 투자는 재개발처럼 새 아파트를 받을 수 있으며 높은 시세차익을 낼 수 있다. 예를 들어 개포주공아파트 4단지를 재건축한 '개포자이프레지던스'는 지하 4층~지상 35개 층, 35개 동, 총 3,375가구로 구성되었는데, 2020년 1월 분양 당시 65대 1의 청약경쟁률을 기록하였다. GS건설이 시공을 맡아 다양한 특화 설계가 도입되었으며 대지면적의 50% 수준인 조경면적에 센트럴파크와 제주 팽나무 숲 등을 재현한 8개의 테마 숲이 조성되었고, 루프탑 인피니티풀, 카페, 실내 수영장, 실내 체육관 등 호텔급 커뮤니티도 제공되었다. 전용 84㎡의 최고 분양가가 15억 7,300만 원이었는데 2021년 1월에는 무려 분양 가보다 13억 원 정도 높은 28억 2천만 원에 거래되었다. 물론 이 재건축 사례는 극단적일 정도로 우수한 사업사례로, 일반적이지는 않다.

재건축 규제의 완화

2022년 1월 5일부터 재건축 사업의 첫 관문을 가로막았던 재건축 안전진단이 완화되어 이전보다 재건축 투자의 접근성이 좋아졌다. 이와 더불어 재건축초과이익환수제 완화법 등 재건축 시장 정상화를 위한 개정안이 2024년 4월부터 시행될 경우 재건축 투자 이익은 상당히 높아질 것이다. 또한 2024년 1월 10일 발표된 정부 부동산 대책의 주요 내용에 지어진 지 30년이 넘은 아파트는 안전진단 없이 재건축을 시작할 수 있도록 하고, 추진위가 정비구역 지정과 조합 설립을 동시에 추진할 수 있도록 해 사업기간을 단축할 것이라는 내용 등이 포함되어 사업기간이 짧아질 것이라는 기대감이 높아지고 있다. 이에 따라 노원구 상계동, 양천구 목동 등 노후 아파트 단지의 재건축 사업에 속도가 붙을 것이라는 기대감이 커지고 있다.

그러나 압구정, 목동, 여의도, 성수는 아직도 토지거래허가구역으로 묶여 있어서 실거주 요건을 충족해야 한다. 게다가 현재는 부동산 시장 상황이 냉랭하고 금리 인상, 건설 자잿값 상승으로 사업비가 커진 상황이다. 무엇보다 재건축 초과이익환수제의 개정안이 통과되지 않았으므로 앞으로 추이를 지켜보면서 신중히 투자해야 한다. 초과이익

● **민간 재건축과 공공 재건축**

민간 재건축 → 공공 재건축 ····· 공동시행 / ······ 공공 단독시행

출처: 서울시 《우리집 우리동네 정비사업가이드》

환수제란 쉽게 말해 조합원이 얻은 이익이 인근 집값 상승분과 비용 등을 제하고도 1인당 8,000만 원을 넘는다면 초과 금액의 최고 50%를 부담금으로 내는 것이다. 자세한 부담금이나 부과기준은 2024년 4월부터 적용되는 재건축 초과이익환수제 완화법을 참조하면 된다.

공공 재건축

공공 재건축은 공공이 사업시행자로서 직접 참여하고 용도지역 또는 용적률 상향 등 다양한 도시규제 완화를 통해 사업성을 확보하는 방식의 재건축 사업이다. 또한 주민의 공공 재건축 사업 이해와 조합의 신속한 의사결정을 위해 건축계획 및 사업성 분석 등도 무료로 지원한다. 다만 공공성을 담보하기 위하여 증가되는 세대수의 일부를 공공임대주택으로 공급해야 한다. 공공 재건축은 공공과 주민이 공동으로 시행할 수 있고, 주민이 동의하면 공공이 단독으로도 시행할 수도 있다. 다만, 공공이 사업시행자로 참여하기 위해서는 주민의 동의가 필요하다.

● 재건축 지정 요건

출처: 서울시 《우리집 우리동네 정비사업가이드》

신속통합기획으로 추진하는 재건축도 있는데, 이 경우 서울시의 규제를 받을 수 있다. 일례로, 최근 신속통합기획으로 추진하고 있는 압구정 재건축 지역은 서울시와 마찰을 겪고 있기도 하다.

재건축 사업 절차

재건축은 노후·불량 주택 중 아파트, 연립주택, 다세대주택을 대상으로 한다. 아파트는 5개 층 이상인 주택이고 연립주택은 건축 연면적이 660㎡를 초과하는 4층 이하의 주택이며, 다세대주택은 동당 건축 연면적이 660㎡ 이하인 4층 이하의 주택을 의미한다. 노후·불량 주택이란 건축물이 훼손되거나 일부가 멸실되어 붕괴 등 안전사고의 우려가 있는 건축물, 내진성능이 확보되지 아니한 건축물 중 중대한

● 추진절차 & 동의 조건

출처: 서울시 《우리집 우리동네 정비사업가이드》

기능적 결함이 있는 건축물, 또는 부실 설계·시공으로 인한 구조적 결함 등이 있는 건축물, 준공된 후 20년 이상 30년 이하의 범위에서 조례로 정하는 기간이 지난 건축물 등이다.

재건축 절차는 다음 도표와 같다. 조합설립 이후로는 앞에서 살펴본 재개발 절차와 거의 같다고 생각하면 된다.

한결 쉬워진 안전진단

안전진단은 재개발에는 없는 절차로, 시장·군수 등이 재건축 사업의 정비예정구역별 정비계획의 수립 시기가 도래한 경우 또는 건축물의 소유자가 요청하는 경우에 실시한다. 안전진단이란 주택의 노후·불량 정도에 따라 구조의 안정성 여부, 보수비용 및 주변 여건 등을 조사해 재건축 여부를 판단하는 작업으로서, 재건축 투자에 있어서 중요한 부분 중 하나이다.

안전진단은 예비진단과 정밀안전진단을 순차적으로 실시하게 되는데, 예비진단의 평가항목으로는 지반 상태를 비롯해 균열, 노후화,

건물마감, 주차·일조·소음환경, 도시미관 등이 있다. 정밀안전진단은 A에서 E등급으로 평가 결과가 나뉘며 D등급 또는 E등급으로 판정된 건축물에 한하여 정비구역을 지정할 수 있다.

안전진단 비용은 시장·군수 등이 부담한다. 다만 정비구역이 아닌 곳에서 주택 재건축 사업을 시행하고자 하는 자가 추진위원회의 구성 승인을 신청하기 전에 해당 사업예정구역 안에 소재한 건축물 및 그 부속토지의 1/10 이상의 동의를 얻어 안전진단하는 경우에는 안전진단을 요청하는 자에게 부담하게 할 수 있다. 안전진단 비용은 가구 수에 비례하여 책정되는데, 보통 1~2억 원 정도이다. 안전진단 결과, 재건축이 불가능하다 해도 단지 주민들은 안전진단 비용을 돌려받을 수 없다. 안전진단은 조합설립 전에 진행되기 때문에, 주민들이 비용을 갹출해야 하는데 강제성이 없기 때문에, 참여율이 높지 않으면 세대별 부담이 늘어난다.

최근에는 안전진단 비용을 지원하는 지자체도 늘고 있다. 특히 경기도 내 상당수의 시가 재건축이나 리모델링 안전진단 비용을 지원한다. 지원 대상 건축 연한이 별도로 정해져 있기 때문에 각 시·군·구 조례를 잘 확인해서 지원하면 된다. 예를 들어 광명시는 내부지침에 따라 만 35년이 지난 아파트를 대상으로 광명시 도시·주거환경정비기금(50%)으로 재원을 조달해 안전진단 용역비용을 지원하고 있다. 이외에 과천시, 수원시, 안양시, 용인시, 남양주시 등도 안전진단 비용을 지원하고 있다. 그러나 서울시 내에 위치한 재건축 단지는 안전진단 비용을 지원받을 수 없다. 서울시 '도시 및 주거환경정비법' 조례 제9조에 "안전진단을 요청하는 자가 안전진단에 드는 비용 전부를 부담해야 한다."라고 명시되어 있기 때문이다.

그런데 2023년 1월 5일부터 안전진단 문턱이 크게 낮아졌다. 안전진단 평가항목인 구조 안전성 비중이 하향 조정되고, 공공기관 적정성 검토(2차 안전진단)가 사실상 폐지된 것이다. 이에 안전진단 문턱에 걸렸던 아파트 단지들이 안전진단을 속속 통과하고 있다. 주요 완화 내용을 보면 안전진단 통과에 큰 영향을 줬던 구조 안정성 비중이 기존 50%에서 30%로 낮아지고, 주거환경 비중(15%)과 설비노후도 비중(25%)은 각각 30%로 상향되었다. 이에 따라 노후 단지 안전성 여부와 상관없이 주차공간 부족, 층간소음 등으로 주민 불편이 큰 단지들의 재건축 추진이 가능해질 전망이다.

재건축을 확정하는 E등급 판정 범위는 더 확대된다. 기존에는 안전진단 평가점수에 따라 재건축 확정(30점 이하, E등급), 조건부 재건축(30~35점 이하, D등급), 유지보수(55점 초과, A~C등급) 등으로 판정됐는데, 앞으로는 E등급 범위는 45점 이하로 기존 대비 15점 확대하는 대신, D등급 범위는 45~55점 이하로 축소했다.

2차 안전진단은 지방자치단체 판단에 따라 필요한 경우에만 실시하게 되었다. 지금까지는 1차 정밀안전진단에서 D등급을 받으면 의무적으로 한국건설기술연구원과 국토안전관리원 등 공공의 2차 안전진단을 받아야 했다. 앞으로는 입안권자인 시장·군수·구청장이 1차 안전진단 결과에 대한 기본 검토를 통해 근거 미흡 등에 따른 자료 보완이나 소명이 부족하고, 판정결과에 중대한 영향을 미친다고 판단될 경우 2차 안전진단을 의뢰할 수 있게 되었다.

재건축 안전진단을 통과한 후 정비계획을 수립하고 정비구역을 지정하는데 토지등소유자 60% 이상, 토지면적의 2분의 1 이상 동의해야 한다. 앞서 언급한 바와 같이, 2024년 1월에 발표한 1·10 대책이 실효화되면, 30년 이상 된 아파트의 경우에 안전진단 없이 재건축을 시작할 수 있어 재건축이 상당히 활성화될 가능성이 높다. 재건축 투자에 앞서 이 대책이 실제 적용되는지 확인하자.

재건축은 동별로 과반수 이상 동의해야

조합설립인가는 각 동별 구분소유자의 과반수 이상 동의와 전체 구분 소유자의 3/4 이상, 토지면적 3/4 이상의 동의를 얻어 시장·군수·구청장에게 신청한다. 시장·군수·구청장이 조합설립인가를 검토할 때는 조합원 자격 적정성 여부, 창립총회시 조합원 의사록, 재건축 동의서 등과 진입로, 위험시설과의 거리 등을 살펴 현장 확인을 한다.

재개발과 달리 동별 과반수 이상 동의가 필요하다는 것은 유의해야 할 사항이다. 실제로 2023년에 시 도시계획심의위원회가 ○○구역 재건축 해제 심의를 열어 원안이 의결됐다. ○○구역은 소규모 아파트 10개 단지 32개 동 1,200세대를 대상으로 한 재건축 사업지였다. 추진위원회 설립 후 2년 안에 조합설립인가 신청을 하지 않으면 '정비구역 일몰제'에 따라 구역 지정이 해제되는데, 동별 과반수 찬성 요건을 맞추지 못해 결국 무산된 것이다. ○○구역은 전체 90% 이상 동의를 얻었으나 2개 동에서 몇 세대가 모자라서 과반수 동의율을 달성하지 못했다. 추진위는 전체 동의율이 높음에도 구역을 해제하도록 만든 '동별 과반수 동의'는 소수를 위해 다수의 재산권을 침해하는 독소 조항이라며 반발했으나 결국 해제 심의까지 받고야 말았다.

재건축 투자
핵심 포인트

이제 일반적이고 필수적인 재건축 사업 핵심 항목을 다루려고 한다. 재건축 투자를 시작하기 전 꼭 짚고 넘어가야 할 부분들이다.

입지 분석

많은 재건축 지역이 정부 차원에서 대규모 공급을 했던 곳이며 이런 지역은 보통 좋은 입지를 가지고 있다. 서울의 '저층 주공아파트'들이 대표적인 예이다. 정부는 이 저층 주공아파트를 공급하면서 교통망과 학교 시설을 같이 조성했기 때문에 뛰어난 입지를 갖춘 곳이 많은 것이다.

5~10층의 저층 주공아파트는 재건축 사업으로 다시 짓게 되면 일반분양 물량이 많아 사업성이 좋을 확률이 높다. 일반분양 물량이 많아 수익이 커지면 조합원의 부담이 줄어들게 되고, 조합원의 이익은 커지게 된다. 서초구 반포주공1단지가 투자처로 인기가 많았던 것도 이러한 이유에서이다.

만약 자금의 여유가 있다면, 압구정, 반포, 여의도, 목동 등과 같은 최상급지의 재건축에 투자하면 된다. 그런데 이런 핵심지에 재건축될 아파트를 소유하고 있는 사람은 부동산 경기 여하에 상관없이 쉽사리 매도하지 않는다. 이를 매도하고 다시 이곳에 들어오기 위해서는 더 많은 비용을 지불해야 한다는 확신을 가지고 있기 때문이다.

사업성 분석

재건축 사업성의 척도는 용적률, 대지면적, 대지지분, 사업 속도, 인근 지역 일반분양가를 기준으로 살펴볼 수 있다. 우선 기존에 용적률이 낮은 구역을 재건축하게 되면 사업성이 높을 확률이 크다. 예를 들어 10층짜리 건물을 20층까지 지을 수 있다면 사업성이 좋지 않을 수 없다. 그리고 전체 대지면적이 크면 클수록 일반분양 세대수도 늘어나게 되므로 사업성이 좋아진다. 대지면적이 충분하다면 소형 평형대라

하더라도 세대수가 늘어날 가능성이 있기 때문이다.

대지지분도 따져봐야 한다. 전체 대지면적을 세대수로 나누면 평균 대지지분이 나오는데 이 평균 대지지분이 15평 이상이면 보통 사업성이 있다고 판단한다. 평균 대지지분이 15평 이하라면 재건축보다는 리모델링이 사업성 측면에서는 더 좋을 수도 있다.

조합원이 너무 많거나 층수나 고도가 제한되는 경우, 일반분양 물량이 적어 사업성이 낮아지게 된다. 따라서 아파트 단지가 소형 평수로만 구성된 단지는 사업성이 안 좋을 수도 있다. 통상 조합원 수가 적을수록 그리고 일반분양이 많을수록 비례율이 높아져서 사업성이 좋아진다. 또한 사업 속도가 빠르면 빠를수록 사업성이 좋아지고, 반면에 사업 기간이 길어지면 비용이 커져 조합원들에게 부담이 된다. 재건축 사업은 조합원이 땅을 출자해서 프로젝트 파이낸싱으로 사업을 추진하는데, 사업 기간이 길어지면 그만큼 이자 부담이 커지게 되는 것이다. 또한 기간이 길어질수록 공사비가 늘어나서 조합원의 분담금이 가중된다.

인근의 일반분양가도 사업성에 영향을 미친다. 재건축 사업장 인근 지역의 분양가가 상승하면 상승할수록 재건축 사업의 일반분양가도 함께 상승하게 되어 조합원의 이익도 증가하게 된다. 일반분양가가 상승하면 조합원이 부담해야 할 분담금이 줄어들거나 추가수익을 낼 수 있는 것 이다.

사업성이 높은 재건축 사업의 대표적인 예로 도곡렉슬을 꼽을 수 있다. 강남구 도곡동에 위치한 아파트로, 1977년에 지어진 도곡주공 1차를 재건축한 단지이다. 도곡동에서 가장 큰 단지 중 하나였던 도곡주공1차아파트는 2,450가구 규모로, 5층 높이의 저밀단지였다. 용적률을 높여 고층 아파트로 재건축을 진행하면서 높은 수익이 기대되었고 사업 초기부터 큰 관심을 받았다.

2001년 주민들이 재건축 조합을 결성하고 본격적으로 사업을 추진하면서 아파트 가격은 상승세를 보이기 시작했다. 2000년대 초에는 43㎡ 아파트가 2억 3천만 원 정도에 거래되었는데, 2002년에 재건축 사업이 승인되면서 6억 5천만 원까지 올랐다.

재건축 사업계획에 따라 용적률은 273%로 약 4배 높아졌고, 아파트 가구수도 3,001가구로 늘었다. 사업성이 높아 조합원들은 분담금을 내기는커녕 오히려 환급을 받을 수 있었으며, 아파트의 가격은 계속해서 상승했다. 2000년에 도곡주공1차아파트 전용 43㎡에 투자하여 120㎡를 분양받고 2007년에 매각했다면 7년 만에 수익률 400%를 달성할 수 있었다.

도곡렉슬은 강남 지역의 재건축 열풍을 일으킨 주역으로, 초과이익환수제가 도입되기 전에 큰 수익을 창출한 사례이다. 그러나 최근은 상황이 좀 달라졌다. 예를 들어 2023년 용산구 A 아파트의 재건축 초과이익환수 부담금 총액은 5,082억 원으로 1인당 부담금이 7억 7,700만 원이나 됐다. 그 밖에 성동구 B 아파트는 1인 부담금이 4억 6천만 원, 강남구 C 아파트는 4억 2천만 원, 서초구 D 아파트는 4억 원 등이었다.

　이렇게 초과이익환수 부담금이 커지면 수익이 줄어드니 사전에 투자 대비 수익률을 상세히 분석해야 한다. 한편 2023년 재건축초과이익환수법 개정안 통과로, 2024년 4월부터 초과이익 부담금의 면제 기준이 기존 초과이익 3천만 원에서 8천만 원이 되었고, 부과율을 결정하는 구간 단위도 기존 2천만 원에서 5천만 원으로 넓혀져 완화되었다.

감정평가액 높은 물건 찾기

원칙적으로 조합원의 평형은 권리가액이 높은 순으로 배정된다. 같은 조건이라면 감정평가액이 높게 나오는 물건이 원하는 평형을 배정받는 데 유리한 것이다. 비슷한 위치의 물건이라도 공시지가나 공동주택공시가격, 건축물의 노후화 등에 따라 감정평가액이 다르므로, 부동산 매입 전에 여러 가지 물건을 비교 분석해봐야 한다. 따라서 한 공인중개사만을 찾아가서 한 번에 결정하지 말고, 여러 부동산에 방문해서 비교해보고 충분히 좋은 물건을 찾도록 하자.

　재건축 투자도 단기 투자인 경우에는 환금성이 높고 지분이 적은 물건이 유리할 수 있지만, 사업 완료 단계까지 가져갈 경우에는 지분이 큰 물건을 매입해야 감정평가액이 높아서 수익률을 높일 수 있다는 점도 참고하자.

조합원 지위 양도 금지 & 조합원입주권 취득 여부 확인

투기과열지구 내 재건축 사업의 경우, 조합설립인가 후 부동산을 매수하면 조합원이 될 수 없다. 예를 들어 서울 강남의 재건축 아파트를 매입한다면, 꼭 조합설립인가가 나기 전에 매수하여야 한다. 그렇지 않으면 일부 예외 조항을 제외하고는 재건축 완료 시 현금청산된다. 한편 재개발은 관리처분계획인가 이후로 조합원 지위 양도가 금지된다.

조합원입주권 취득 여부 확인은 재개발·재건축 투자 시 가장 중요한 사항이다. 따라서 재건축 물건을 매입하기 전 반드시 입주권이 나오는 물건인지를 확인해야 한다.

매도자가 해당 구역 내에 다른 부동산을 가지고 있는지 확인하는 것은 매우 중요하다. 물건의 매도자가 매매한 물건 외에도 해당 정비구역 내 다른 부동산을 소유하고 있다면 매수인은 독자적 조합원 자격을 얻을 수 없다. 즉 물건을 판 사람과 공동으로 조합원 자격을 얻게 되는 것이다. 둘 중 한 명만 대표 조합원이 될 수 있으며 나중에 입주권도 하나만 나오게 된다. 그래서 매도인과 부동산중개소에 확인하고 조합사무실에 가서 반드시 재차 확인해야 한다.

재건축 물건 찾기

재개발과 마찬가지로 서울은 '정비사업 정보몽땅', 서울 및 경기지역은 '서울 경기 재개발 재건축 정비사업' 앱을 통해 상세한 재건축 사업 정보를 파악할 수 있다.

재건축 사업 추진 현황을 파악한 후에는 대략 자신이 투자할 수 있는 지역을 선정하면 된다. '네이버페이부동산'에서 '매물'로 들어가 해당 지역의 재건축을 찾아보면, 재건축 부동산 물건의 매물 및 시세 현황을 파악할 수 있다. 그러나 역시 인터넷 사이트의 정보는 전체적 흐름을 파악하는 용도로 활용하고, 실제적인 투자를 하기 위해서는 직접 해당 지역을 직접 임장해야 한다.

초보자라면 재건축 사업이 진행되고 있는 곳들의 투자 현황을 살펴보면서, 재건축 투자에 대한 감각을 익히는 과정이 필요하다. 재개발 투자와 마찬가지로 인터넷을 통해 재건축 지역에 대한 리스트를 작성하고, 시세를 주기적으로 트래킹하자.

지속적으로 시세를 추적하는 것은 시장 동향을 명확하게 파악하는 수단일 뿐만 아니라, 가장 현명하게 물건을 선택하는 최상의 방법이다. 부동산에서 시세보다 더 명확하고 정확한 기준은 없기 때문이다.

지금까지 재건축 투자 핵심 포인트에 대해 알아보았다. 다음 페이지의 표는 재건축의 장점과 단점을 정리한 표이다.

● 재건축의 장점과 단점

장점	• 아파트 건설 방식에 있어 단지 조성 및 세대 설계가 자유로움 • 준공 시 신축 아파트로서 시세 상승효과가 크며 수익률이 좋고 안정적인 투자 가능 • 뛰어난 입지로 높은 프리미엄 형성 • 대체주택 비과세 혜택 활용 가능
단점	• 대체로 재개발에 비해 초기 투자금이 많이 들어감 • 장시간이 소요됨 • 재건축 초과이익환수제 유의 • 투기과열지구의 경우 조합원 지위 전매제한 유의

소규모로 신속하게,
가로주택정비사업

가로주택정비사업의 이해

소규모 주택정비사업은 대규모 정비사업이 어려운 경우 여러 절차를 간소화하여 소규모로라도 빨리 주택을 공급하자는 취지로 마련된 제도이다. 여러 유형이 있는데 가장 많이들 알고 있는 것은 가로주택정비사업일 것이다.

가로주택정비사업의 가로는 넓은 도로를 뜻한다. 6m 이상의 도로 등에 둘러싸인 구역의 노후·저층 주거지를 정비하기 때문에 '가로'주택정비사업이라고 하는 것이다.

가로주택정비사업 요건

- 가로구역 면적이 1만㎡ 미만(공공성 요건 충족 시 2만㎡까지 확대)
- 노후·불량 건축물 수가 전체 건축물 수의 2/3 이상
- 단독주택 10호 또는 공동주택 20세대 이상
- 시행방식: 조합 또는 주민합의체(토지등소유자 20인 미만)/공동 시행 가능
- 동의 요건: 조합설립 시 토지등소유자의 10분의 8 이상 및 토지면적 3분의 2 이상(주민합의체의 경우 토지등소유자 100%)

출처: 서울시 《우리집 우리동네 정비사업가이드》

규모 요건을 보면, 사업지 내에 기존 주택 수가 단독주택의 경우 10호 이상, 공동주택일 경우 20세대 이상, 공동주택과 단독주택이 혼합되어 있는 경우는 스무 채 이상이어야 하며 노후·불량 건축물의 수가 2/3 이상이어야 한다.

면적은 원칙적으로 1만㎡ 미만이어야 하며 예외 상황에 해당된다 하더라도 2만㎡ 미만의 지역에서만 진행할 수 있다. 서울 재개발의 황제라고 불리는 한남뉴타운에서 적은 구역의 면적이 11만㎡(약 1,500세대 예상), 큰 곳은 39만㎡(약 5,800세대 예상) 정도 되니 일반 재개발 사업에 비해 규모가 아주 적다는 것을 알 수 있다.

이해하기 쉽도록 가로주택정비사업의 사례를 하나 살펴보자. 강동구 천호동 320번지의 다성이즈빌은 동도연립(동도하이츠빌라)을 가로주택정비사업 방식으로 재건축한 곳으로 서울시의 가로주택정비사업

소규모 주택정비사업

일반적인 재개발·재건축이나 신속통합기획으로 진행할 수 없는 작은 규모이거나 노후도가 안 맞지만 정비사업이 필요하다고 판단되는 지역을 대상으로 한 정비사업이라고 이해하면 쉽습니다.

일반 재개발·재건축에 비교했을 때 초기 투자금은 상대적으로 적게 들어가지만 사업 규모가 작아서 사업성이 높지 않기 때문에 투자 수익률은 낮은 편이지요. '빈집 및 소규모 주택정비에 관한 특례법'에서 정한 절차에 따라 시행하는데, 다음 4가지 유형이 있습니다.

1. **자율주택정비사업:** 통상 20세대 미만의 작은 면적을 정비하며 소규모 주택정비사업에서도 가장 작은 사업이라고 볼 수 있습니다. 단독주택, 다세대주택 및 연립주택을 스스로 개량 또는 건설하기 위한 사업입니다.

2. **가로주택정비사업:** 가로구역에서 종전 가로를 유지하면서 소규모로 주거환경을 개선하기 위한 사업입니다.

3. **소규모 재건축 사업:** 정비기반 시설이 양호한 지역에서 소규모로 공동주택을 재건축하는 사업입니다. 사업 대상 지역은 도시 및 주거환경 정비법의 주택단지로서 면적이 1만㎡ 미만이고 노후·불량 건축물의 수가 전체 건축물의 2/3 이상이면서 기존주택의 세대수가 200세대 미만인 지역입니다.

4. **소규모 재개발 사업:** 역세권 또는 준공업지역에서 소규모로 주거환경 또는 도시환경을 개선하기 위한 사업입니다. 규모는 면적이 5천㎡ 미만이며 노후건축물 수가 2/3 이상이어야 합니다. 2021년 6월 29일

제1호 준공 사업장이다. 8호선 암사역에서 500m 정도 떨어진 역세권으로, 한강공원 접근 또한 용이하다.

사업시행면적은 3,332㎡이고, 2종 주거지역이며, 2015년 1월 추진해서 2017년 12월에 준공하였다. 기존 동도연립(1987년 준공)은 3개 동, 3층, 66세대였으나 재건축 후에는 지하 1층~지상 7층의 1개 동, 96세대로 탈바꿈하였다. 조합원분양가는 약 3억 3천만 원이고, 가구당 분담금은 약 6,500만 원 정도였다. 조합설립인가부터 입주까지 2년 2개월 걸렸고, 원주민 66가구 전체가 조합원으로 조합원 정착률은 100%였다. 재건축 직전 동도연립은 2억 3천만~2억 8천만 원 선에서 거래된 것으로 알려져 있다. 분담금 6,500만 원(분양면적 23평)을 반영하면, 약 3억~3억 5천만 원을 투자금으로 볼 수 있겠다. 2017년 준공 직후 4억 7천만~4억 8천만 원 수준에서 거래가 이루어져 상당한 가치 상승이 이루어졌음을 알 수 있다. 그러나 2017~2020년의 전체 부동산 상승 추이를 살펴보면 상대적으로 상승폭이 크지는 않다.

가로주택정비사업의 장·단점

가장 큰 장점은 사업 속도가 빠르다는 점이다. 대규모로 개발되는 재개발· 재건축 사업에 비해 규모가 적고 절차가 간소해 사업기간이 짧다. 일반 정비사업과 절차를 비교해보면 정비사업의 초기 단계라고 할 수 있는 '정비기본계획', '정비구역지정', '추진위원회 구성' 등이 생략되고 바로 조합설립인가가 가능하다. 또한 사업시행인가에 관리처분인가가 포함되어 있다. 이렇게 많은 과정이 생략되어 사업장마다 차이는 있겠지만 사업기간이 4~5년으로 단축되는 효과를 볼 수 있다.

● **가로주택정비사업 추진 절차**

출처: 서울시 《우리집 우리동네 정비사업가이드》

각종 규제 완화도 가능하다. 가로주택정비사업은 공공성 요건을 갖출 시 사업시행 면적도 1만㎡에서 2만㎡ 미만(약 250세대에서 500세대로 확대)으로 확대 적용 가능하다. 서울시 정비사업가이드에 따르면 다음과 같이 용적률, 건축규제 등의 완화 혜택을 받을 수 있으니 참고하자.

가로주택정비사업 인센티브

1. 임대주택 건설 시 최대 법적 상한 용적률까지 완화
   - 공공임대주택은 전체 연면적 또는 세대수의 10% 이상 건설 시 완화
   - 공공지원 민간임대주택은 전체 연면적 또는 세대수의 20% 이상 건설 시 완화
2. 대지의 조경 기준, 대지 안의 공지기준을 2분의 1 범위 내에서 완화
3. 건축물 층수를 7층 이하로 할 경우에는 채광 확보를 위한 건축물의 높이 기준을 2분의 1 범위 내에서 완화
4. 건폐율 산정 시 주차장 면적을 건축면적에서 제외

소규모 정비사업의 단점은 층수 및 면적 제한이 있어서 일반 재개발·재건축에 비하여 투자수익이 적다는 것이다. 일반 재개발과 달리 도로와 기반시설은 그대로 둔 채 소규모 주택만 공급하는 방식이라 기반시설 개선이 이루어지지 않는다는 것도 아쉬운 점이다. 2021년 서울시가 재개발 규제 완화 정책을 발표하면서 가로주택정비사업에 대한 기대가 한풀 꺾였다는 평가도 존재한다. 2023년 1월 정부에서 부동산 규제 완화 정책을 발표하면서 가로주택정비사업에 대한 관심이 더욱 줄어들고 있는 것은 사실이다. 일반 재개발 투자 환경이 좋아지면서 가로주택정비사업의 낮은 사업성이 발목을 잡을 수 있다는 우려의 목소리도 있다.

예를 들어 가로주택정비사업이 활발하게 이루어지고 있는 장위뉴

타운의 일부 지역은 2019년부터 소규모 재개발이 주목받으며 큰 호응을 얻었지만, 요즘은 일반 재개발로 전환하라는 목소리가 거세지고 있다. 서울시에 따르면 2020년 6월 기준 가로주택정비사업이 150곳이었는데, 이 중 많은 구역에서 같은 요구를 하고 있다.

소규모 주택정비사업이 노후주택을 신축아파트로 탈바꿈시키는 가장 빠른 길일지 모르나 일반 재개발·재건축 사업에 비해 수익성이 낮고 리스크가 높다는 것은 사실이다. 기반시설이 개선되지 않는 소규모 정비사업으로는 한계가 명확한 것이다. 그러나 핵심지 역세권이

● **가로주택정비사업의 장점과 단점**

장점	1. **사업기간**: 일반 재건축 사업 평균기간이 8~9년 정도인데 가로주택정비사업의 사업평균기간은 3~4년이다. 2. **신속한 의사결정**: 아무래도 소규모이다 보니 조합원의 수가 평균적으로 적다. 따라서 이해관계자가 적어 비교적 분쟁의 소지가 적을 수 있다. 3. **부담금 완화**: 가로주택정비사업 금융지원제도를 활용해서 사업비에 대해 저금리 융자를 받을 수 있다. 건축공사비 40%, 최대 30억 원, 2%대 금리 등 조건은 상황에 따라 상이하다. 4. **각종 혜택**: 가로주택정비사업 재건축의 경우 투기과열지구 내 분양 시 적용되는 실거주 의무, 초과이익환수제, 재당첨 제한 적용을 받지 않는다. 5. **규제 완화**: 공공성 요건을 갖추게 되면 분양가상한제가 미적용되고 부대설치 기준, 건축 제한, 면적 제한, 용적률 등이 완화될 수 있다.
단점	1. **기반시설**: 블록(구역)별로 개발되고 기존 인프라는 개발되지 않아서 기존 도로를 이용하게 되므로 교통 문제가 심화될 수 있다. 2. **난개발 우려**: 소규모로 구역마다 정비하기 때문에 난개발의 우려가 있다. 3. **일반 재개발·재건축 가능성 낮아짐**: 가로주택정비사업으로 정비사업을 추진하면, 일반 재개발이나 재건축을 추진할 수 있는 가능성이 낮아진다. 4. **사업성**: 층수 제한, 면적 제한이 있고 소규모로 개발되다 보니 일반분양 물량이 현저히 적어져 사업성은 낮다.

라면, 또는 대형 호재가 많은 중심 지역이라면 어떨까? 자금이 부족하여 진입할 수 없던 상급지에 투자할 수 있는 기회가 될 수도 있다.

가로주택정비사업, 이 점은 유의하자

소규모 주택정비사업의 실패 원인은 주로 무자격 브로커의 개입과 부패한 추진위원회(가칭) 때문이다. 무자격 브로커들이 주민 대표들을 현혹하고 그들이 작성한 부실한 사업계획서를 근거로 관할 지자체에 연번을 신청한 후 75% 내지 80% 정도의 동의를 얻어 창립총회를 한 다음 조합설립인가를 받는 일들이 종종 있다. 아파트를 지어준다고 하니 주민들은 전문적인 사업성 검토도 없이 조합설립에 동의하는 것이다. 일부 조합은 브로커나 시공사와 유착하여 주민들이 아닌 업체들의 이익을 대변하기도 한다. 그 결과는 사업비와 분담금 증가, 또는 사업 지연 내지 중단으로 이어지게 된다. 사업 지연은 사업비 증가의 원인이 되고 주민들은 과도한 분담금을 부담하게 되거나 종국적으로는 재산권을 잃게 될 수도 있다.

조합과 유착된 소형 건설사가 주민들을 현혹하여 공사를 수주하는 경우 저품질로 시공되거나 공사가 중단 또는 지연되는 사태가 초래되기도 한다. 또한 공사비 초과 지불이 발생하거나 조합 측의 횡령이나 배임 문제가 터질 수도 있다. 따라서 추진위원회(가칭) 단계에서부터 정비업 면허를 가진 정식업체가 사업 추진에 개입할 수 있는 법적 근거의 마련이 절실한 상황이다.

건축사무소 선정에도 주의를 기울여야 한다. 사업 초기 단계에서 사업 알선 브로커가 건축사무소를 추천하는 경우도 있는데, 설계 역량이 떨어질 수 있기 때문에 조심할 필요가 있다. 설계 능력의 부족으로 각종 인센티브를 충분히 적용하지 않아 최대 용적률을 활용하지 못하거나, 건물의 동선과 방향을 제대로 고려하지 않고 설계하여 건물의 가치가 낮아질 수 있기 때문이다. 혹은 아파트로 신축될 수 있는 노후 빌라촌인데 잘못된 설계로 신축빌라 단지로 조성될 수도 있다.

소규모 주택정비사업은 아파트 1~4동 정도가 들어서는 정도의 규모이다. 그런데 보통 아파트 1~4동을 설계하는 건축사무소를 찾는 것은 어려운 일이다. 수천 세대의 아파트나 다세대주택 등을 설계하는 건축사무소는 쉽게 찾을 수 있으나 소규모 주택정비에 관한 법률과 조례 등을 적용해서 최적의 설계안을 그려내는 건축사무소를 찾기는 쉽지 않은 것이다. 따라서 건축사를 선정할 때에는 전문 정비업체를 통해서 소규모 재건축이나 가로주택정비사업에 특화된 전문 건축사무소를 선택해야 한다.

앞에서 언급했듯이 신탁보수가 들긴 하지만 각종 비용을 절감할 수 있고 사업의 진행이 빠르다는 측면에서는 신탁사를 이용하는 것도 바람직한 방법이 될 수 있다. 서울시 강동구 둔촌주공 재건축 사업도 신탁사를 이용했다면 유치권 행사 사태는 벌어지지 않았을 것이다.

가로주택정비사업 추진 현황

소규모 주택정비사업의 추진 현황은 지역별로 확인할 수 있다. 서울은 정비사업 정보몽땅에서 확인하면 되고, 경기도는 경기도청 홈페이지의 '정보공개'에서 '사전정보공표'를 확인하면 된다. 인천은 '인천광역시 추정분담금 정보시스템'을 활용하자.

● **서울·수도권 가로주택정비사업 추진 현황**

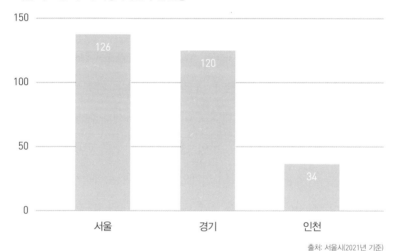

출처: 서울시(2021년 기준)

가로주택정비사업이 추진되는 곳은 2021년 기준으로 총 280곳이다. 서울뿐만 아니라 경기도와 인천에서도 가로주택정비사업이 진행되고 있다. 2023년 1월 기준으로 수도권 내에서 조합설립인가를 받은 사업 대상지는 총 175곳으로 62.5%를 차지했다.

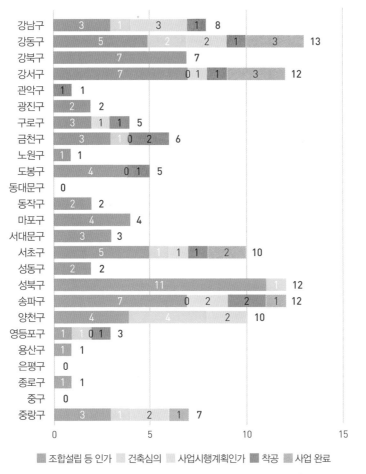

● 서울시 자치구별 가로주택정비사업 추진 현황

강남구	3	1	3	1	8
강동구	5	2	2	1	3	13
강북구	7	7
강서구	7	0	1	1	3	12
관악구	1	1
광진구	2	2
구로구	3	1	1	5
금천구	3	1	0	2	6
노원구	1	1
도봉구	4	0	1	5
동대문구	0
동작구	2	2
마포구	4	4
서대문구	3	3
서초구	5	1	1	1	2	10
성동구	2	2
성북구	11	1	12
송파구	7	0	2	2	1	12
양천구	4	4	2	10
영등포구	1	1	0	1	3
용산구	1	1
은평구	0
종로구	1	1
중구	0
중랑구	3	1	2	1	7

■ 조합설립 등 인가   ■ 건축심의   ■ 사업시행계획인가   ■ 착공   ■ 사업 완료

출처: 서울시(2021년 기준)

이러한 추진 현황들을 참조하여 가로주택정비사업에도 지속적으
로 관심을 가져보는 것이 좋을 것이다.

재개발·재건축 빌라 투자 전략

정비사업 지역 빌라를 노려라!

예전에는 빌라를 사면 가격이 떨어진다고들 생각했다. 다세대주택을 구입하면 구입하는 그 순간부터 손실을 감수해야 한다는 말이 있었을 정도이다. 그러나 2022년 이전까지 몇 년 동안은 빌라 투자에 관심을 가지는 투자자들이 많았다. 이명박 서울시장과 오세훈 서울시장의 뉴타운 진행에 따라 재개발이 큰 반향을 불러일으키면서 빌라에 대한 인식이 크게 바뀌기 시작한 것이다. 이는 적은 돈으로 투자해 재개발의 가장 큰 수혜를 기대할 수 있는 주택 유형이라는 기대가 생겼기 때문이다. 내가 2007년 동작구 흑석 3구역의 2억 원대의 빌라를 매입하여 흑석리버파크 자이 아파트를 얻을 수 있었듯이 말이다.

그러나 2022년 이후 대규모 빌라 전세사기 문제로 인해 빌라에 대한 전세 수요가 급감했고 매매 수요까지 위축되어 있는 상

♡ 빌라

빌라라고 부르는 건물은 통상적으로 '건축법'상 다세대주택 또는 연립주택을 구분하지 않고 통칭하는 개념이다. 연면적이 1동당 660㎡를 초과하는 4층 이하의 공동주택은 연립주택이고, 660㎡ 이하면서 4층 이하의 공동주택은 다세대주택이라고 하는데, 이 둘을 합쳐 빌라라고 부른다.

태이다. 서울의 주요 재개발 구역의 빌라들까지도 가격 하락을 피해 갈 수는 없었다.

2023년 후반기 기준으로 아파트 가격도 일부 조정되고 있는 상황이지만, 상대적으로 빌라는 아파트에 비해 더욱 합리적 가격으로 조정었다는 점은 투자자들이 주목해볼 필요가 있다. 실제로 재개발 투자 전문가들은 이러한 침체기를 이용해 강남, 용산 등의 주요 입지의 급매 빌라를 사들이고 있다.

투자시기와 상관없이 빌라 투자에 있어 가장 중요한 부분은 재개발 예정지나 재개발 사업이 진행되고 있는 구역의 빌라를 매입해야 한다는 것이다. 강남권의 임대수익용이 아니라면 그렇게 해야만 투자에 성공할 수 있으며 그렇지 못하면 투자에 실패하게 된다.

재개발 구역의 빌라를 매입하면 사업이 조합설립인가, 사업시행인가, 관리처분인가 등의 단계를 통과할 때마다 가격이 상승한다. 이는 사업의 단계가 진행되면 될수록 사업의 불확실성이 사라지고, 점차

새로운 아파트를 받을 수 있는 확률이 높아지기 때문이다. 물론 부동산 침체기에는 다음 단계로 진행되더라도 가격이 상승하지 않고, 오히려 떨어지기도 한다. 그러나 부동산 침체기는 투자하려는 입장에서는 가격이 떨어져 있어서 좋은 입지의 재개발 구역 빌라를 매입할 수도 있는 기회가 된다.

빌라 투자는 지역에 따라 임대수익용과 재개발 투자용으로 나누어 접근해볼 필요가 있다. 예를 들어 강남권은 지속적인 개발로 노후도 충족이 되지 않아서 재개발 구역이 거의 없지만, 양질의 직장이 많고 학군이 좋으며 아파트가 워낙 비싸기 때문에 저렴한 오피스텔, 빌라의 수요가 많다. 이렇게 강남권은 공급은 부족한데 수요가 많기 때문에 재개발처럼 시세차익을 실현하는 개념보다는 임대수익 목적으로 접근하는 것도 가능하다.

반면 비강남권의 빌라에 투자를 하려면 무조건 재개발 가능성이 있는 지역에 투자해야 한다. 적어도 노후도 60% 이상의 낙후된 지역에 투자해야 하는 것이다. 앞서 설명한 재개발, 소규모 정비사업 등이 진행될 가능성이 없는 지역은 오로지 실거주용으로만 거래되기 때문에 투자해도 수익을 기대하기 어렵다.

특히 앞서 언급한 바와 같이 신축빌라 매입이나 전세는 극히 주의를 기울여야 한다. 최근 1,100여 채의 빌라를 소유한 빌라왕(가칭)이 사망하면서 빌라 전세 사기가 화두가 되었다. 이렇게 신축빌라를 지어서 분양사기를 치는 이들은 재개발 가능성이 있다는 거짓말로 유혹

해서 파는 경우가 많다. 전세 사기 문제도 심각하다. 엄청난 채무가 있는 빌라를 매매가보다 높은 전세가로 임대하여 그 빚을 세입자가 떠안는 경우도 있다. 대부분의 전세 사기가 이루어지는 지역은 용산, 강남과 같이 땅의 가치가 높은 곳이 아니라, 상대적으로 입지가 떨어지는 지역이라는 점도 유념해야 한다.

무엇보다 가장 중요한 것은 입주권이 확실히 보장되는 빌라를 매입해야 한다는 것이다. 현금청산이 되면 투자자는 큰 재정적 손실을 입을 수 있다.

만약 입지가 뛰어난 곳이라는 점을 고려하여 구역이 지정되기도 전에 투자한다면, 더욱 주의를 기울여야 한다. 재개발 예정지는 말 그대로 예정지일 뿐이다. 예정지의 물건은 리스크가 높은 만큼 가격이 저렴하지만 재개발 기대감만으로 투자했다가 사업이 진행되지 않아 오랜 기간 가격이 오르지 않으면 스트레스만 받을 수도 있다. 또한 빌라는 상대적으로 아파트와 같이 주거환경이 뛰어난 곳에 위치하지 않은 경우가 많아 생활 편의시설의 불편을 감내해야 하므로 실거주하기 어려울 수 있다는 점을 감안해야 한다.

빌라 투자 핵심 포인트

여기서는 임대수익형보다는 시세차익형 빌라 투자를 주로 설명하고자 한다. 앞서 언급한 바와 같이 빌라의 투자 지역은 일반 재개발, 공공재개발, 신속통합기획, 모아타운 등의 정비사업 대상지 혹은 일부 주요 입지의 정비사업 예정지이어야 한다. 만약 시세차익보다는 임대 수익을 목적으로 빌라를 매입하고자 한다면, 자신이 거주하는 지역이나 잘 알고 있는 지역의 빌라를 대상으로 투자하기 바란다.

현금청산기준일(권리산정기준일) 확인

재개발 예정지 또는 재개발 대상지의 빌라에 투자하려는 경우, 가장 먼저 확인해야 할 부분은 입주권을 받을 수 있는지 여부이다. 예를 들어 권리산정기준일 이후 취득한 빌라는 재개발 후 신규 아파트 입주권 받지 못하고 현금청산이 된다. 따라서 일반 재개발, 공공 재개발, 신속통합기획, 모아타운, 소규모 정비사업, 도시정비형 재개발 등의 현금청산 기준 및 권리산정기준일을 명확하게 확인하고 물건을 매입해야 한다. 이 부분은 아무리 강조해도 지나치지 않는다.

대지지분

재개발 물건을 매수할 때는 주택 면적과 상태만이 아니라 대지지분도 살펴봐야 한다. 대지지분이 넓은 빌라가 감정평가액을 높게 평가받을 수 있으므로 조합원분양신청 시 큰 평형을 받을 수 있는 확률이 높다.

다만 재개발 지역에서 대지지분이 낮은 빌라는 평당 단가가 비싼 반면에 적은 금액으로 투자가 가능해서 환금성이 좋다. 따라서 단기적인 투자에 유리하다. 대지지분이 넓은 빌라는 매매가액이 크므로 환금성이 떨어지는 반면에 장기 투자 시 수익률이 높다.

근저당 설정 확인

빌라는 대부분 유명 브랜드 건설사가 짓지 않으므로 대출을 받아서 건축한다. 그런데 대출 비중이 높으면 나중에 문제가 생길 여지가 있기 때문에, 특히 신축빌라를 계약할 때는 투자하고자 하는 물건에 근저당 설정이 되어 있는지 꼭 확인해야 한다. 만약 근저당 설정이 되어 있다면 잔금 지급 시까지 말소하겠다는 조항을 계약서에 포함시켜야한다.

토지 등기부등본 확인

토지 등기부등본을 확인하면 토지 및 건축물의 소유주를 확인할 수 있다. 계약 전에 꼭 실소유자를 확인하고 계약금 및 잔금을 입금해야 한다. 그리고 꼭 소유자에게 입금해야 한다는 것을 잊지 말자. 만약 대리인이 계약을 하더라도 소유자에게 입금을 해야 한다. 또한 준공이 아직 나지 않는 신축빌라인 경우 세대별로 등기가 되지 않기 때문에 토지대장이 건축주로 명시되어 있는지도 확인하자.

아파트 대비 주거 생활여건 고려

요즘은 과거에 비해 빌라의 구조가 대단히 좋아졌다. 거의 아파트와 같은 구조와 기능을 갖고 있어서 생활하기에 불편함이 없다. 다만 아무래도 아파트 단지와 비교하면 생활 편의시설, 단지시설이 부족한 것은 사실이다. 체계적인 보안시스템을 갖춘 아파트 단지와 비교해서 개별적으로 흩어져 있는 빌라는 체계적인 보안 관리가 어려운 것도 아쉬운 점이다. 특히 재개발 예정지 또는 대상지의 빌라라면 당연히 주변이 낙후되어 있을 것이다.

빌라를 매수하면 전세 또는 월세로 임대를 주지 않는 한 본인이 직접 살아야 한다. 만약 토지거래허가구역처럼 실거주 요건을 충족해야 하는 지역의 빌라라면 당연히 해당 주택에 거주해야 입주권을 받을 수 있다. 가족 중에 어느 한 명이라도 반대하면 실거주해야 하는 빌라에 투자하기는 쉽지 않을 것이다. 아이들을 키우는 입장이라면 더 고려할 점이 많다. 아이들이 놀 수 있는 놀이터도 아파트에 비해 상대적으로 적고, 좁은 골목이 많아서 아이가 자전거를 타거나 뛰어다니기 어려울 수도 있다. 따라서 빌라 실거주 투자를 확정 짓기 전에 반드시 가족과 충분한 상의를 하기 바란다.

다주택자는 일시적 2주택 비과세, 임대사업자 제도 활용

아파트 투자와 마찬가지로 빌라 투자에 있어서도 세금이 중요하다. 1주택자라면 일시적 2주택 비과세 제도를 적극적으로 활용하는 것이 좋다. 만약 다주택자라면 임대사업자 세제혜택이 부활하는 경우 임대사업자 제도에 관심을 기울여야 한다. 2017년 이전에는 임대사업자 등록을 하면 취득세, 종부세, 양도세(장기보유특별공제 포함) 등의 세제 혜택을 받을 수 있기 때문에 많은 다주택자들이 임대사업자 등록을 하여 다수의 아파트나 빌라를 매입했고 지금도 많이들 유지하고 있다.

그러나 아직 현 정부에서 발표한 임대사업자 제도가 부활하지 않았기 때문에, 빌라를 아무리 임대사업자로 등록해도 예전만큼의 세제 혜택을 볼 수 없다. 따라서 임대사업자 제도가 완전히 부활한 후에 적극적으로 활용할 필요가 있다. 임대사업자 등록을 하더라도, 정비사업으로 인해 주택이 멸실되면 임대사업자 등록이 자동적으로 취소된다. 아파트가 완공되어도 취소된 임대사업자가 살아나지는 않는다. 만약 정비사업 초기에 투자하여 임대사업자 등록을 하게 되면, 주택이 멸실되기 전에 각종 혜택을 받고 임대사업자를 만료시키는 것이 유리하다.

갭투자로 손해보지 않으려면

빌라의 전세가는 보통 아파트의 전세가만큼 비싸지 않다. 특히 재개발 지역의 오래된 빌라는 전체적으로 낙후되어 있어서 대부분 전세가가 싸게 형성된다. 다만 재개발 지역이더라도 개발제한구역으로 지정되기 전에 지어진 신축빌라들은 상대적으로 전세가격이 높을 수 있다.

1주택자가 재개발 지역에 갭투자를 한다면 그다지 리스크가 크지 않을 수 있다. 하지만 소액으로 여러 채의 빌라에 투자한다면 대단히 위험할 수 있다. 예를 들어 '홍길동'이라는 사람이 전세를 끼고 빌라 세 채를 투자했다고 하자. A빌라가 매매가 2억 원(전세가 1억 5천 원), B빌라가 매매가 1억 5천만 원(전세가 1억 원), C빌라가 매매가 2억 5천만 원(전세가 1억 2천 원)이라고 하면, 홍길동이 실제 투자한 돈은 총 2억 3천만 원이다. 총 2억 3천만 원으로 세 채의 빌라를 산 것이다. 부동산 경기가 좋은 시기라 재개발 사업이 한 단계씩 진행되면서 2년 만에 빌라들의 가격이 1억 원씩 더 올랐다고 해보자. 그러면 홍길동은 당장 세 채를 모두 팔았을 때, 세전 3억 원의 시세차익을 얻을 수 있다. 그러나 2년이 지나도 대부분 빌라들의 전세가격은 거의 변화가 없다.

그런데 만약 부동산 경기가 나빠져 새로운 전세 세입자가 들어오지 않으면, 홍길동은 이사 나가는 세입자들에게 전세금을 3억 7천만 원을 반환해주어야 한다. '과연 그 정도까지 나빠질 수 있을까?'라고 생각할 수 있지만 2023년 부동산 하락으로 역전세, 전세가격 하락, 전세수요 급감, 월세수요 급증 등에 대한 뉴스가 자주 보도되었다. 이렇게 부동산 침체기에는 재개발 지역의 빌라 전세 수요도 감소하게 된다. 이때 홍길동이 여유자금이 있으면 괜찮겠지만, 그러지 못하다면 대출로도 감당이 되지 않아 결국 경매에 넘어갈 수도 있다. 실제 부동산 침체기에 수많은 빌라들이 경매에 쏟아져 나왔다.

한편 빌라는 세입자가 아파트처럼 전세보증보험을 가입하기가 어렵다. 그래서 세입자가 퇴거할 때 다음 세입자를 구하기가 쉽지 않을 수도 있다. 이러한 모든 상황을 미리 알고 대처하는 것은 투자 결과에 큰 차이를 가져올 것이다.

어떠한 투자든지 자신이 감당할 수 있는 만큼 해야 한다. 부동산 투자로 돈을 벌어본 경험이 있다고 해서 무리하게 투자를 하다 보면 큰 손해를 볼 수 있다.

지금까지 빌라 투자의 몇몇 핵심 포인트를 짚어 보았다.

빌라 투자의 전반적인 현황은 '네이버페이부동산'과 '아실'에서 파악할 수 있다. 빌라 투자 정보는 앞에서 자세히 살펴본 일반 재개발 사업, 소규모 정비사업 정보와 함께 보면 더욱 큰 도움이 될 것이다.

다시 한번 강조하지만 빌라 투자는 재개발 가능 지역에 한정해야 한다. 또한 아파트 투자와 마찬가지로 핵심 입지에 우선적으로 투자해야 한다는 점도 기억하자. 지금은 강남 및 용산 등 주요 입지의 빌라 가격과 비핵심지역 빌라 가격의 갭이 많이 줄어든 상태이기 때문에 특히 입지 분석을 철저히 해야 한다. 재개발이 진행되면 핵심지와 비핵심지의 가격 차이는 시간이 지날수록 벌어질 것이기 때문이다.

제6장

월세
고수 되기

수익형 부동산이란
무엇인가?

부동산을 팔지 않아도 매월 수익이 난다!

아무것도 안 했는데 100만~300만 원이 매달 꼬박꼬박 들어온다면 어떨까? 수익형 부동산은 부동산을 팔지 않아도 매달 돈이 들어오는 데다 시세차익의 여지까지 있으니 잘 가지고만 있다면 안정적인 삶을 누릴 수 있다. 그래서 시세차익으로 꾸준히 수익을 내고 있는 사람들도 수익형 부동산으로 자꾸 눈을 돌리게 되게 마련이다.

매입하면 당장 다음 달부터 매월 이익이 생기는 것이 수익형 부동산이다. 젊은 시절에는 현금흐름이 좋고, 기다릴 수 있는 시간이 충분하니 시세차익형 부동산이 유리한 것이 사실이다. 그러나 나이가 들어 수입이 줄어들수록 현금흐름이 중요해진다. 전 재산을 부동산에 묻어 놓는 것보다 매월 들어오는 월세가 하루하루의 현실을 윤택하게 만들기 때문이다.

노후를 대비하기 위해서, 또는 부동산 포트폴리오를 좀 더 효율적으로 만들기 위해서 등 여러 가지 이유로 우리는 수익형 부동산에 관심을 가져야 한다. 수익형 부동산을 모른다는 것은 부동산 투자의 절반을 모르는 것과 같다.

수익형 부동산의 이해

아파트, 빌라 등 거주 목적의 일반적인 부동산과는 달리 매입한 부동산을 타인에게 임대하여 매월 임대료를 받는 부동산을 수익형 부동산이라고 한다. 즉, 주기적으로 임대수익을 얻을 수 있는 부동산이다.

수익형 부동산은 주거용, 업무용, 상업용으로 분류할 수 있다. 주거용은 오피스텔, 다가구 주택, 고시원 등과 같이 안정적인 수익형 부동산으로 비교적 적은 초기 투자금으로 투자가 가능하다. 상업용 부동산은 임대수익을 낼 수 있는 모든 상가가 해당되며, 공실만 나지 않는다면 안정적인 수입을 얻을 수 있는 장점을 가지고 있다. 업무용 부동산은 건축법에서 정의하는 공공업무시설과 일반업무시설로 구분된다. 일반적인 사무실이 이에 해당하고, 규모 및 입지에 따라 초기 투자금액의 크기는 천차만별이다. 수익형 부동산에는 이렇게 많은 유형이 있지만, 대표적으로는 상가, 오피스텔, 다세대·다가구주택, 건물·빌딩(리모델링·신축 포함)을 꼽을 수 있다.

수익형 부동산을 통해 시세차익을 낼 수도 있다. 매달 월세도 받고, 시간이 흘러 부동산 가치가 올라가서 차익을 바라볼 수도 있는 것이다. 시세차익을 극대화하기 위해 오래된 건물을 매입 후 신축이나 리모델링을 할 수도 있다.

건물주 되기, 생각보다 어렵지 않다

건물주는 남의 일이라고 생각하는 사람들이 대부분이지만 의외로 생각보다 적은 금액으로도 건물주가 될 수 있다. A씨의 사례를 살펴보자. A씨는 인천 계양구 인근의 원룸건물을 9억 원에 매입했다. 보증금 4억 5천만 원, 그리고 대출 4억 원을 활용한 결과 자기 자본이 5천만 원밖에 들지 않은 것이다. 이 4층짜리 건물은 7개의 원룸으로 구성되어 있다. 현재 매달 300만 원의 임대료를 받고 있으며 GTX 지하철역 개통이 예정되어 있어 시세차익도 기대할 수 있다.

건물 투자라고 해서 나와 상관 없는 일, 또는 머나먼 미래의 일이라고 생각할 필요는 없다. 의지와 계획이 있다면 원룸건물부터 시작해 상가주택이나 근생건물 등 다양한 부동산에 접근할 수 있다.

이번에는 J씨의 사례를 살펴보자. J씨는 40대 중반이며, 두 자녀를 둔 가장이다. 2018년 그는 실투자금 총 3억 원을 투자하여 원룸건물을 매입했다. 이 부동산의 전체 매입가는 10억 원대 중반으로, J씨의 자본 3억 원, 대출금, 그리고 보증금을 활용해 매입했다. 이제 그는 매월 부대비용을 제외하고 약 200만 원이 넘는 수익을 내고 있으며, 현재 시세는 20억 원 초반에 달한다.

J씨가 투자한 건물은 대지면적이 약 50평이며, 15개의 원룸으로 구성된 5층짜리 건물이다. 이 건물은 서울 서남부의 한 지하철역 부근 대로변 안쪽에 위치해 있어, 교통이 편리하다. 교통이 편리하면 세입자들은 오래 거주하게 되고, 건물 관리 또한 용이해진다.

J씨의 사례는 비교적 적은 자본으로 시작해 안정적인 수익을 창출한 좋은 사례이다. 건물 투자는 재정적 능력 내에서 신중하게 이루어져야 한다. 특히 보증금 상환과 대출 상환 능력을 고려해야 한다. 최소한 자기 자본의 30% 이상의 여유 자금을 확보하는 것이 중요하다.

수익형 부동산, 어떤 유형이 가장 좋은가요?

수익형 부동산 유형 중 무엇이 좋은가에 대한 답은 스스로 구할 수밖에 없다. 각자의 성향이 다르고 상황이 다르며 내가 어디에 중점을 둘 것인가도 다르므로 어떤 유형이 좋은지 묻는 것은 의미가 없다. 나만의 가이드라인을 만들어야 한다. '월세수익률 목표가 어느 정도인가?', '공실가능성을 최대로 낮추는 것에 가장 중점을 두고 고를 것인가?', '미래 가격 상승의 가능성에 집중할 것인가?', '관리가 쉬운 물건을 고를 것인가?' 여러 가지 질문을 스스로 해보고 어디에 중점을 둬야 하는지 스스로 판단하는 것이다.

그래서 여러 가지 수익형 부동산의 장점과 단점을 파악하는 일이 선행되어야 한다. 오피스텔, 원룸건물 등 각각의 부동산이 가진 특징을 전부 파악하고 있어야 나에게 맞는 콘셉트로 월세를 세팅할 수 있다.

예를 들어 건물은 자본금이 충분하지 않다면 전세 비율을 높여 초기 자본금을 낮출 수도 있고, 상황이 여유롭다면 월세 비율을 높여 월 수입을 높일 수도 있다. 그만큼 선택의 폭도 넓은 것이다.

그러나 수익형 부동산을 매입했다고 해서 무조건 투자수익을 낼 수 있는 것은 아니다. 수익형 부동산의 가장 무서운 적은 바로 '공실'이다. 열심히 모은 돈으로 모든 재산을 월 임대료를 받기 위해 수익형 부동산에 투자했는데 공실이 되어버린다면 전재산이 허무하게 묶여버리고 만다. 더군다나 대출까지 받은 상황이라면 대출이자까지 납입하면서 공실에 따른 관리비까지 이중으로 납부해야 한다. 막심한 손해를 입을 수밖에 없는 것이다.

지금부터 일하지 않아도 매월 현금을 가져다주는 수익형 부동산의 유형들을 하나씩 자세히 알아보고 리스크를 최소화하는 투자 전략을 살펴볼 것이다. 대출 규제를 피하고, 세금 부담이 적으면서 레버리지도 충분히 활용할 수 있는 수익형 부동산에 투자해 꼬박꼬박 월세를 받는 미래를 꿈꾸고 있다면, 끝까지 읽어보고 나만의 월세 부자 전략을 세워보자.

소액으로도 알뜰한
갓성비 오피스텔 투자

오피스텔 투자의 접근

오피스텔은 사무실(Office)과 호텔(Hotel)의 합성어로, 주로 업무를 하되 숙식까지 가능한 다목적 건축물을 의미한다. 사무실과 호텔의 기능을 모두 갖추고 있어 임대인에게 다양한 용도로 임대할 수 있는 유연성을 갖추고 있다. 이렇게 업무와 주거 기능을 겸비한 오피스텔은 잘 선택하기만 하면 안정적인 임대수익을 기대할 수 있다.

많은 투자자들이 시세차익이 높은 아파트에 주목하는 가운데, 오피스텔은 상대적으로 소외받는 경향이 있다. 하지만 오피스텔은 시세차익을 기대하기보다는 꾸준한 임대수익을 얻는 데 더 적합한 부동산이다. 월세 수익이 안정적으로 오르는 것이 가장 큰 장점이라고 할 것이다.

오피스텔은 세금에서 실질과세원칙에 따라 주택 수에 포함되지만, 청약할 때는 주택 수에 포함되지 않는다. 오피스텔에 투자해도 나중에 청약을 할 때 청약점수나 무주택 지위에 영향을 받지 않는다는 뜻이다. 또 소액으로 투자할 수 있어 청약 점수도 낮고 자본금도 많지 않은 청년층에게는 투자 대안이 될 수 있다.

일반적으로 오피스텔은 소액 투자로 월세 받기 좋은 상품이다. 그런데 진입은 쉽지만 다시 되팔려고 할 때는 쉽지 않을 수 있다. 대부분 사람들이 아파트에 투자하지 오피스텔에 투자하는 사람이 상대적으로 적기 때문이다.

오피스텔 투자 시 가장 중요한 것은 입지이다. 1인 가구는 계속 증가하고 있기 때문에 일자리가 풍부한 곳이라면 수익도 잘 나오고, 시간이 지남에 따라 가격도 꾸준히 상승하는 경향이 있다.

오피스텔 투자의 가장 큰 적은 '공실'이다. 투자한 오피스텔이 장기간 공실 상태가 되면, 투자한 자본이 묶이게 되고, 대출 이자와 관리비 부담이 커지게 된다. 따라서 오피스텔 선택 시에는 장·단점과 투자 중점사항을 면밀히 분석하고, 시장 상황을 정확히 파악하는 것이 중요하다.

오피스텔 투자의 장점과 단점

오피스텔 투자의 장점

첫째, 적은 투자금으로 시작할 수 있다. 아파트나 토지에 비해 상대적으로 적은 돈으로 투자하여 임대수익을 낼 수 있다는 것은 큰 장점이다.

둘째, 정기적인 월세 수입을 얻을 수 있다. 오피스텔은 아파트만큼 큰 시세차익을 내기는 어렵지만, 매월 안정적인 현금흐름을 창출할 수 있다는 정점이 있다.

셋째, 다른 수익형 부동산에 비해 공실률이 적다. 특히 1~2인 가구가 선호하는 주거용 오피스텔은 다른 수익형 부동산에 비해 비교적 낮은 공실률을 자랑한다.

넷째, 청약 경쟁률이 아파트에 비해 상대적으로 낮아 접근성이 높다.

다섯째, 현재 오피스텔 취득세가 기존 주택 보유수와 상관없이 4.6%라는 점을 고려할 때, 다주택자들은 아파트 투자에 비해 세금 절약의 이점을 누릴 수 있다.

오피스텔 투자의 단점

첫째, 오피스텔은 주택 수에 포함된다. 과거에는 오피스텔이 주택 수에 포함되지 않았지만, 현재 오피스텔을 주거용으로 사용하게 되면 주택 수에 포함된다. 오피스텔 한 채, 아파트 한 채를 보유하고 있는 경우 아파트를 양도할 때, 본인은 1주택이니 당연히 비과세라고 생각하다가 다주택 양도세 중과에 적용되어 몇 억의 세금을 내는 경우도 있다.

둘째, 오피스텔 투자는 아파트에 비해 시세차익이 낮다. 예를 들어 2016년에 똑같은 금액으로 강남에 아파트를 투자한 A씨와 오피스텔에 투자한 B씨가 있다고 한다면, 2023년 현재 누가 큰 시세차익을 얻었을까? 당연히 아파트에 투자한 A씨일 것이다. 오피스텔은 감가상각비를 고려한다면 오히려 가격이 떨어질 수도 있다. 주변에 신규 오피스텔이 많이 생기게 된다면 그 가치는 더 줄어들게 될 것이다.

셋째, 입지에 따라 미분양의 위험이 존재하며 이로 인해 가치 하락과 환금성 저하의 문제가 발생할 수 있다.

오피스텔 투자 핵심 포인트

공실률 관리

오피스텔 투자가 처음이라면 임대 수요가 높고 공실률이 낮은 지역의 오피스텔을 선택하는 것이 중요하다. 임대 수요가 높은 지역의 오피스텔은 안정적인 임대수익을 기대할 수 있으며, 재정적 부담을 최소화할 수 있다. 실제로 공실 확률이 낮고 추가적인 오피스텔 공급이 없었던 지역들은 대부분 임대료가 상승했다.

입지 파악

공실률을 줄이는 가장 확실한 방법은 좋은 입지를 선택하는 것이다. 교통이 편리한 지역, 특히 전철역과의 접근성이 용이한 역세권 오피스텔은 공실 위험이 낮다. 주거기능이 더해지기는 했지만 오피스텔의 핵심은 업무기능이다. 업무를 수행하기 위해서는 다양한 연결성이 중요하므로 역세권 오피스텔의 선호도가 높을 수밖에 없다. 주거 기능 측면에서도 마찬가지이다.

또한 주변에 대규모의 추가 공급이 없는 지역인지를 확인하는 것이 좋다. 이를테면 교통, 상권, 주거시설 등 기반시설이 이미 꽉 찬 지역은 추가 공급이 어렵다. 서울 종로구, 중구, 강남구 등이 이에 해당한다. 하지만 개발할 택지가 여전히 많은 신도시는 오피스텔 추가 공급이 진행되고 있다. 공급이 더 많아지면 공실 위험도 커질 수밖에 없다.

결론적으로 오피스텔의 최고 투자 전략은 추가 공급이 어려운 기존 도심의 역세권 입지를 선점하는 것이다. 꾸준한 월세 확보는 물론 시세 상승도 기대할 수 있기 때문이다.

특히 '직주근접'의 요건을 갖추어야 한다. 직주근접이라는 조건이 오피스텔 투자에서 얼마나 큰 영향을 미치는지 잘 알려주는 사례를 하나 살펴보자. 2003~2005년 경기도 고양시 일산신도시에 엄청난 규모의 오피스텔이 들어섰다. 장항동과 백석동 일대에 위치한 라페스타와 웨스턴돔 등의 상권, 사법연수원, 공무원연수원, MBC 방송국 등 주변에 고정된 임차 수요층이 두터워 당시 오피스텔 수익률은 연

7~8%에 달했다.

주요 수요층은 1~2인 가구

'2022 행정안전통계연보'에 따르면 1인 가구 비율이 40.3%를 차지했다. 1인 가구 비율이 40%를 넘은 건 2008년 이후 처음이다. 2인 가구가 23.9%로 뒤를 이었고, 4인 가구와 3인 가구는 각각 18.7%와 17%를 기록하였다.

이러한 1~2인 가구의 증가 추세는 도심 지역의 소형 주거 시설에 대한 지속적인 관심을 유발하고 있다. 특히 코로나19 팬데믹이 가져온 원격 근무, 유연 근무제, 재택근무의 확산으로 주거 공간과 업무 공간의 경계가 흐려지면서 오피스텔을 주거용으로 사용하는 경향은 더욱 짙어지고 있다.

따라서 주변 지역의 1~2인 가구 비율을 면밀히 파악하는 것이 중요하다. 이는 해당 오피스텔의 임대 수요와 임대 가격에 직접적인 영향을 미칠 수 있다.

분양가 확인

분양을 받는다면 오피스텔의 분양가가 시세 대비 적정한지를 반드시 확인해야 한다. 오피스텔의 분양 열기가 뜨거운 상황에서는 흔히 과도한 가격으로 분양하는 경우가 발생한다. 시세보다 높은 가격에 매입하게 되면 임대수익률이 낮아질 뿐만 아니라, 대출 이자 지불에 부담을 느끼게 된다.

안정적인 임대수익을 얻기 위해서는 부동산 매입 가격이 시장 가치에 비해 충분히 낮아야 한다. 예를 들어 월 보증금 1천만 원에 월세 100만 원을 받는 오피스텔을 3억 원에 매입한다고 가정해 보자. 여기에 6천만 원의 자기자본과 2억 4천만 원의 대출(80% 대출 비율)을 활용할 경우, 대출 이자가 월 120만 원이라면 실제로는 매달 20만 원의 손실을 보는 상황에 처할 수 있다. 따라서 오피스텔을 매입하기 전에 주변 시세, 임대료, 대출 이자 등을 포괄적으로 분석하여 예상 수익을 따져보아야 한다.

오피스텔 투자 유의사항

신규 분양 오피스텔의 경우, 건물이 준공된 후 대량의 물량이 시장에 동시에 나오게 된다. 이로 인해 예상 임대료보다 낮은 가격에 2년 이상 임대해야 할 수도 있다는 점에 유의해야 한다.

투자할 오피스텔의 임대료가 적합한지 평가하기 위해서는 주변 오피스텔의 위치, 가격, 크기 및 구조를 비교하여 경쟁력을 분석해야 한다. 또한 임차인이 부담해야 하는 관리비가 너무 높으면 재정적 부담이 커질 수 있으므로 이 역시 고려해야 한다.

투자하는 오피스텔의 주차 시설을 확인하는 것도 중요하다. 특히 월세와 관리비가 상대적으로 높은 오피스텔의 경우, 입주자들이 차를 보유한 경우가 많아 주차 시설의 부족은 전체 건물의 가치에 부정적인 영향을 미칠 수 있다.

세금도 따져봐야 한다. 직장의료보험이 적용되는 직장인들은 건강보험료, 국민연금 보험료 산정 시 근로소득을 기준으로 하기 때문에 주택임대사업을 해도 추가 부담이 없다. 하지만 은퇴하면 지역의료보험으로 바뀌기 때문에 임대사업으로 인해 건강보험료, 국민연금 보험료가 오르지 않는지 확인해봐야 한다. 참고로 오피스텔을 주거용으로 사용하는 경우 건물분 부가세 환급이 불가능하며, 만약 환급받았다면 추징 문제가 발생할 수 있다.

수익률을 극대화하기 위해 대출을 활용할 수 있으나 감당할 수 있는 선에서 하는 것이 좋다. 고금리 시기에는 대출 이자가 임대수익을 초과할 위험도 있기 때문이다.

지금 오피스텔 투자 현황은?

오피스텔 동향을 잠시 살펴보자. 최근 한국부동산원의 조사에 따르면 2023년 2분기 기준으로 오피스텔의 매매가격과 전세가격은 각각 0.85%, 1.07% 하락했다. 서울을 비롯한 여러 지역에서 가격이 하락하고 있는 상황에서 시장 회복에 대한 기대감은 있지만, 여전히 전반적인 하락세가 관찰되고 있다.

월세가격의 경우에는 전국적으로 보합세를 유지하고 있으며 수도권에서는 소폭 상승하고 지방에서는 다소 하락하는 경향을 보이고 있다. 서울 월세가격은 전세가격 하락세가 진정, 월세 선호 현상 지속 등으로 전 분기 하락에서 상승으로 다소 전환되었다.

오피스텔 투자에서 가장 중요한 것은 안정적인 임대수익의 확보이다. 특히 강남과 같은 일자리 타운이나 특수한 수요가 있는 몇몇 지역을 제외하고 대부분의 오피스텔은 시세차익보다는 정기적인 임대수익에 중점을 두어야 한다. 이를 위해서는 오피스텔의 위치, 교통 접근성, 주변의 일자리 시장 등을 고려하여 투자 지역을 선정하는 것이 중요하다.

세부적으로 매물 검색을 하고 투자를 하기 위해서는 지역별로 매매, 전세, 월세의 매물 현황을 알 수 있는 '네이버페이부동산', '직방' 등과 같은 사이트를 활용하자. 특히 직방은 대부분 내부 사진까지 확인할 수 있어 편리하다. 반복하여 이야기하지만 역시 본인이 잘 아는 주변부터 공부를 시작하는 것이 좋다.

월급 노예에서 벗어나는
건물·빌딩 투자

건물·빌딩 투자의 접근

부동산 투자의 정점은 단연 건물 및 빌딩 투자이다. 부동산 투자자들이 궁극적으로 꿈꾸는 것은 소위 '갓물주'일 것이다. 건물 및 빌딩 투자는 투자수익이 큰 만큼 철저한 준비와 관리가 요구된다. 리모델링이나 신축을 통해 투자 수익을 극대화하는 전략 또한 필요하다.

우선 본인이 어떠한 목적을 가지고 있는지 정확히 할 필요가 있다. 임대수익이 목적인지, 높은 시세차익을 기대하는 투자인지, 자가 사용 목적인지 등 다양한 목적에 따라 투자 전략이 달라지기 때문이다.

예를 들어 안정적인 임대수익을 원하는 투자자는 주변의 임대 시장 상황, 임차인 현황을 면밀히 분석해야 하며, 시세차익을 목표로 하는 투자자는 개발 호재나 상권의 확장 가능성을 평가해야 한다.

일반적으로 임대수익에 중점을 두는 투자는 노년층이 선호하며, 시세차익을 목표로 하는 투자는 젊은 세대가 더 선호하는 경향이 있다. 강남과 같은 곳의 부동산은 두 가지 목표를 모두 충족할 수 있지만, 그만큼 매입 가격이 높다. 자본이 한정된 경우, 두 목적 중 하나를 선택하여 투자하는 것이 현명하다.

건물 및 빌딩 투자는 일반적인 투자 유형에 비해 규모가 크고 접근성이 낮아 일반인들에게는 다소 어렵게 느껴질 수 있다. 강남 쪽을 예로 들어 보면, 2019년에는 약 10억 원의 자본으로 서울 강남구 개포동 인근의 연립주택을 구매할 수 있었다. 강남 대로변 근처 시세는 평당 약 8천만 원에서 1억 원 선이었으며, 좀 더 내부의 골목길에 위치한 부동산은 평당 5천만 원에서 7천만 원 사이였다. 하지만 2022년 초 시세는 약 1.5배에서 3배까지 상승하였으며, 최근에는 가격이 일정하게 유지되는 상태에 접어든 것으로 관찰된다.

건물이나 빌딩은 거액의 자본을 필요로 하기 때문에 대부분 대출을 활용해 매입한다. 임대료 수입을 통해 대출 이자를 일부 상환하고, 부동산 가치가 상승하면 더 큰 규모의 건물이나 빌딩으로 갈아타는 선순환 구조로 투자하는 것이 일반적이다. 이러한 선순환 구조를 성공적으로 만들기 위해서는 안정적인 임대수익을 보장하고, 공실 없는 건물을 선별하는 것이 핵심이다. 투자에 앞서 건물에는 어떤 것들이 있는지, 매입 절차는 어떻게 되는지 알아보고 실제 건물 현황과 가격 시세를 충분히 살펴보아야 한다.

건물·빌딩의 유형

원룸건물

원룸건물은 일반적으로 5~15가구로 구성된다. 보통 건물주가 맨 위층에 거주하고, 아래층의 원룸, 투룸에 임차인들이 거주한다. 이러한 원룸건물의 장점은 토지 면적이 커서 토지 가치 상승과 함께 시세차익을 누릴 수 있고, 정기적인 월세 수익도 낼 수 있다는 점이다.

예를 들어 10억 원의 다가구주택에 투자하면 대부분 수익률이 2~3%이며 대략 월세가 150~250만 원 정도에 그칠 수 있지만 원룸건물은 월세 350~400만 원까지도 기대할 수 있다.

원룸은 아파트에 비해 월세 가격이 높지 않으므로, 부동산 시장이 침체기에 접어들더라도 가격 하락폭이 상대적으로 적어 안정적이다. 대출과 보증금을 활용하면 아주 적은 초기 자금으로 투자할 수 있어 진입하기가 수월한 점도 장점이다.

반면 원룸건물 투자의 어려움도 존재한다. 특히 임차인들로부터 빈번히 오는 전화는 큰 스트레스가 될 수 있다. 임차인의 입주와 퇴거가 잦고, 건물 관련 문제가 발생할 때마다 해결해야 하는 책임은 오로지 건물주에게 주어진다. 건물주인 한 지인은 "내가 건물주인지, 관리인인지 헷갈린다."고 할 정도로 다양한 문제를 직접 해결해야 했다. 또한 세대수가 많은 원룸건물은 공실 발생 가능성이 높고, 이는 수익률 감소나 손실로 이어질 수 있다.

원룸건물이나 상가주택에 성공적으로 투자하기 위해서는 몇 가지 중요한 요소를 고려해야 한다. 역시 입지와 교통이 중요한데, 특히 역 주변이나 먹자 상권이 형성된 지역은 주요 임차인인 미혼 직장인과 대학생 임차인의 선호도가 높다. 신축 건물일수록 선호도가 높아 공실률이 낮은 것은 누구나 알 수 있을 것이다.

상가주택

상가주택은 동네에서도 흔히 볼 수 있는 유형이다. 일반적으로 1~2층에는 소매점, 정육점, 학원 등이 있고, 그 위층에는 주거 공간이 마련되어 있다. 상가주택 투자 시 고려할 중요한 요소는 건물 위치와 구조이다. 이상적인 상가주택은 6~12m 폭 이상의 도로에 접해 있고 평탄한 코너 땅에 위치한 것이다. 좁거나 경사진 도로에 접한 상가주택은 재건축이나 개조 시 제약이 많아 비효율적일 수 있다.

투자 결정 시, 상가와 주거 공간이 차지하는 면적 비율을 검토해야 한다. 상가 면적이 주거 면적보다 클 경우 상가로 분류되며, 반대의 경우 주거용으로 분류된다. 이는 투자의 성격과 수익성에 영향을 미친다.

상가주택의 장점은 주거와 임대수익, 두 가지 토끼를 동시에 잡을 수 있다는 점이다. 잘 선택한 상가주택은 안정적인 수익 창출과 함께 노후 대비에도 좋은 투자가 될 수 있다.

상가주택은 건물주가 꼭대기 층에서 직접 거주하는 경우가 많다. 이런 경우 추가적인 주거지를 매수할 필요 없이, 1~2층의 상가를 임대하며 수익을 창출할 수 있는 이점이 있다. 주인이 건물 내에 거주하면 임차 관리가 용이하고, 건물 관리를 직접 할 수 있어 관리비 절감이 가능하다. 주택 대출 규제에 비해 상대적으로 대출에 유리한 점도 큰 장점이다. 또한 상권 발달로 인한 지가 상승이 시세차익으로 이어질 수 있다.

반면 상가주택의 단점도 명확하다. 상권이 발달하지 않은 곳은 1층 상가의 활용도가 낮을 수 있으며, 큰 규모의 상가주택은 많은 초기 투자금이 필요하고, 환금성이 낮을 수 있다. 또한 상권이 형성되지 않았거나 경제적으로 낙후된 지역에서는 공실률이 높아 임대수익률이 감소할 수 있다. 주거 환경이 단독주택이나 아파트에 비해 떨어질 수 있다는 점, 1층과 2층에 들어서는 업종에 따라 주거환경에 차이가 생길 수 있다는 점도 유의해야 한다.

근생건물(근린생활시설 건물)

흔히 상가건물이나 통상가로 불리는 근생건물은 전체가 상업시설로 활용되는 건물이다. 보통 '갓물주'라고 불리는 건물주는 이러한 근생건물의 소유자이다. 과거에는 주로 50~60대가 고정적인 임대수익과 안정적인 노후를 위해 근생건물을 선호했으나, 최근에는 젊은 세대인 30~40대의 투자자들도 이 시장에 적극적으로 진입하고 있다.

근생건물은 주택 건물에 비해 여러 장점을 가지고 있다. 특히 수익성과 건물 가치 증대를 위해 재건축이나 리모델링을 하는 경우, 명도에 대한 리스크가 상대적으로 낮으며, 투자 시 필요한 현금 비율도 상대적으로 낮다. 또한 임대 관리도 주택 건물에 비해 수월하다. 건물주가 리모델링, 신축, 증·개축, 용도변경과 같은 방법으로 건물 자체의 가치를 높일 수 있다는 점도 큰 장점이다.

하지만 최근에는 단독주택의 용도변경이 어려워진 측면이 있다. 2022년 10월에 이루어진 유권해석 변경에 따라, 주택 매도 시 적용되는 양도세 및 대출의 판단 기준이 '계약일'에서 '대금 청산일(잔금일)'로 변경되었다. 이에 따라, 잔금 전 상가로 용도변경 시 주택이 아닌 상가로 간주되어, 비과세 혜택이 사라지는 경우가 발생한다. 이러한 변화로 인해 최근 단독주택을 매입하여 신축하는 방식의 투자는 다소 주춤한 상황이다.

근생건물은 상권분석도 중요한데, 서울의 여러 상권들은 각각 지역의 특징이 명확히 드러난다. 강남 대로변의 상가들은 대부분 150평 내외의 큰 규모이며 상권의 주류를 이루고 있고 가격도 가장 비싸다. 반면에 50평 이상이 주를 이루고 있는 후면 상권은 대로변 상가들에

부동산 상식 1분 수업

상권을 결정짓는 핵심 요소

근생건물에 투자할 때는 무엇보다 상권 발달에 집중해야 합니다. 상권을 결정짓는 요소로는 도로의 폭과 상태, 교통 상황, 그리고 주변 건물의 종류를 들 수 있습니다. 상권 발달과 직접적인 연관이 있는 것이 도로의 폭인데, 특히 8~12m 너비의 도로를 끼고 있는 지역이 상권 형성에 유리한 것으로 알려져 있습니다. 이런 도로변 상점은 임차인의 영업에 최적의 환경을 제공하며, 인도와 차도의 명확한 구분 없이 양쪽 도로변 상권이 함께 번창하는 경향을 보입니다.

도로 구조는 바둑판 모양이 선호됩니다. 길이 곧게 뻗어 있어 골목 입구부터 끝까지 상점 간판이 한눈에 보이는 형태입니다. 주거 지역 내에서는 단독주택 지역이 다세대주택이 밀집한 곳에 비해 상권 형성에 유리한 조건을 갖추고 있습니다. 상권이 활성화되기 위해서는 1층에 상점이 자리잡을 수 있는 여건이 필요한데, 다세대주택 지역에서는 종종 1층을 필로티 구조의 주차장으로 활용하여 상권 발달에 제한을 주는 경우가 많기 때문입니다.

비해 상대적으로 가격이 저렴하고, 가격 상승이 더디지만 확장성이 높은 특징을 보인다.

송파구의 경우 상권 진입로가 상대적으로 적고 필로티 구조(일반적으로 기둥이 건축물 하단부를 받쳐주어 1층 공간이 비어있는 구조)의 다세대 건물이 많아 상권 확장성이 다소 제한적이다. 성수동의 준공업 지역은 평일에는 직장인들로, 주말에는 관광객들로 붐비는 특징이 있으며, 대부분 20평 정도의 작은 상가로 구성되어 있다.

용산 지역은 고급 주거지와 상권이 형성되어 있어, 임대료 상승이 두드러진 지역이다. 마지막으로 마포구는 홍대 주변과 연트럴파크 상권이 지속적으로 확장되는 추세를 보이고 있다. 이러한 지역별 상권의 특성을 고려해 투자 전략을 세우는 것은 매우 중요하다.

건물·빌딩 투자 절차

투자자금 마련

당연한 말이지만 건물 투자는 다른 부동산 투자 유형들보다 큰 금액이 필요하다. 보증금과 대출을 활용하는 경우 원룸건물부터 큰 빌딩에 이르기까지, 투자에 필요한 자금은 5천만 원에서 수백억 원에 이르기까지 매우 다양하다.

어느 부동산이든 마찬가지지만 투자 전에 자신이 보유한 현금 자산과 가능한 대출 액수를 명확히 파악하는 것이 중요하다. 예를 들어, 10억 원의 현금을 가진 투자자가 20억 원짜리 업무용 빌딩을 매입하고자 한다면, 투자자금을 계산하는 방식은 다음 페이지의 표와 같다.

대출금리가 높은 시기에는 대출 액수를 최소화하고, 보증금의 비율을 높인 다음 향후 시세가 상승하는 시기를 기다리는 것도 효과적인 전략이 될 수 있다.

● 투자금 계산

매매가	2,000,000,000원	
보증금	800,000,000원	임대차 승계
대출금	500,000,000원	매매가의 25% (대략적 대출한도: 개인 50%, 법인 70~80%)
취득비용	92,000,000원	취득세 4.6%
중개수수료	18,000,000원	매매가의 0.9%
필요 현금	810,000,000원	필요 현금＝매매가－보증금－대출금＋취득 비용＋중개수수료

　실제로 2022년부터 급격하게 상승한 금리의 영향으로, 건물 투자 시장은 상당히 위축되어 있고, 가격도 많이 하락해 있는 상태이다. 그러나 가격이 하락했다고 해서, 급하게 매수하기보다는 신중히 기다릴 필요가 있다. 평상시 눈여겨보던 좋은 입지인데, 가격이 비싸서 엄두도 내지 못하던 곳이라면, 계속 지켜보면서 합리적 가격이 형성되어 있는지를 따져봐야 한다. 또한 해당 지역의 매물만을 보는 것이 아니라, 타지역의 좋은 입지의 매물 현황도 함께 파악하면서 비교 분석해야 한다.

건물·빌딩 유형 고르기

　건물과 빌딩 투자를 고려할 때, 임대수익형과 시세차익형 건물 중

어떤 유형을 선택할지가 투자 방향을 결정한다. 임대수익을 우선시하는 투자자라면 원룸건물, 상가건물, 근생건물 순으로 투자하는 것이 유리하고 시세차익을 목표로 하는 투자자들은 근생건물, 상가건물, 원룸건물 순으로 투자하는 것이 좋다.

임대수익형 건물투자라면 높은 임대수익률을 기대할 수 있는 빌딩을 선택해야 한다. 이를 위해서는 상권의 안정성, 임차인의 영업 상태, 임대료 연체 상황 등을 면밀히 파악해야 한다. 임대수익형 건물은 특히 노후에 안정적인 소득을 원하거나, 대출 이자 부담을 최소화하려는 투자자에게 적합하다.

시세차익형 투자라면 땅값 상승이 예상되는 건물을 선택해야 한다. 예를 들어 강남과 같이 안정적으로 지가가 상승하는 지역이나, 개발 계획에 따라 급격한 가치 상승이 기대되는 지역에 투자하는 것이다. 단, 개발의 불확실성이라는 리스크가 존재하므로 주의 깊게 접근해야 한다.

투자 지역 선택하기

유명한 투자 지역들, 예를 들어 강남, 성수동, 가로수길 등에 투자하기에는 상당한 자금력이 필요하다. 이런 지역들은 지속적인 가치 상승을 기대할 수 있고 고급 소비층, 일자리 수요가 풍부해 매력적인 투자처이다. 이런 곳에 투자할 만한 여력이 없다면, 내가 가장 잘 아는 지역부터 분석해보고 그 지역의 공인중개사나 지인들을 통해 정보를 수집하자. 공실이 있는 건물의 사연들, 변화하는 업종에 대해 주목하는 것도 중요하다.

투자 안목이 넓어졌다면, 더 다양한 지역으로 눈을 돌릴 수 있다. 건물 투자는 장기적인 고민과 신중한 접근이 필요한 일이다. 따라서 충분한 시간을 들여서 조사하고, 결정을 내려야 한다.

강남과 같은 고가의 핵심 지역에 투자할 수 있는 여력이 있다면 대로변의 건물을 선택해 안정적인 수익을 누릴 수 있겠지만, 이런 지역에 투자하기 어렵다면 유동인구가 많은 이면도로나 먹자골목, 그리고 미래 가치가 있는 지역, 예를 들어 GTX나 지하철 개통 예정 지역 등에 주목하는 것도 좋은 대안이 될 수 있다.

인터넷 검색 및 현장 답사

건물 투자를 위해 인터넷으로 사전 조사를 할 때는 주로 건물이나 빌딩을 중개하는 공인중개사 및 건물·빌딩 전문가가 운영하는 블로거를 활용하면 좋다. 또한 건물·빌딩 전문 컨설팅회사나 은행 투자자문의 상담을 받는 것도 괜찮다. 이러한 사전 조사의 목적은 건물의 매매가격과 필요한 투자자금을 파악하는 데 있다. 매물의 사진과 상세 정보, 매매가, 대출 조건, 임대 보증금, 월세, 투자 필요자금 등이 자세히 설명된 곳들도 있으니 인터넷 조사를 잘하는 것도 매우 중요하다.

이와 더불어 부동산 실거래가와 매물 정보를 제공하는 앱들을 활용

● 매물 정보 찾기

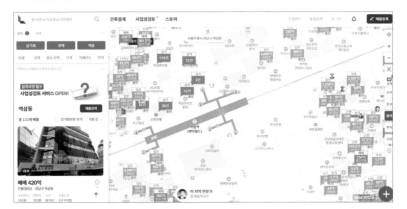

하는 것도 유용하다. 밸류맵과 같은 앱은 토지, 건물, 빌딩, 공장 등의 실거래가와 매물 정보를 쉽게 확인할 수 있다. 이런 앱이나 사이트를 활용해 직접 데이터를 분석하는 것도 투자 결정을 내리는 데 도움이 된다.

이렇게 인터넷을 통해 얻은 정보에 기반하여 현장답사를 실시하는 것이 다음 단계이다. 현장 답사는 하루 이틀에 끝나는 일이 아니다. 지속적으로 다양한 시간대와 계절에 걸쳐 방문하며 심층적인 분석을 해야 한다. 이 과정에서 접근성, 공실률, 임차인 관리 상태, 상권 활성도 등을 면밀히 조사한다. 상가형 빌딩이라면 지하철역과의 거리 및 위치를 확실히 조사하는 것이 중요하다. 주변 상권과 매매 사례 분석을 통해 지역의 상권 특성, 임대료 수준을 파악하는 것도 중요하다.

먼저 지역 부동산중개소에 연락을 한다. 일단 전화로 해당 건물의 임대 수요, 공실 상황, 임대를 희망하는 이들의 수요 등을 문의한다.

이후에는 직접 중개소를 방문하여 임대 매물을 눈으로 확인한다. 현장 방문은 임대인과 임차인의 관점에서 건물의 내외부를 세심하게 검토해야 한다. 비슷한 가격대와 크기의 매물이라도, 위치, 내부 구조, 관리 상태에 따라 큰 차이가 있을 수 있다. 현장에 가보면 비슷한 매물이라도 왜 가격 차이가 있는지를 명확하게 이해할 수 있을 것이다. 인터넷 검색이나 이론적 지식만으로는 한계가 있으며, 직접 현장을 방문하고 중개소와의 긴밀한 소통을 통해 건물의 진정한 가치와 잠재력을 파악하는 것은 마치 수박의 맛있는 속살을 맛보는 것과 같은 과정이다.

임장을 갈 때는 건축물대장을 통해 건물의 용도, 총 면적, 주차 가능 대수, 그리고 건축 규정 준수 여부 등 필수적인 정보를 확인하는 것이 중요하다. 특히 면적이 중요한데, 핵심적인 입지에 위치한 건물이라도 대지 면적이 과도하게 작으면 건물의 활용성이 제한될 수 있다는 점을 유의해야 한다. 이는 수익 창출의 기회를 제한하여 투자 실패로까지 이어질 수 있으므로 건물의 활용 가능성과 개선 여지도 함께 고려하여 종합적인 투자 결정을 내려야 한다.

건물 계약 전 체크리스트 작성 가이드

건물 투자 결정 전에는 현장 답사 확인 사항들을 정리한 체크리스트를 만들어야 한다. 이 리스트를 작성하는 것은 단순히 기록을 위해

건물 계약 전 체크리스트 중요 포인트

- **건물의 위치와 구조:** 건물의 방향, 코너 위치 여부, 경사도, 용적률을 검토한다.
- **접근성 및 유동인구:** 건물이 위치한 지역의 지하철역과의 거리, 유동 인구 수를 파악한다.
- **임대 현황 및 관리 상태:** 선택한 빌딩과 주변의 임대 현황, 그리고 관리 상태를 확인한다.
- **토지 및 지역 분석:** 토지의 모양, 용도를 파악한다.
- **도로 및 대지 조건:** 도로의 너비를 고려한다.

서가 아니라, 투자의 핵심 사항을 철저히 검토하는 과정으로 필요하다. 이 체크리스트는 위와 같은 중요 포인트들을 포함한다.

투자자는 잠재적인 손실을 최소화하고 수익을 극대화하는 전략을 구체적으로 세우기 위해 최종 계약 전까지 체크리스트를 계속 검토하는 것이 좋다. 다음 페이지의 체크리스트를 참조하여 자신만의 체크리스트를 만들어 보자.

● 현장 확인 체크리스트

1. 건물 개요

주소					
매매가		대지/면적	/	건축 면적	
융자금		기보증금/월세	/	총 주차대수	
지상층/지하층		방(개수)		총 세대수	
입주 가능일		준공년월		용적률/건폐율	
중개업소			대표		

2. 건물 상세

토지 종류	☐ 상업 ☐ 준주거 ☐ 주거 (종)
건축물 상태	☐ 양호 ☐ 보통 ☐ 불량 (불량인 이유:)
건축물 외관	☐ 벽돌 ☐ 대리석 ☐ 드라이비트
	☐ 양호 ☐ 보통 ☐ 불량 (불량인 이유:)
균열/누수	☐ 있음 ☐ 없음 (있을 경우 위치 :)
건물연식	(년) (특이사항:)
방구조	☐ 분리형 ☐ 오픈형 ☐ 발코니 (유 / 무)
현관문	☐ 인터폰 ☐ 자동 ☐ 수동
옥상 방수	☐ 양호 ☐ 보통 ☐ 불량 (불량인 이유:)
개별방 결로	☐ 있음 ☐ 없음 (있을 경우 위치 :)
개별 방바닥	☐ 양호 ☐ 보통 ☐ 불량 (불량인 이유:)
개별 수도함	☐ 있음 ☐ 없음 (있을 경우 위치 :)
외부 새시	☐ 양호 ☐ 보통 ☐ 불량 (불량인 이유:)
보일러	☐ 있음 ☐ 없음 (있을 경우 위치 :)

욕실 상태/수압	☐ 양호	☐ 보통	☐ 불량 (불량인 이유:)
엘리베이터	☐ 있음	☐ 없음 (있을 경우 위치:)	
주차공간	☐ 건물 내	☐ 주변 공간 ☐ 없음 (특이사항:)	
불법건축물	☐ 있음	☐ 없음 (있을 경우 위치 :)	
통풍/환기	☐ 양호	☐ 보통	☐ 불량 (불량인 이유:)
일조량	☐ 양호	☐ 보통	☐ 불량 (불량인 이유:)
조망권	☐ 양호	☐ 보통	☐ 불량 (불량인 이유:)
주변 소음	☐ 양호	☐ 보통	☐ 불량 (불량인 이유:)
건축물 진동	☐ 양호	☐ 보통	☐ 불량 (불량인 이유:)
비선호 시설 (1Km 이내)	☐ 있음	☐ 없음 (있을 경우 위치:)	

3. 기타

장점	
단점	
개선사항 (계약 전 확인)	
종합 결론	

계약

계약을 할 때는 여러 가지를 꼼꼼히 확인해야 한다. 먼저 계약일을 확정하고 계약금을 지불한다. 일반적으로 계약금은 총 구매가의 10%이다. 중도금은 통상 계약 후 한 달 이후에 지불하며, 보통 총 구매가의 40%에 해당한다. 잔금은 나머지 50%이다. 구매액이 100억 원 이하인 경우, 계약금 10%를 지급한 후 중도금 없이 나머지 90%를 잔금으로 처리하기도 한다.

계약을 하게 되면 대출 집행, 임대사업자 등록, 동업계약서 작성, 잔금일 지정 4가지를 실행한다. 중도금을 지불할 때는 은행 대출 집행이 되지 않고 잔금을 지불할 때 대출이 가능하므로 중도금 지급 시 투입 가능한 비용과 필요한 금액, 잔금 일정을 신중하게 계획해야 한다.

임대 중인 건물일 경우 임대사업자 등록은 잔금 전까지는 꼭 마쳐야 한다. 또한 잔금을 치르기 전 임차인 및 매도인 간의 권리금이나 보증금 처리가 명확하지 않아서 문제가 발생한 경우, 이러한 문제가 해결되는 날로 잔금일을 지정하는 것이 좋다.

계약, 중도금, 잔금 단계에서 필요한 준비항목은 다음 표와 같다.

소유권이전등기

소유권이전등기란 명의를 이전하는 것으로, 집문서의 주인이 바뀌는 절차이다. 이전등기는 등기소에 접수를 하면 완료된다. 당일에 확인해야 하는 것은 등기부등본이다. 이걸 확인하는 이유는 근저당이나

● 건물 계약 준비사항

	준비항목	설명
계약		
매수인	• **개인**: 계약금, 신분증, 도장 • **법인**: 계약금, 법인등기부등본, 사용인감도장, 사업자등록증	대리인이 계약할 경우 준비 항목 이외 ① 본인이 발급한 인감증명서 ② 대리인 인감도장 ③ 위임장 ④ 대리인 신분증 ⑤ 본인 통장사본(계약금은 본인 통장으로 수령)
매도인	• **개인**: 신분증, 도장, 임대차계약서, 등기권리증 • **법인**: 매도용 법인인감, 법인등기부등본, 법인인감도장, 사업자등록증, 등기권리증	
중도금		
매수인	중도금(직접 지급 또는 계좌이체)	계약서상의 기일에 약속한 방식으로 대금을 지급한다.
매도인	계좌번호, 은행명, 예금주	
잔금		
매수인	신분증, 도장, 주민등록등본, 계약서	
매도인	**개인** ① 부동산 매도용 인감 증명서(매수자 인적사항 기재) ② 주민등록초본(주소 변동사항 기재) ③ 인감도장 ④ 신분증 ⑤ 등기권리증 ⑥ 기타(건물도면, 각종 용역 계약서 및 채용 계약서, 열쇠 등) **법인** ① 법인 매도용 인감 증명서 ② 법인 등기부등본 ③ 법인 인감도장 ④ 등기권리증 원본 ⑤ 기타(건물도면, 각종 용역 계약서 및 채용 계약서, 열쇠 등)	**잔금 정산** ① 임대료, 관리비, 공과금 정산 내역 ② 보증금 ③ 담보채권액 확인 ④ 건물 부가가치세 지급(사업체 양수양도 시 제외)

가압류, 가등기 여부를 확인해야 하기 때문이다. 이를 확인하여 남아 있는 문제가 있다면 처리해야 하고, 등기부등본과 건축물대장상 입력된 내용이 상이한지와 기타 권리관계와 불법사항 문제는 없는지도 확인해야 한다. 마지막으로 매도인이 빌딩 소유권을 이전하기 전 임대료 및 공과금 정산을 정상적으로 빠짐없이 처리했는지도 확인한다.

인수인계 및 빌딩 관리

소유권이전등기를 마쳤다면 자산관리사나 관리소장 등 관리 주체와 건축물 도면, 보안 및 미화업무 범위와 절차, 주차관리법, 보수공사 등을 자세히 논의하고 계획을 세운다. 건물을 관리하는 인력 인수인계를 할 때 기존 업체를 승계할지 신규 채용을 할지도 선택해야 한다. 또한 기존에 건물을 관리하던 인력을 승계할지, 새롭게 인력을 채용할지도 결정한다.

이외에도 건물의 내외부 균열 상태, 보수 공사 이력, 건축법 위반 여부 등 주요 설비와 건물 상태를 면밀히 점검한다.

그동안의 구체적인 관리 이력은 계약하기 전에 사전 답사를 통해 반드시 확인해 두어야 계약할 때 손해를 줄일 수 있다. 이런 사항들은 임대료 상승과 직결되기 때문에 생각보다 중요하다.

참고로, 매입 후 빌딩 관리와 유지에 들어가는 비용은 세무 처리가 가능하므로 빌딩의 가치를 높이기 위해 적절한 투자를 하는 것이 현명하다.

건물·빌딩 투자 핵심 포인트

초보자의 투자 원칙

무엇보다 초보자가 염두에 두어야 할 것은 독립적인 의사결정을 해야 한다는 것이다. 투자 결정은 다른 사람의 의견이나 조언에 의존해서는 안 된다. 주변인이나 전문가의 조언을 참고할 수는 있지만, 최종 결정은 독립적으로 내려야 한다. 실패를 감당해야 하는 것은 온전히 자신뿐이므로 본인이 충분히 이해하고 확신이 서는 물건에 투자하지 않으면 안 된다.

따라서 부동산 지식을 지속적으로 습득하는 것이 중요하다. 관련 서적을 읽고, 온라인 자료, 강의, 전문가의 조언 등을 활용하여 안목을 계속 키워나가야 한다.

이론적 지식뿐 아니라 실제 시장 분석과 현장 답사를 통해 투자 대상의 실질적 가치와 잠재력을 파악하는 것도 중요하다. 이런 과정과 노력을 통해 본인만의 투자 기준을 세우고 주변의 영향에 흔들리지 않는 투자 결정을 내릴 수 있다.

투자 목적을 분명히 하고 이에 따라 접근 방식을 달리해야 한다는 것도 잊지 말아야 한다. 임대수익을 목적으로 한다면 낮은 공실률과 안정적인 임대료를 중심으로 부동산을 선택해야 한다. 시세차익을 목표로 한다면 개발호재가 확실한 물건 또는 지가 상승이 예상되는 부동산에 초점을 맞추자.

얼마가 필요한가

적게는 5천만 원으로도 시작할 수 있는 것이 건물 투자이다. 원룸 건물이든, 상가주택이든 어떤 콘셉트로 세팅하여 어떻게 매수하느냐에 따라 각양각색의 투자가 가능하므로 먼저 내 상황에 어떤 투자가 가능한지를 전부 살펴보는 것이 중요하다.

지금부터 각 유형의 특장점을 인지하고 금액별 투자 가능 범위를 살펴보기를 게을리하지 않는다면 내가 가진 자본금으로도 투자할 수 있는 물건을 언제고 발견하게 될 것이다. 그래서 부동산에 대한 전반적인 공부를 하루라도 빨리 해놓아야 한다.

어디에 투자해야 하는가

입지의 중요성은 아무리 강조해도 지나치지 않다. 건물 및 빌딩 투자에서 좋은 입지란 환금성이 높고, 토지 가치가 상승하는 경향이 있으며, 도로와의 접근성이 좋은 지역을 의미한다.

또한 건물의 현재 상태보다는 위치의 잠재력을 중시해야 한다. 예를 들어 오래되고 낡은 건물이라 할지라도, 훗날 리모델링이나 신축을 통해 가치를 상승시킬 수 있는 입지라면 매력적인 투자 대상이 될 수 있다. 특히 꼬마빌딩을 고려할 때는 해당 대지의 용도지역과 신축이나 증축의 가능성을 면밀히 살펴보자. 도로의 중요성도 항상 잊지 말아야 한다. 어떤 도로를 접하느냐에 따라 상권도 다르고 공실률도 다르기 때문이다. 환금성에도 많은 영향을 끼친다.

현대 사회의 라이프스타일과 세대 변화, 동선, 심리적 요소 등 '사람'을 이해하는 것도 중요하다. 행정안전부의 자료에 따르면, 지난 10년 동안 세대당 인구수는 줄어들고 있으며, MZ세대의 특성과 선호도를 고려한 위치 선정은 미래 투자 가치에 중대한 영향을 미칠 수 있다. 따라서 건물 투자에는 현재의 수치와 상태만을 보는 것이 아니라, 미래 사회의 변화와 그에 따른 입지의 가치 변화를 예측하는 안목이 필요하다.

원빌딩부동산중개의 자료에 따르면, 2015년 이후 서울에서 30억 원에서 1천억 원 사이의 빌딩 거래는 주로 강남, 서초, 송파 지역(강남권)과 마포, 용산, 성동 지역(마·용·성)에서 활발하게 이루어졌다. 이들 지역은 서울 25개 구 중 거래 비중이 가장 높은 지역으로 2015년에는 거래의 절반 이상이 이 지역들에서 이루어졌으며 이후에도 지속적으로 높은 거래 비중을 유지하고 있다.

가장 좋은 투자는 이런 핵심 입지를 공략하는 것이겠지만, 자금이 충분하지 않다면 서울 내에서 중장기적으로 10억 원에서 20억 원 사이의 투자가 가능한 지역들도 다양하게 존재하니 이런 곳들을 노려보자. 예를 들어 성수역 주변의 성수전략정비구역, 홍대 상권의 연장선인 합정역세권, 강남 접근성이 뛰어난 봉천역세권, 환승 인구가 많은 사당역세권, 구로디지털단지역세권과 여의도에 인접한 영등포구청역세권 등이 이에 해당한다.

공실률 최소화 전략

수익형 부동산 투자에서는 공실률을 줄이는 것이 관건이다. 박원 갑 국민은행 부동산 수석전문위원의 조언에 따르면, 공실률 최소화의 핵심은 장기 임차인을 확보하는 것이다. 예를 들어 음식점과 같은 리테일 상업시설은 인테리어와 시설 투자가 필수적이며, 기존 세입자에게 권리금을 지불하는 경우가 많다. 이러한 특성 때문에 리테일 상업시설의 공실 발생률은 일반 사무실에 비해 상대적으로 낮다. 반면 사무실 공간은 권리금 부담이 없고 시설투자가 크지 않아, 더 저렴한 공간이 있다면 쉽게 옮기는 경향이 있다. 따라서 유동인구가 많은 역세권이나 먹자골목과 같이 활발한 상권에 위치하며 리테일 비중이 높은 꼬마빌딩을 고른다면 공실이라는 리스크를 확 줄일 수 있다.

꼬마빌딩 소유주들에게 있어, 상층부 공간 활용은 주요 고민 중 하나이다. 대개 1층과 2층은 상업적 활동으로 인해 공실 문제가 드물지만, 상층부로 올라갈수록 공실 위험이 증가하는 경향이 있다. 따라서 만약 건물의 상층부 일부를 실수요 목적으로 사용할 계획이라면, 투자 결정이 다소 수월해질 수 있겠다. 전체 층을 임대한다면, 상층부의 공실 대비책을 세운 후 건물 매입을 고려하는 것이 좋다.

건물 전체를 한 임차인에게 임대하는 '통임대' 방식은 관리가 용이하고 수익률이 높은 장점이 있으나, 갑작스런 공실 발생 시 '임대료 절벽' 상황에 놓여질 수도 있다. 따라서 여러 임차인에게 분산하여 임대하는 전략이 더 안정적일 수 있다.

오피스 중심의 꼬마빌딩에서는 주차 여건도 중요한 요소이다. 건물 접근성을 위해 진입로의 너비가 8m 이상 되고, 50평당 최소 한 대의 주차 공간이 있는 것이 바람직하다. 주차시설은 운전자가 직접 차량을 이동시킬 수 있는 자주식 주차가 선호된다.

건물 관리의 일을 관리인에게 맡기더라도 임대료 책정 및 공실 관리와 같은 중요 결정은 건물주가 직접 해야 한다. 그래서 나이가 들어 65~70세 이상이 되면 높은 건물을 관리하는 건 부담스러울 수 있다. 층수가 높다는 것은 다수의 세입자를 관리해야 한다는 것을 의미하며 그만큼 관리 부담이 증가하기 때문이다.

신축 및 리모델링을 통한 가치 상승 전략

꼬마빌딩 투자에서 신축 또는 리모델링은 투자 가치를 상승시킬 수 있는 좋은 전략 중 하나이다. 특히 현재 임차인들의 선호와 트렌드에 부합하는 스타일로 리모델링한다면 임대 및 매각 시 더욱 높은 수익을 기대할 수 있다. 리모델링이나 신축은 복잡한 과정이 될 수 있으나 신뢰할 수 있는 건축사나 시공사와 협력한다면 효율적으로 건물 가치를 극대화할 수 있다. 이때 가격만을 기준으로 업체를 선택하기보다는 검증된 업체를 선택하는 것이 중요하다.

직장 생활을 하며 저축한 자금 4억 원으로 빌딩에 투자한 B씨의 사례를 살펴보자. B씨는 6억 원을 대출받아 신림동 인근에 위치한 대지 면적 40평, 연면적 95평의 30년 이상 된 건물(지하 1층, 지상 4층)을

10억 원에 매입했다. 이 건물은 노후된 상태였지만, 먹자골목 상권에 위치해 있고 주변에 아파트 배후세대가 있어 유동 인구가 많은 장점을 가지고 있었다. B씨는 건물의 위치와 대지 크기는 적절했으나 건물 상태가 좋지 않아 2억 원을 들여 리모델링을 했다. 이후 3년 만에 18억 원에 건물을 매각하여 순수익 8억 원을 얻었고 순자산이 12억 원이 되었다. 이 사례는 신축이나 리모델링을 통해 꼬마빌딩의 가치를 얼마나 극대화시킬 수 있는지를 잘 보여준다.

그런데 이제 주택을 상가로 변경할 때는 새로운 예규에 주의해야 한다. 2022년 10월 이후부터 기획재정부의 새로운 예규에 따라 매매 계약을 체결한 후 잔금 지급 전에 주택을 상가로 용도변경한 경우, 양도일(잔금 지급일) 현재의 상태를 기준으로 양도 물건을 판정한다.

과거에는 많은 투자자들이 주택을 매입한 후 철거하거나 상가로 용도변경하여 리모델링하는 방식으로 투자를 했다. 주택 상태에서 매매 계약을 체결한 후, 잔금 지급 전에 상가로 용도변경하여 매도자는 비과세 혜택을, 매수자는 취득세율을 낮추는 이점을 누릴 수 있었기 때문이다. 하지만 새 예규에 따라 이제는 이러한 방식으로 세금을 줄이는 것이 어렵게 되었다. 잔금 납부 전 주거용에서 상업용으로 용도변경하는 전략은 이제 더 이상 유효하지 않다.

예를 들어 1주택자가 30년 전에 2억 1천만 원에 구입한 다가구주택을 양도일 직전 상가로 용도변경하고 32억 8천만 원에 팔았다고 가정해보자. 이전의 규정에 따르면 1주택자 비과세 혜택을 받아 양도세가 약 1억 4천만 원이었다. 그러나 새 규정 하에서는 1주택자 비과세 혜택이 최대 12억 원까지만 적용되고, 장기보유특별공제율이 80%에서 30%로 감소해 양도세가 약 9억 7천만 원으로 늘어난다. 약 7배가 증가한 것이다.

단독주택을 구입해 상가로 리모델링하려던 매수자도 마찬가지로 불리해졌다. 과거에는 잔금 지급 후 주택을 상가로 변경하면 다주택자에 대한 취득세 중과세와 주택담보대출 제한을 피할 수 있었지만, 이제는 어려워졌다. 매도인이 1주택자 비과세 혜택을 유지하기 위해 상가로 용도변경하지 않고 주택 상태로 판매하려고 할 가능성이 높기 때문이다.

개인과 법인의 세금 차이

건물에 관련된 세금은 취득할 때의 취득세, 보유할 때의 재산세와 종합부동산세, 양도할 때의 양도세가 있다. 그런데 개인인지 법인인지에 따라 세금 부담에 몇 가지 차이점이 있다. 취득 시에는 개인과 법인 모두 취득세율이 4.6%로 동일하다. 단, 개인이 다주택자이며 상가주택과 같은 주택을 포함하는 부동산을 매입하는 경우, 2주택자는 8%, 3주택자는 12%의 취득세율을 적용받는다. 반면, 법인이 주택을 포함하는 부동산을 매입할 경우 취득세율은 12%이다.

부동산을 보유하는 동안에는 재산세가 매년 부과되며, 임대수익이 발생할 경우 해당 수익에 대한 종합소득세가 부과된다. 전 층이 근린

생활시설인 경우 재산세 부담은 상대적으로 낮으나, 주택이 포함되어 있을 경우 최근의 주택 규제 강화로 인해 세금 부담이 커질 수 있다. 종합부동산세는 매입한 빌딩 토지의 공시가액 합계가 80억 원을 초과하는 경우에 해당되는데, 대부분의 소규모 건물에는 적용되지 않아 재산세만 납부하면 된다.

개인이 매입하는 경우 개인소득세를, 법인이 매입하는 경우 법인세를 납부하게 된다. 최근에는 법인을 통한 매입이 인기를 끌고 있다. 개인의 경우 근로소득이 있을 때 임대소득이 합산되면 높은 세율이 적용될 수 있다. 반면 법인의 경우 연간 매출액에 따라 세율이 달라지지만, 대부분의 소규모 건물 임대수익은 연간 2억 원 미만으로, 이 경우 법인세율은 10%가 적용된다. 따라서 소규모 건물 투자의 경우 법인을 통한 투자가 절세 면에서 유리할 수 있다.

부동산 양도 시 고려해야 할 세금 관련 주요 사항은 다음과 같다. 예를 들어 꼬마빌딩에 투자하여 발생하는 시세차익에 대한 세율은 개인의 경우 5억 원 초과 시 42%(지방소득세 포함 46.2%), 10억 원 초과 시 45%(지방소득세 포함 49.5%) 정도라고 예상할 수 있다. 반면 법인이 부동산을 양도할 때의 세율은 매매차익 2억 원 이하일 경우 10%(지방소득세 포함 11%), 2억 원 초과 시 20%(지방소득세 포함 22%)이다.

양도세 절감 방안 중 하나는 비용, 즉 자본적 지출에 해당하는 비용에 대한 증빙을 꼼꼼히 챙기는 것이다. 또한 공동명의로 취득하면 보유 중 발생하는 임대소득세와 양도 시 발생하는 양도차익에 대한 양도소득세 부담을 각 공동명의자별로 분할 계산할 수 있어 세금 부담을 줄일 수 있다. 또한 다가구주택 등 원룸건물을 매입하는 경우, 주택임대사업자로 등록하면 재산세, 임대소득세 등을 감면받을 수 있다.

부동산 투자 시 세금 문제는 매우 복잡하므로 개인 또는 법인으로의 매입을 결정하기 전에 전문 세무사와 상담하여 건물 매입, 보유, 양도 시기 등을 결정하는 것이 좋다.

최근 건물·빌딩 투자 현황

그동안 건물과 빌딩에 대한 투자는 상당히 인기가 높았으며 많은 유명인사들도 빌딩 투자에 적극적이었다. 특히 구축 빌딩을 매입하여 리모델링하거나 신축한 후, 재판매하는 방식으로 짧은 기간 내에 높은 수익을 올리는 사례들이 자주 보도되곤 했다.

그러나 최근에는 금리 상승으로 꼬마빌딩 매매 시장이 침체되고 있다. 부동산 정보 서비스인 밸류맵의 데이터에 따르면, 지난해 서울 내 일반 업무 및 상업용 건물의 매매 건수는 2,202건으로, 2021년 대비 43.9% 감소하였다. 이는 2015년 이래 가장 낮은 거래량이다. 거래액은 전년 대비 32.1% 감소한 23조 8,988억 원을 기록했다. 서울의 주요 투자 지역인 강남 3구에서도 거래량이 476건으로, 전년 대비 42.9% 감소했다. 특히 200억 원 이상의 중대형 빌딩 매매 거래는

49% 감소하였다. 이러한 시장 변화는 금리 상승이 주요 원인으로 보인다. 꼬마빌딩은 매입할 때 대출 비율이 높은 경우가 많은데 금리가 오른 만큼 이자 부담이 커질 수밖에 없기 때문이다. 공사비 및 자재비의 증가로 리모델링 및 신축 비용이 크게 상승한 점도 영향을 주었다. 이러한 요인들이 수익성 악화로 이어져 꼬마빌딩 시장의 분위기가 크게 가라앉은 것이다.

몇몇 전문가들은 이러한 상업시설 거래의 침체가 수년간 크게 상승한 지가가 계속해서 유지되고 있기 때문이라고 분석하고 있다. 서울 상업시설 가격은 지난해 상반기 3.3㎡당 평균 8,616만 원에서 하반기 9,435만 원으로 상승했으며, 올해 상반기에는 8,561만 원으로 소폭 하락했지만 여전히 높은 수준을 유지하고 있다. 여기에 경기 침체 우려까지 더해져 수익형 부동산의 거래량은 감소세를 이어가고 있는 것이다.

이렇게 고금리 환경과 경기 침체 우려가 시장을 위축시키고 있어, 부동산 시장의 불확실성은 계속되고 있다. 향후 경제 부양책, 금리 변동 등 여러 요인을 면밀히 분석하여 신중한 투자 결정을 내려야 할 때이다. 건물·빌딩 투자에 관련한 구체적인 정보를 취득하기 위해서는 해당 지역의 건물·빌딩 컨설팅을 받아볼 수도 있다. 여력이 된다면 빌딩투자 강의를 들어봐도 좋겠다.

월세 2천만 원 받는
직장인

40대 직장인 최○○ 님

Q. 많은 사람들이 건물주가 되고 싶어 하는데요. 어떻게 건물주가 되었고, 또 어떻게 지금의 수익을 낼 수 있었나요?

A. 가난한 집안에서 자란 저는 대학 졸업 후 취직해서 돈을 열심히 모았어요. 식비 절약을 위해 도시락을 싸 가지고 다니고, 커피숍 방문조차 꺼려 했던 제 일상은 절제의 연속이었습니다. 그러던 중 도서관에서 재테크 책들을 읽으며 건물주가 되겠다는 결심을 하게 되었죠.

부동산 지식이 전무했던 저는 그냥 주변을 돌아다니기 시작했습니다. 무턱대고 건물들을 알아보았고, 그 지역의 공인중개사들을 찾아가 현장의 이야기들을 들었지요. 이렇게 6개월간 지역을 탐색하며 그곳의 유동인구, 상권, 임대 현황을 이해하게 되었어요.

기회는 예상치 못한 순간에 찾아왔습니다. 한 부동산중개소 사장님의 권유로 지하철역 인근의 원룸건물 투자를 고민하게 된 것입니다. 처음엔 망설였지만, 전세 비율을 조정하고 대출을 활용하면 실투자금 5천만원으로 투자가 가능해 과감히 매수를 결정했습니다. 겨우 5천만 원으로 시작한 이 투자는 제게 첫 월세 수입을 가져다주었고, 그 감격은 이루 말할 수 없었습니다.

투자 경험이 쌓이면서 건물의 숫자를 점차 늘려갔고, 그 결과 월 임대료와 자산이 눈에 띄게 증가하였습니다.

Q. 건물 투자를 하신 지 20년 정도 되셨는데요. 가지고 계신 투자 원칙이 있으면 알려주실 수 있으신가요?

A. 오랜 경험을 통해 저만의 투자 원칙을 가지게 되었는데요, 간단히 말씀드리자면, 첫 번째 원칙은 '잘 알고 있는 지역에 투자한다.'입니다. 지금 가진 자산으로 강남 같은 인기 지역에도 충분히 투자할 수도 있지만, 제가 그곳을 충분히 이해하지 못하고 있다고 생각하기 때문에 투자하지 않는 겁니다. 잘 아는 지역에 더 집중하면서 확실하고 안정적인 수익을 추구하는 것이지요.

두 번째 원칙은 '공실률이 낮은 건물에 투자한다.'입니다. 공실이 발생하면 임대도 어려워지고, 전세반환금을 내 돈으로 마련해야 하는 등 여러 문제가 생기기 때문입니다. 공실률이 낮은 건물은 임대수익이 안정적이며, 그에 따라 재정적인 부담이 줄어듭니다.

Q. 공실률을 줄이는 방법은 무엇일까요?

A. 공실률을 줄이기 위해서는 좋은 입지를 선택하는 것이 중요합니다. 더 비싸더라도 뛰어난 입지에 있는 건물을 사는 것이 장기적으로 더 나은 선택이 될 수 있습니다. 좋은 입지의 건물은 임차인이 장사하기 좋기 때문에 높은 권리금을 지불하더라도 들어오고 싶어합니다. 따라서 공실이 생길 확률이 낮지요.

임대료를 더 올려 수익을 높이고 싶다면 리모델링이나 신축을 고려할 수 있습니다. 건물 상태를 개선하면 임차인들이 더 매력을 느끼게 되고, 임대료가 올라가면서 수익률도 상승하게 됩니다.

마지막으로 건물 주변의 배후세대를 잘 파악하는 것도 중요합니다. 유동인구가 많은 지역의 건물은 임차인들에게 매력적일 수밖에 없습니다. 이는 지역민뿐만 아니라 외지인들도 해당 상권을 방문한다는 것을 의미하니까요. 또한 주변 아파트 주민들의 소비력이 높다면 임대수익은 안정적일 확률이 높습니다. 따라서 건물을 구매하기 전에는 해당 지역의 상권과 배후세대의 소비력을 면밀히 분석하는 것이 중요합니다.

Q. 지금처럼 고금리 시기에는 높은 대출 이자나 세금 때문에 투자해도 남는 게 없다는 말도 많은데요.

A. 저는 현재 전세 보증금의 비율을 적절히 맞추어 놓았고, 고정적으로 들어오는 월 임대료가 약 2천만 원이기 때문에 대출이자가 부담되지는 않아요. 물론 최근 이자율이 상승해 월 이자 비용이 200만 원 정도 증가했지만, 임대료 수입의 10% 정도니까요. 그러나 대출 비율이 높고 자본 비율이 낮은 건물주들에게는 이자 상승이 부담으로 작용할 수 있습니다.

세금과 관련해서는 처음에는 많이 낯설었지만, 이제는 세무사와 협력하여 세금 관련 업무를 진행하고 있어요. 법인을 통한 임대사업자 등록으로 다양한 세제 혜택을 받고 있으며, 재산세 감면 및 양도세 혜택도 누리고 있습니다. 비록 취득세나 배당 소득세 같은 세금을 내야 하지만, 임대료 수입이 안정적이기 때문에 크게 걱정하지 않고 있어요.

Q. 임차인들 관리하는 게 어렵다는 사람들도 많습니다. 대표님은 어떠신가요?

A. 저는 직접 관리하고 있어요. 간단한 수리나 청소는 주로 제가 직접 방문해서 처리하고, 큰 고장이거나 교체가 필요할 때는 신뢰하는 업체를 통해 해결하고 있고요. 임대료 수납도 관리가 필요한데요. 임차인과의 거리를 적절히 유지하며 비즈니스 관계를 유지하려고 노력해요. 임대료 납부일이 다가오면 자동문자를 발송하고, 지연되면 재발송하는 등 시스템적으로 임대료를 관리하고 있습니다. 이러한 체계적인 관리 덕분에 큰 문제 없이 임대사업을 운영할 수 있었어요.

Q. 마지막으로 지금 건물 투자를 하려는 분들에게 조언 한 마디 부탁드립니다.

A. 가장 얘기하고 싶은 것은, 건물 투자를 큰 그림에서 바라보라는 것입니다. 건물주가 되기 위해서는 필요한 여러 준비단계가 있습니다. 종잣돈을 성실히 모으고, 관련 지식과 경험을 쌓는 과정이 필요해요. 운 좋게 적은 금액으로 괜찮은 건물을 살 수도 있습니다. 하지만 충분한 지식과 철저한 준비 없이는 지속적인 성공을 보장하기 어렵습니다. 투자에 성공하려면 종잣돈을 마련하고, 부동산 투자와 관련된 책이나 강의를 통해 지식을 쌓으며, 직접 현장을 경험하면서 노하우를 축적해야 합니다.

투자에 성공하는 사람들은 운이 좋아서가 아니라, 오랜 준비와 시행착오를 겪으며 얻은 경험으로 성공에 이른 경우가 많습니다. 이런 준비 과정 없이는 투자의 기준을 세우기 어렵고, 쉽게 주변의 말에 휘둘릴 수 있어요. 무엇보다 중요한 것은 욕심을 부리지 않고, 자신의 능력과 상황에 맞추어 신중하게 투자 결정을 내리는 것입니다.

제7장

수익률 올려주는
절세와 경매

부동산 사기 전
꼭 알아야 할 절세 전략

부동산 세금 이해하기

부동산 세금 3총사, 취득세·보유세·양도세

부동산 거래와 보유 과정에서 발생하는 주요 세금에는 취득세, 보유세, 양도소득세가 있다.

취득세는 부동산을 구매할 때 한 번만 납부하는 세금으로, 구입 가격의 일정 비율을 기준으로 계산한다.

보유세는 부동산을 소유하는 동안 매년 부과되며, 재산세와 종합부동산세로 구성된다. 재산세는 모든 부동산 소유자가 납부하는 반

부동산 상식 1분 수업

세대란 무엇인가?

1세대가 부동산을 얼마나 보유했는지는 세금에서 매우 중요한 기준이 됩니다. 이를테면 '1세대 1주택 비과세' 등 1세대가 1주택을 보유할 시 주는 혜택도 있고 '다주택자 중과' 등 다주택자에 추가로 부가하는 세금도 많으니까요.

그런데 부동산 세금에서 말하는 '세대'란 주민등록상의 세대와는 다릅니다. 세금에서는 주민등록표에 함께 기재되어 있지 않더라도 함께 거주하는 배우자 및 30세 미만의 자녀, 부모, 형제자매도 같은 세대에 속한 것으로 봅니다. 특히 배우자는 생계를 달리 해도 동일한 세대로 판단하지요. 그런데 자녀의 나이가 30세가 넘으면 별도의 조건 없이 세대 분리를 할 수 있습니다. 또한 30세 미만이라도 만 19세 이상이 되면 중위소득 40% 이상을 벌고 있을 시 세대 분리가 가능합니다.

면, 종합부동산세는 특정 가격 이상의 부동산을 소유한 경우에만 부과되는 세금이다.

양도소득세(양도세)는 부동산을 판매하여 이익을 얻었을 때 납부하는 세금으로, 매각 가격과 구매 가격의 차이, 즉 차익에 대한 세금이다. 만약 부동산 가치가 상승하지 않았다면 납부하지 않아도 된다. 하지만 보통 부동산은 장기보유하기 때문에 팔 때 큰 시세차익이 발생하는 경우가 많으므로 양도세는 부동산 세금 중 가장 큰 비중을 차지

한다. 따라서 양도세는 부동산 절세에서 가장 핵심적인 부분이다.

작은 실수로 세금폭탄을 맞고 후회하는 일이 없도록 투자자는 부동산 정책의 동향과 함께 부동산 세금에 대한 충분한 지식을 갖추어야 한다. 특히 현 정부는 부동산 정책을 완화하는 방향으로 가고 있기 때문에 부동산 정책 변동 사항에 주의를 기울일 필요가 있다.

세후 수익이 진짜 수익

부동산 투자의 진짜 수익은 세금 공제 후의 수익에서 판가름 난다. 우리가 매수 결정 전에 세무 전략을 세워야 하는 이유이다. 예컨대 새 아파트 구매 시 예상되는 세금 부담, 중과세 가능성, 절세 전략(예: 부부 공동명의) 등을 사전에 꼼꼼히 알아보아야 한다. 다주택자의 경우, 보유 부동산의 취득 시기 및 취득원인, 양도 시기, 양도원인 등을 리스트로 정리해 통합적인 절세 전략을 세우는 것은 매우 중요하다. 모든 보유 부동산을 종합적으로 검토하여야만 나에게 최적화된 절세 방안을 찾을 수 있기 때문이다.

만약 부동산 매도나 증여 계획이 있다면, 연초부터 절세 전략을 세워야 한다. 재산세와 종합부동산세의 기준일이 6월 1일이므로 5월 말까지의 매도하면 매수인이 세금을 부담하게 된다.

양도 순서를 결정하는 것도 중요하다. 주택 수에서 제외되는 주택, 중과배제 주택, 상속 또는 증여받은 주택 여부를 고려해 양도 순서를 정하면 과도한 세금 부담을 피할 수 있다. 만약 양도차익이 큰 부동산이라면 증여가 더 유리할 수 있으니 더욱 신중한 판단이 필요하다.

세금 관련 지식은 복잡하고 지속적으로 변화하므로 지식이 있다고 자만해서는 안 되며 꼭 전문가의 조언을 구해야 한다. 국세청, 지방자치단체(지자체 세무과, 구청 주택과 등), 부동산 전문 세무사 등 다양한 전문가의 의견을 듣는 것이 바람직하다. 전문가에게 물어봐도 명확한 답을 주지 못하는 경우도 있으므로 여러 곳의 답변을 확인해야 한다.

부동산 거래는 일단 계약하고 등기부등본에 등록되면 되돌리기 어렵기 때문에 거래 전에 전문가와 상담을 하여 충분히 검토하는 것이 좋다. 이미 거래를 마친 후에 되돌리려면 상당한 손해를 감수해야 하기 때문이다.

취득세 이해하기

취득세 계산 방법은 '과세표준액(취득가) × 취득세율'로 간단하다. 무주택자가 1주택 취득 시, 조정대상지역 여부에 관계없이 취득세율은 기본적으로 1%가 적용된다. 그러나 매입 가격이 9억 원을 초과하는 경우 취득세율은 최대 3%까지 증가한다. 비조정대상지역에서의 2주택 취득은 1주택과 동일한 세율이 적용되나, 조정대상지역에서 2주택 취득은 취득세율이 8%로 증가하며, 3주택 이상일 경우에는 12%의 취득세율이 적용된다.

예를 들어 조정대상지역이 아닌 지역에서 3억 원짜리 주택을 구입하는 경우, 2주택 보유 시 약 330만 원의 취득세가 발생한다. 하지만 동일 가격의 주택을 추가로 구매하여 4주택이 되면, 취득세는 대폭 상승하여 약 3,700만 원을 납부해야 한다. 이는 취득세율이 주택 보유 수에 따라 상당히 증가할 수 있음을 알려준다. 따라서 다주택자라면 주택 매입 시 취득세율을 미리 따져보는 것이 중요하다. 참고로 주택 외의 건물이나 토지 취득 시 일반적인 취득세율은 4.6%이다(농어촌특별세 및 교육세 포함).

생애최초로 주택을 매수하는 경우, 실거래가 12억 이하의 주택에 한정하여 연소득 관계 없이 취득세를 200만 원 한도 내에서 면제받게 된다. 다만, 본인 및 배우자가 주택을 취득한 사실이 없어야 한다. 예를 들어 생애최초로 5억 원의 집을 살 경우, 원래 취득세는 1.1% 적용하여 550만 원이지만, 최대 200만 원을 감면받아서 최종적으로 350만 원만 내면 된다. 단, 준주거주택인 오피스텔은 이러한 혜택 대상에서 제외된다.

공시지가 1억 원 이하의 주택에 대해서는 다주택자여도 1%의 취득세가 부과되며 중과세되지 않는다. 그러나 정비구역이나 사업시행 구역인 경우 공시지가가 1억 원 이하일지라도 중과세될 수 있다.

세금은 취득세부터 양도세까지 전반적으로 고려해야 한다. 예를 들어 비록 1억 원 이하의 빌라가 취득세율이 낮더라도 다주택자는 매도 시 양도소득세 중과를 피할 수 없다.

● 2023년 취득세 부동산 조견표

취득 원인	취득 물건			조정대상지역	비조정대상지역
매 매	1 주 택	6억 원 이하	85㎡ 이하	1.1%	1.1%
			85㎡ 초과	1.3%	1.3%
		6억 원 초과 9억 원 이하	85㎡ 이하	(가액×2/3억 원-3) ×1/100×1.1	(가액×2/3억 원-3) ×1/100×1.1
			85㎡ 초과	(가액×2/3억 원-3)× 1/100×1.1+0.2%	(가액×2/3억 원-3)× 1/100×1.1+0.2%
		9억 원 초과	85㎡ 이하	3.3%	3.3%
			85㎡ 초과	3.5%	3.5%
	2 주 택	6억 원 이하	85㎡ 이하	8.4%	1.1%
			85㎡ 초과	9%	1.3%
		6억 원 초과 9억 원 이하	85㎡ 이하	8.4%	(가액×2/3억 원-3)× 1/100×1.1
			85㎡ 초과	9%	(가액×2/3억 원-3)× 1/100×1.1+0.2%
		9억 원 초과	85㎡ 이하	8.4%	3.3%
			85㎡ 초과	9%	3.5%
	3주택		85㎡ 이하	12.4%	8.4%
			85㎡ 초과	13.4%	9%
	4주택 이상		85㎡ 이하	12.4%	12.4%
			85㎡ 초과	13.4%	13.4%
	법인 취득 주택		85㎡ 이하	12.4%	12.4%
			85㎡ 초과	13.4%	13.4%
	농지		일반	3.4%	3.4%
			2년 자경	1.6%	1.6%
	위 외 부동산			4.6%	4.6%

출처: 한국공인중개사협회 경기남부 지부

보유세 이해하기

보유세는 부동산을 보유하는 동안 매년 내는 세금이다. 그런데 부동산을 단기간 소유하는 경우는 많지 않다. 2년 미만 보유 시 양도세가 60~70%이기 때문에 팔기 어렵고, 임대를 주고 있다면 임차인의 계약갱신청구권을 고려하여 최소 3년 이상 보유하는 것이 일반적이다. 따라서 총 보유 기간 동안 발생하는 보유세에 대한 이해와 계획이 필요하다.

주택 보유세는 재산세와 종합부동산세(종부세)로 나누어진다. 거액의 종부세가 부과됐다는 신문기사를 보고 집을 사면 많은 세금을 내는 것이 아닌가 두려워하는 사람도 있는데, 종부세는 다주택자나 고가주택 소유자가 내는 경우가 많으므로 그렇게 걱정할 필요는 없다. 그러나 부동산이 장기 보유 자산인 점을 고려할 때, 미래의 보유세 부담을 사전에 예측하고 계획을 세우는 것은 매우 중요하다.

보유세는 매년 6월 1일을 기준으로 부동산을 소유한 사람에게 부과된다. 예를 들어, 부동산 매매 계약이 5월에 이루어졌으나 잔금 지급이 6월 1일 후에 이루어진 경우, 6월 1일 기준으로 소유권이 이전되지 않았으므로 매도인이 재산세를 납부해야 한다. 반대로, 6월 1일 전에 잔금이 지급되면 새로운 소유자인 매수인이 해당 연도의 재산세를 부담하게 된다. 따라서 매도인은 6월 1일 전에, 매수인은 6월 1일 후에 잔금을 정산하는 것이 보유세 면에서 유리하다.

재산세

　부동산 소유자라면 누구나 매년 재산세를 납부해야 한다. 재산세의 계산 방식은 '과세표준(시가표준액×공정시장가액비율)×세율'이다. 여기서 시가표준액은 정부가 매년 산정하는 가격으로, 지방세 부과 시 적용되는 기준가격을 의미한다. 주택의 재산세 세율은 다음 표와 같다. 단, 1세대 1주택자인 경우 최대 50% 감면해주니 참고하자.

　예를 들어 실거래가 4억 원, 주택공시가격 2억 5천만 원의 주택이라면 2022년 재산세를 대략 18만 원으로 추정해볼 수 있고, 2023년 재산세는 18만 9천 원으로 예상된다. 서민 주거안정을 위해 토지나 일반 건축물에 비해 비교적 낮은 세율을 적용하고 있다.

　재산세 납부는 일반적으로 연 2회 분할 납부한다. 첫 번째 납부 기간은 7월 16일부터 7월 31일까지이고, 두 번째 납부 기간은 9월 16일부터 9월 30일까지이다. 세액이 적은 경우에는 7월에 일시불로 납부

● **주택 재산세 세율**

과세표준	재산세 세율
6천만 원 이하	0.1%
6천만 원 초과~1억 5천만 원 이하	6만 원 + 6천만 원 초과분의 0.15%
1억 5천만 원 초과~3억 원 이하	19만 5천 원 + 1억 5천만 원 초과분의 0.25%
3억 원 초과	57만 원 + 3억 원 초과분의 0.4%

출처: 한국공인중개사협회 경기남부 지부

할 수도 있다.

종합부동산세

종합부동산세는 주로 고가의 부동산이나 다주택 소유자에게 부과되는 세금으로, 재산세처럼 부동산을 가진 누구나 내는 세금은 아니다. 때문에 '부자세'나 '부유세'로 불리기도 한다. 해당 연도의 6월 1일을 기준으로 주택의 공시가격이 일정 수준을 초과할 경우 부과되며, 12월에 납부한다.

2022년 말에 이루어진 세법 개정으로 인해 종부세의 부과 기준이 완화되었다. 2023년에 종부세 납부 대상자는 약 49만 9천 명으로 감소했으며, 이는 2022년의 128만 3천 명에 비해 약 3분의 1 수준으로 대폭 줄어든 것이다. 주택 소유자의 경우, 종부세 부과 기준이 공시가격 6억 원에서 9억 원으로 상향 조정되었으며 1주택자의 경우 종부세 부과 기준이 기존 11억 원에서 12억 원으로 조정되었다. 특히 부부 공동명의로 소유한 주택이라면 공시지가 18억 원까지 종부세가 면제된다. 공시지가 18억 이하 아파트라면 부부 공동명의 소유 시 종부세를 안 내도 되는 것이다.

종부세는 공유재산의 경우 소유자별로 구분하여 과세표준을 계산한다. 예를 들어 2023년 달라진 종부세 규정에 따라, 개인의 기본 공제액이 6억 원에서 9억 원으로 상향 조정되었으니 부부공동 명의로는 18억까지도 공제를 받을 수 있게 된 것이다. 따라서 공동명의인지, 단

● 2023년 종합부동산세 주택분 세율

구분	과세표준	2주택 이하		3주택 이상	
		세율	누진공제액	세율	누진공제액
개인	3억 원 이하	0.5%	–	0.5%	–
	3억 원 초과	0.7%	60만 원	0.7%	60만 원
	6억 원 초과	1.0%	240만 원	1.0%	240만 원
	12억 원 초과	1.3%	600만 원	2.0%	1,440만 원
	25억 원 초과	1.5%	1,100억 원	3.0%	3,940만 원
	94억 원 초과	2.7%	1억 180만 원	5.0%	1억 8,340만 원
법인	금액 무관	2.7%	–	5.0%	–

● 2023년 종합부동산세 토지분 세율

종합합산토지분			별도합산토지분		
과세표준	세율	누진공제액	과세표준	세율	누진공제액
15억 원 이하	1%	–	200억 원 이하	0.5%	–
45억 원 이하	2%	1,500만 원	400억 원 이하	0.6%	2,000만 원
45억 원 초과	3%	6,000만 원	400억 원 초과	0.7%	6,000만 원

출처: 한국공인중개사협회 경기남부 지부

독 명의인지에 따라 세금이 어떻게 달라지니 미리 살펴보고 투자 계획을 세워야 한다.

상가빌딩 소유자도 보유세를 내는데, 건물 및 토지에 대한 재산세와 부속 토지에 대한 종합부동산세를 납부해야 한다. 상가빌딩의 부속토지에 대한 종부세는 공시지가 80억 원을 초과하는 경우 초과금액에 대해 0.5~0.7%의 세율로 부과된다. 예를 들어 상가빌딩의 부속토지의 공시지가가 100억 원이라면, 80억 원까지는 종부세가 부과되지 않는다. 그러나 80억 원을 초과하는 20억 원에 대해서는 0.5~0.7%의 세율이 적용된다.

양도소득세 이해하기

양도세는 부동산을 팔 때 발생하는 세금으로, 부동산 세금 중 가장 큰 부분을 차지한다. 따라서 양도세를 줄이려는 노력은 부동산이라는 자산을 관리하는 데 있어 매우 핵심적인 부분이다. 재산권과 직결되는 세금인 만큼 어떻게 하면 양도세를 효과적으로 줄일 수 있을지 미리 공부해두자.

무엇보다 양도세에는 비과세 혜택이 있다. 1주택자, 또는 일시적 2주택자라면 비과세 혜택의 요건을 꼭 주지하여야 한다. 이 제도를 활용하면 시세차익에 대한 양도세를 한 푼도 내지 않을 수 있다. 그러나 양도세 관련 법규는 자주 변경되고 복잡하며 비과세 혜택을 받기 위한 조건은 까다롭다. 실수 없이 혜택을 받기 위해서는 세심한 주의가 필요하다.

구분		1년 미만 보유	2년 미만 보유	2년 이상 보유
주택	미등기	70%	70%	70%
	조정대상지역 2주택	70%	둘 중 큰 것 ① 60% ② 누진세율+20%p	누진세율+2%p*
	조정대상지역 3주택 이상	둘 중 큰 것 ① 70% ② 누진세율+30%p	둘 중 큰 것 ① 60% ② 누진세율+30%p	누진세율+30%p*
	위 외 주택	70%	60%	누진세율
조합원입주권		70%	60%	누진세율
분양권		70%	60%	60%
비사업용 토지		둘 중 큰 것 ① 50% ② 누진세율+10%p	둘 중 큰 것 ① 40% ② 누진세율+10%p	누진세율+10%p
위 외 부동산		50%	둘 중 큰 것 ① 40% ② 누진세율	누진세율

*보유기간 2년 이상인 주택을 2022년 5월 10일~2024년 5월 9일 기간에 양도하는 경우 중과배제

양도세는 부동산을 매각하여 발생한 이익에 대해 부과되는 세금이며 양도세율은 매각한 부동산의 종류 및 보유기간에 따라 차등적으로 적용된다. 보유기간이 짧을수록 세율이 높아지며, 주택의 경우 1년 미만 보유 시 70%, 1년 이상 2년 미만 보유 시 60%, 2년 이상 보유 시에는 기본세율이 적용된다. 부동산은 적어도 2년은 보유하는 게 좋다는 것을 알 수 있다.

과세표준	세율	누진공제액
1,400만 원 이하	6%	
1,400만 원 초과	15%	126만 원
5,000만 원 초과	24%	576만 원
8,800만 원 초과	35%	1,544만 원
1억 5,000만 원 초과	38%	1,994만 원
3억 원 초과	40%	2,594만 원
5억 원 초과	42%	3,594만 원
10억 원 초과	45%	6,594만 원

출처: 한국공인중개사협회 경기남부 지부

기본세율은 6~45%이며, 다주택자는 조정대상지역의 경우 중과세율(2주택자 20%, 3주택 이상자 30%)이 적용된다. 그런데 2024년 5월 9일까지는 중과세율의 적용이 한시적으로 배제되었고, 기획재정부에서는 2025년 5월까지 유예 연장을 추진할 계획이다. 따라서 다주택자는 이를 활용하는 방안을 모색해볼 수 있다. 또한 현 정부에서 2024년 초부터 다주택자 규제완화 대책을 발표하고 있으므로 법안 통과 여부와 시행 일자 등을 확인하며 세금 절세 방안을 결정할 필요가 있다.

1가구 1주택 비과세

1주택자라면 1가구 1주택자 양도세 비과세 조건을 갖추는 것이 매우 중요하다. 1세대 1주택 비과세 혜택은 한 세대가 단 한 채의 주택만 보유한 경우에 적용되며, 최소한 2년 이상 주택을 보유해야 한다. 다만 주택 취득 당시에 취득한 지역이 조정대상지역이었다면, 2년 거주요건을 충족해야 비과세 혜택을 받을 수 있다. 또한 고가주택의 경우 12억 원을 초과하는 이익에 대해서는 과세된다.

일시적 1가구 2주택 비과세

이사, 혼인, 동거인 봉양 등으로 인해 본인의 의사와 관계없이 2주택자가 된 경우, 일시적 1가구 2주택자 양도소득세 비과세 혜택을 받을 수 있다.

부동산 상식 1분 수업
주택 수에 포함되나? 안 되나?

조합원입주권, 분양권, 주거용 오피스텔, 임대주택 등이 주택 수에 포함되는지에 대해 정확히 알지 못하는 사람들이 많아 양도세 중과를 적용받는 경우가 적지 않습니다. 예를 들어, 입주권과 분양권은 가격과 관계없이 주택 수에 포함됩니다. 단, 시가표준액 1억 원 이하이면서 상업용인 오피스텔은 주택 수에 포함되지 않습니다. 주택 수에 따라 세금이 중과되는 경우가 많으므로 투자를 결정하기 전에는 이를 꼭 따져봐야 합니다.

이사로 인한 일시적 2주택 비과세 요건은 첫째, A주택을 취득하고 1년 후 B주택을 취득해야 한다. 둘째, A주택은 2년 이상 보유(조정대상지역의 경우 보유기간 내 2년 이상 거주)해야 한다. 셋째, A주택은 B주택을 취득하고 나서 3년 이내 매각해야 한다. 일시적 2주택자의 종전주택 처분기한은 신규주택 취득일로부터 2년 이내였는데 2023년 1월 12일 기준 3년 이내로 연장되었다.

이사 외에도 혼인이나 상속 등의 사정으로 일시적 2주택이 된 경우 일시적 2주택 비과세를 받을 수 있다. 단, 이사로 인한 일시적 2주택과 요건이 다르니 각각 확인하자.

임대소득이 있다면?

소득세는 개인의 소득에 대해 부과되는 세금으로 매년 1월 1일부터 12월 31일 사이에 개인이 벌어들인 모든 소득을 합산해 과세한다. 그런데 일부 특정한 소득금액은 정책적인 이유에서 종합과세표준에 합산하지 않고 분리되어 과세한다. 이를 분리과세라고 한다. 즉, 종합과세는 이자, 배당, 사업, 근로, 연금, 기타 소득을 모두 더해 과세표준을 산정하고 누진세율을 적용하는데, 분리과세는 다른 소득과 합산하지 않고 별도로 과세한다.

임대소득은 사업소득으로 분류되며, 연간 2천만 원 이하인 경우에도 종합과세 또는 분리과세 중 선택이 가능하다. 분리과세를 선택할 경우 2천만 원 이하의 소득에 대해서는 14%의 세율을 적용하여 원천징수한다. 그러나 근로소득과 합산될 경우 종합과세를 해야 한다.

주택 임대소득에 대해서는 월세를 받는 경우 2주택자부터, 전세를 주는 경우 3주택자 이상부터 과세한다. 단, 전용면적 40㎡ 이하이고 기준시가 2억 원 이하인 소형주택은 제외된다. 또한 1주택자의 경우 기준시가 12억 원 이하면 비과세이지만, 12억 원을 초과하면 과세 대상이 된다.

예를 들어 살펴보자. 상가건물 소유자인 A씨는 연간 3억 원의 사업소득을 얻고 있으며, 임대수익으로 연 3천만 원을 벌고 있다. 이 임대수익의 60%가 세금이 부과되는 소득으로 간주된다. A씨가 상가건물을 소유하고 있을 경우, 이미 사업소득은 소득세의 최고 세율인 38%를 적용받기 때문에 임대소득에 대한 세금도 38%를 적용받는다. 예를 들면 1,800만 원의 임대소득에 대해 약 684만 원의 세금을 내야 한다.

그런데 만약 이 상가건물을 A씨의 부인이 소유하고 있고 다른 소득이 없다면, 낮은 소득세율(15%)이 적용되어 세금 부담이 줄어든다. 이 경우 동일한 임대소득에 대해 144만 원의 세금을 내게 된다. 이는 A씨가 소유하는 것보다 540만 원이 적은 금액이다. 하지만 부인 명의로 소유할 경우 자금출처 조사의 가능성이 있다.

만약 상가건물을 부부 공동명의로 소유하는 경우는 어떨까? 임대소득은 총합한 후 지분 비율에 따라 나누어 각자의 소득에 합산된다. A씨가 50% 지분을 가질 경우, 900만 원의 과세소득에 대해 38% 세율이 적용되어 342만 원의 세금을 내야 하고, 부인은 900만 원의 과세소득에 대해 6%의 세율이 적용되어 54만 원의 세금이 부과된다. 합하면 총 396만 원이다. 이렇듯 상가건물은 소유 형태에 따라 세금 부담이 크게 달라질 수 있다.

법인으로 투자할까?
주택임대사업자 등록할까?

법인으로 투자할지, 주택임대사업자 등록을 할지 고민하는 가장 큰 이유는 세금 때문이다. 부동산 투자에 있어 세금은 그만큼 최종 수익을 결정하는 중대한 문제이다. 그래서 부동산을 매수하기 전에 명의를 어떻게 할 것인지부터 결정하는 것이 좋다. 주택을 한두 채 투자한다면 크게 상관없겠지만, 고연봉을 받고 있다거나 상가나 건물에 투자한다면 또는 여러 부동산을 소유하고 있다면 법인 투자나 임대주택등록의 부동산 세제 변화에 대해 관심을 기울여야 한다. 지금은 규제로 인해 취득세 12%를 내야 하는 법인투자나 아파트를 등록할 수 없는 임대주택등록에 대한 관심이 많이 낮아진 상태이긴 하지만 언제 또 과거로 회귀할지는 알 수 없으니 항상 눈과 귀를 열어놓자.

각자의 상황에 따라 유리한 방법은 다르므로, 개인 명의, 법인 명의 투자와 주택임대등록의 장점과 단점에 대해 각각 살펴보겠다.

개인 명의 투자

개인 명의로 부동산에 투자하는 경우, 법인 설립이나 임대사업자 등록 등 절차상의 번거로움이 없고 비과세가 적용될 경우 수익을 극대화할 수 있다는 장점이 있다.

1주택인 경우 주택투자에 있어서 가장 큰 수익을 낼 수 있는 방법은 다주택자나 법인이 아닌 개인이 1주택을 취득하고 장기 보유하다가 비과세를 받고 양도하는 것이다. 특히 현재 부동산 규제 정책이 다주택자나 주택을 취득하는 법인에게 징벌적 규제를 하고 있으므로, 1가구 1주택 비과세나 일시적 2주택 비과세는 개인들에게 매우 주요한 전략이 될 수 있다.

또한 개인은 장기보유특별공제와 기본 세율을 적용받을 수 있다. 단, 다주택자의 경우 조정대상지역 중과 대상 주택에 해당할 경우 세 부담이 가중된다.

> ⊘ **장기보유특별공제**
> 부동산을 3년 이상 보유하면 보유한 기간에 따라 차등을 두어 일정 양도소득세를 공제해주는 제도이다.

따라서 1주택에 실거주 또는 투자하고자 한다면 많은 세제 혜택을

● 장기보유특별공제액 계산 시 공제율

구분	2008.1.1.~2008.3.20.		2008.3.21.~2008.12.31.		2009.1.1.~2011.12.31.		2012.1.1.~2018.12.31.		2019.1.1.~2020.12.31.		2021.1.1. 이후 양도		
적용 대상/보유 기간	토지·건물	1세대 1주택	토지·건물	1세대 1주택	토지·건물	1세대 1주택	토지·건물·다주택	1세대 1주택	토지·건물·주택	1세대 1주택	토지·건물·주택	1세대 1주택	
												보유 기간	거주 기간
2년 이상													8%
3년 이상	10%	10%	10%	12%	10%	24%	10%	24%	6%	24%	6%	12%	12%
4년 이상	12%	12%	12%	16%	12%	32%	12%	32%	8%	32%	8%	16%	16%
5년 이상	15%	15%	15%	20%	15%	40%	15%	40%	10%	40%	10%	20%	20%
6년 이상	18%	18%	18%	24%	18%	48%	18%	48%	12%	48%	12%	24%	24%
7년 이상	21%	21%	21%	28%	21%	56%	21%	56%	14%	56%	14%	28%	28%
8년 이상	24%	24%	24%	32%	24%	64%	24%	64%	16%	64%	16%	32%	32%
9년 이상	27%	27%	27%	36%	27%	72%	27%	72%	18%	72%	18%	36%	36%
10년 이상	30%	30%	30%	40%	30%	80%	30%	80%	20%	80%	20%	40%	40%

출처: 국세청

받을 수 있기 때문에 법인 또는 개인사업자보다는 개인 명의로 투자하는 것이 유리하다. 다만 1세대 1주택자 비과세 요건을 충족하기가 갈수록 어려워지고 있다는 것은 아쉬운 점이다.

한편 상업용 부동산이나 빌딩은 법인에 비해 개인 투자자의 대출한도가 적어 상대적으로 개인은 초기 투자금 부담이 크다. 또한 필요경비 공제 혜택을 받기 어렵기 때문에 대출금이 많거나 수리비가 큰 경우 법인보다 불리할 수 있다. 개인이 단기간 내에 부동산을 양도할 경우 높은 세율이 적용되는 것도 고려해야 할 부분이다.

결론적으로 개인 명의로 부동산에 투자할 때는 아파트, 조합원분양권, 분양권, 청약 또는 미분양 아파트 등 주거용 부동산 한 채에 투자하거나, 일시적 2주택 비과세 전략을 활용해 두 채에 투자하는 것이 바람직하다. 정책 변화에 따라 상황이 달라질 수 있으나 현재로서는 법인으로 주거용 부동산에 투자하는 것은 세금 부담이 만만치 않다.

법인 명의 투자

법인 투자의 주요 이점 중 하나는 법인세율이 개인 소득세율보다 낮다는 것이다. 개인의 최고 소득세율은 45%인 반면, 법인세율은 소득이 200억 원 이하일 때 19%로 상대적으로 낮다.

특히 단기 투자라면 더욱 법인 투자가 유리하다. 개인이 1년 미만으로 보유한 부동산을 매각할 때는 양도세율이 중과되지만, 법인의 경우 단기 보유라도 법인세율이 동일하게 적용되기 때문이다.

무엇보다 법인을 통한 투자는 비용 처리가 용이하다. 사업과 관련된 비용이라면 다양한 항목을 비용 처리할 수 있는 것이다. 임대소득에 대해서 개인은 근로소득과 임대소득이 합산되어 높은 세율이 적용되는 반면, 법인 투자의 경우 임대소득이 근로소득과 합산되지 않는다. 고연봉자라면 법인 투자가 유리할 수 있는 것이다.

법인의 단점은 첫째, 법인의 자금은 법인 소유이므로 개인이 법인의 자금을 가져오기 위해서는 추가로 소득세를 납부해야 한다. 즉, 법인세와 소득세를 모두 내야 하는 것이다. 이를테면 법인 자금을 개인이 가져오려면 배당이나 급여 형태로 전환해야 하는데, 배당으로 인출 시 배당 소득세, 급여로 인출 시 근로소득세를 추가로 내야 한다.

또한 법인은 장기보유특별공제가 적용되지 않으며 기본세율 외에 주택 양도차익에 대해 20%의 추가 세금이 부과된다. 종합부동산세는 기본공제 없이 2주택 이하일 경우 2.7%, 3주택 이상일 경우 5%의 세율이 적용된다. 예를 들어 법인이 공시지가 10억 원인 주택 한 채만 보유해도 종부세가 약 1,620만 원 발생한다.

주택 취득세는 12%로 일괄 적용된다. 따라서 법인 명의로는 주택보다는 상가, 오피스텔, 빌딩 등에 투자하는 것이 더 바람직하다.

부동산 양도소득세도 개인과 법인에 각각 다른 세율과 혜택이 적용된다. 근린생활시설 건물의 경우, 개인 소유라면 양도차익이 5억 원 초과 10억 원 이하일 때는 42%의 기본세율이 적용되고, 10억 원을 초과하면 45%의 기본세율이 적용된다. 단, 보유 기간이 3년 이상일 경우 장기보유특별공제가 적용된다. 반면 법인이 근린생활시설 건물을 양도할 경우, 양도차익이 2억 원 초과 200억 원 이하면 법인세율 20%가 적용된다.

이처럼 개인 명의인지 법인 명의인지에 따라 양도세에 많은 차이가 있으므로 취득 당시부터 양도세를 고려하여 명의를 결정하는 것이 중요하다. 보유 기간, 대출 가능성, 개인의 재정 상황, 투자 지역 등을 종합적으로 고려하여 명의를 신중하게 선택하자.

구분	법인 취득	개인 취득	비고
매각가액	100억 원	100억 원	빌딩으로 가정
취득가액	50억 원	50억 원	취득세, 신축 비용, 국민주택채권, 법무사수수료 등 경비 포함
과세표준	50억 원	50억 원	쉬운 비교를 위해 기본공제 250만 원 미적용, 장기보유특별공제 미적용
최고 적용세율	22%	49.5%	법인의 경우 10억 원 초과 22% 적용, 개인의 경우 49.5% 적용(지방소득세 포함)
세액	10억 8,000만 원	24억 300만 원	초과 누진세율 적용
차이		+13억 2,300만 원	

출처: 중앙일보

주택임대사업자 투자

한때 주택임대사업자 아파트 등록 및 세재 혜택이 부활한다는 소식에 떠들썩한 적이 있었지만 아직까지 지지부진한 상태이다. 따라서 현재 주택임대사업자 제도는 이미 주택임대사업등록을 한 사람들이나 '거주주택 비과세'를 활용하고자 하는 투자자에게 유리하다. 그러나 앞으로 주택임대사업자에 대한 세제 혜택이 다시 도입되면 다주

주택임대사업자 거주주택 비과세

임대주택과 거주주택 한 채가 있는 주택임대사업자가 해당 거주주택에 2년 이상 거주하면 양도 시 1세대 1주택 비과세 혜택을 받는 제도입니다. 비과세 적용을 받기 위해서는 지자체와 세무서에 임대사업자 등록이 되어있어야 하며, 거주주택 외 모든 주택을 임대해야 하고, 5년 이상 임대해야 합니다. 또한 임대료 증액제한, 임대의무기간 준수 등 공적의무를 지켜야 하는 것은 물론, 임대기시일 당시 기준시가 수도권 6억 원(비수도권 3억 원) 이하여야 합니다. 과거에는 이 혜택을 제한 없이 적용받을 수 있었지만, 세법 개정으로 인해 2019년 2월 12일 이후 취득한 주택은 평생 한 번만 적용됩니다. 따라서 시행일 이후 거주주택 비과세 혜택을 받은 경우, 이후 취득한 주택에 대해서는 2년 거주를 하더라도 비과세 혜택을 받을 수 없으니 유의해야 합니다.

택자나 법인이 세금 절감 목적으로 이를 적극적으로 활용하게 될 것이다.

세금은 복잡하고 변화가 잦아 지속적으로 공부하지 않으면 이해하기 어렵다. 나 또한 세금 때문에 곤욕을 치른 적이 있다. 북가좌동에 있는 아파트를 주택임대사업자로 등록하고, 흑석동에 있는 집은 거주주택 비과세 혜택을 받으려 했으나 거주할 수 없는 상태여서 혜택을 받지 못한 것이다. 임대사업자 등록을 하고, 거주주택에 대해 대체주택 비과세를 적용받으려면 철거되기 전이어야 하는데, 당시 흑석동 집은 재개발로 철거된 상태라서 비과세 적용이 안 된다는 것이었다. 여러 세무사와 상담하고 국세청에 문의했지만, 결국 비과세 혜택을 받을 수 없었다. 이 일은 세금 문제만큼은 반복해서 확인하고 전문가와 상담해야 한다는 것을 깨닫게 된 계기가 되었다.

경매를 활용하면
수익률 업!

경매 투자 이해하기

부동산을 싸게 살 수 있는 도구인 '경매'를 잘 활용할 줄 안다면 부동산 투자에 큰 날개를 단 셈이다. 그러나 부동산 경매는 난이도가 꽤 높은 편에 속한다. 일단 물건에 복잡하기 얽힌 채무 관계를 파악하는 것은 충분한 경험과 지식을 갖추지 않으면 하기 어려운 일이다. 낙찰받았다 해도 부동산을 점유하고 있는 채무자 또는 임차인 등을 내보내야 하는 상황이라면 초보자에게 부담으로 다가올 수 있다. 점유자와 협의해 이사를 내보내지 못하면 법원 집행관의 강제집행을 통해 점유자를 강제적으로 내보내야 할 수도 있기 때문이다.

그렇다면 경매란 무엇일까? 경매는 매도인이 소유한 물건을 다수의 매수 희망자에게 공개적으로 매각하는 거래 형태이다. 이 과정에서 가장 높은 가격을 제시한 매수자가 해당 물건을 매입하게 된다. 매도인이 직접 매매 목적으로 경매를 실시하기도 하지만, 채권자가 채무자의 채무 불이행으로 발생한 채권을 회수하기 위해 법원에 경매를 신청하는 경우도 있다. 법원이 주관하는 경매에서 채무자의 재산이 매각되면 채권자에게 채무가 상환된다. 보통 '부동산 경매'라고 하면 이 법원 경매로 부동산을 취득하는 것을 말한다.

경매는 그 대상에 따라 부동산 경매와 동산 경매로 구분된다. 부동산 경매는 토지, 주택, 상가건물, 임야, 농지, 공장 등 부동산과 관련된 재산을 대상으로 하며, 동산 경매는 가구, 가전제품, 콘도 회원권 등의 유체동산과 채권을 포함한 기타 재산권을 대상으로 한다. 여기서는 부동산 경매에 대해 알아보려고 한다.

부동산 경매 투자의 과정을 간략하게 살펴보면, 첫 단계는 대법원 법원경매정보 사이트, 네이버페이부동산, 밸류맵, 스피드옥션과 같은 온라인 플랫폼을 이용해 경매 물건을 찾고 해당 물건의 권리를 분석하는 것이다. 이 분석을 바탕으로 실제로 방문하거나 부동산중개소를 찾아가 물건의 현황과 지역 시세를 직접 확인한다.

낙찰받고자 하는 결심이 섰다면 매각 기일에 법원에서 진행하는 입찰에 참여한다. 최고가를 제시한 매수자로서 낙찰받게 되면 다음 단계는 필요한 자금을 조달하는 것이다. 이때 경락대출을 활용할 수 있다. 잔금 납부가 완료되면 소유권이전등기를 하고 해당 부동산에 거주하고 있는 세입자나 기존 소유자에 대한 명도(퇴거) 절차를 진행한다.

물건의 상태에 따라 수리, 인테리어, 청소 등을 진행해 부동산의 가치를 높일 수도 있을 것이다. 이후 해당 부동산을 매매하거나 임대하여 수익을 실현하는 단계로 이어진다. 이 과정 전체가 부동산 경매 투자의 기본적인 흐름이다.

경매의 장점과 단점

경매의 장점

부동산 경매는 끊임없이 주목을 받는다. 일반 매매보다 더 저렴한 가격으로 부동산을 구입할 수 있기 때문이다. 부동산 낙찰가율 통계를 살펴보면 얼마나 저렴하게 낙찰받을 수 있는지 짐작할 수 있다. 부동산 경매 낙찰가율은 부동산 감정평가액 대비 낙찰된 금액의 비율로, 매각가율이라고도 한다. 아파트는 80~90% 수준, 단독주택과 다가구주택은 65~75% 수준, 연립·다세대주택은 70~80%, 토지는

50% 내외 수준에서 낙찰가율이 형성되는 경우가 일반적이다. 물론 부동산 경기상황에 따라 편차가 발생할 수는 있다. 경기가 나쁠 때는 부동산 경매 낙찰가율도 낮아지고, 경기가 좋을 때는 낙찰가율도 함께 상승한다. 이는 부동산 경기가 좋지 않으면 좋지 않은 대로, 좋으면 좋은 대로 경매를 통해 저렴한 가격에 부동산을 구입할 수 있다는 것을 의미한다.

경매의 또 다른 장점은 별도의 허가 없이 부동산의 취득이 가능하다는 점이다. 예를 들어 토지거래허가구역의 토지를 취득하려면 일반 매매에서는 관할행정기관의 허가를 받아야 하나, 경매를 통하면 별도의 허가 없이 부동산을 취득할 수 있다. 다만 농지는 토지거래허가와는 별도로 농지취득자격증명을 낙찰 후 1주일 이내에 법원에 제출해야 한다.

무엇보다 경매 투자의 큰 장점은 일반 매매 대비 대출 한도가 높다는 것이다. 일반 매매 시 대출 한도는 대출규제 지표인 DTI(총부채상환비율)나 LTV(주택담보대출비율)에 의해 결정되는 반면, 경매 대출은 이러한 규제로부터 상대적으로 자유로워 더 높은 한도로 대출을 이용할 수 있다. 주로 2금융권에서 이러한 대출을 제공하는데, 1금융권에 비해 이자율이 다소 높을 수 있으나 더 높은 LTV 비율이 적용된다는 장점이 있다. 다만, 대출 한도가 높다고 해서 모든 경우에 적용되는 것은 아니므로, 여러 대출 상품을 비교하며 신중하게 선택해야 한다.

다양한 유형의 부동산에 투자할 수 있다는 점도 경매의 장점이다.

경매를 통해 아파트, 빌라, 오피스텔, 상가, 상가주택, 건물, 토지, 주차장, 심지어 무인도에 이르기까지 다양한 종류의 부동산에 투자할 수 있다.

고액의 부동산에 투자하기가 부담스러운 개인 투자자들은 공동입찰 방식을 통한 공동 투자를 활용할 수도 있다. 소액으로 고가의 부동산 투자에 도전할 수 있는 경매 방법이다.

경매의 단점

경매의 가장 큰 어려움 중 하나는 권리분석이다. 일반 매매는 대부분 공인중개사를 통해 진행하므로 부동산에 대한 전문 지식이 없어도 큰 어려움 없이 거래를 할 수 있지만, 경매의 경우 권리분석을 잘못하면 큰 손실을 입을 수 있다.

또 다른 단점은 일반 매매와 달리 미리 물건의 상태를 확인하는 것이 어렵다는 점이다. 물건의 점유자가 소유자인 경우나 임차인이 거주하고 있는 경우에는 물건을 보여주기를 꺼리는 경우가 많다. 이로 인해 내부 상태를 직접 확인하기 어렵고, 이는 경매 입찰 시 위험 요소로 작용할 수 있다.

특히 부동산 경매 과정에서 명도는 경험이 부족한 투자자에게 부담이 될 수 있다. 일반 매매의 경우, 전 소유자나 세입자와 이사 날짜 및 잔금 지급 일자를 협의하는 것으로 충분하지만 경매는 다르다. 경매로 낙찰받은 부동산의 현재 점유자를 내보내야 하는 '명도' 과정은 원

장점	• 시세보다 저렴하게 부동산 매입 가능 • 비교적 안전한 매매 가능 • 토지거래허가 등의 절차 불필요/자금출처조사 완화 • 다양한 부동산 투자 기회 마련
단점	• 권리분석이 복잡하여 경매 관련 지식 습득 필요 • 경매 물건의 내부 상황 파악이 어려움 • 소유권 취득 지연 및 명도 문제 발생 가능 • 1개월 내 경매 대금을 완납해야 하는 부담감

만한 합의가 이루어지지 않을 경우, 명도 소송으로 이어질 수 있으며, 이는 추가적인 시간과 비용을 요구한다.

경매 과정 자체가 일반 매매에 비해 시간이 더 오래 걸린다는 점도 단점이다. 입찰부터 시작하여 낙찰, 매각 대금 납부, 소유권이전, 그리고 명도에 이르기까지의 모든 과정이 일반 매매에 비해 시간이 오래 걸릴 수 있다.

경매 대금이 일시납부라는 것도 부담되는 점이다. 경매 참여 시, 보통 입찰금의 10%를 보증금으로 납부하고, 나머지 잔액은 대개 1개월 내에 일시불로 지불해야 한다. 이 과정에서 잔금을 제때 준비하지 못하면, 이미 낸 입찰보증금을 잃을 위험이 있다. 자금 여력이 부족한 상황에서 은행 대출을 이용할 수 없어 잔금을 치루지 못하면 보증금을 잃게 되는 것이다. 이는 부동산 경매에 참여하기 전에 자금 계획과 대비책을 마련해야 하는 이유이다.

이런 여러 가지 어려운 점들이 부담되어 경매대행사를 이용할 수도 있으나 경매대행사는 기본적으로 '수수료'가 목적인 회사이다. 내가 직접 기본적인 권리분석이나 시세 분석을 할 줄 알아야 경매대행사도 활용할 수 있는 것이다.

최근 경매 투자 현황

2022년 이전 3~4년 동안 좋은 입지의 경매 물건들은 감정가가 비싼 것은 둘째 치고, 물건 자체가 잘 나오지 않았다. 그러나 앞으로는 금리와 부동산 시장 상황을 고려할 때, 성수나 강서 등 우수한 입지의 부동산이 경매 시장에 출현할 것으로 예상된다. 부동산 시장이 침체되면서, 일반 거래가 이루어지지 않고 있어 이자 체납 등의 부담으로 우수한 입지의 부동산이 더 많이 경매 시장에 나오게 될 것이라는 전망들이 나오고 있다.

부동산 시장이 하락장에 접어들고 침체기를 맞이했다고 해서 경매 시장에 즉각 반영되는 것은 아니다. 일반적으로 자금 순환의 정체와 고금리로 인한 대출 부담으로 경매시장에 변화가 나타나는 데 최소 6개월에서 1년 정도 걸린다.

2022년에서 2023년 말까지 경매 시장에는 대단히 많은 변화가 있었다. 2022년부터 2023년 초까지 아파트 경매 낙찰가율이 떨어지다가 2023년 초·중반까지 재상승하였으나, 현재는 다시 하락하고 있는 상황이다. 전체적인 부동산 경기 하락, 고금리 기조, 대출 규제 재강화 등의 영향에 따라 경매 시장도 급변하고 있는 것이다. 2023년 말 현재, 강남, 용산 등 주요 입지의 아파트 가격도 하락 조정을 받고 있으며 이에 따라 아파트 경매 낙찰가율도 하락하고 있다.

만약 부동산 상승기에 접근하기 어려웠던 우수한 입지의 부동산이 경매에 나온다면, 이런 매물은 시장 상황의 영향으로 나타나는 것이기 때문에 경쟁률이 낮고 낙찰가율도 상대적으로 낮을 수 있다. 좋은 기회가 될 수 있는 것이다. 미리 관심 지역을 정해두고, 지속적으로 현장을 방문하며 시장을 분석한다면 기회를 잡을 수 있을 것이다.

세무사가 들려주는
부동산 부자 이야기와 절세 방법

Q. 세무사이시니 부동산 부자들과 상담과 거래 진행을 많이 하실 텐데요. 부자들의 공통점이 있나요?

A. 몇 가지 공통적인 특성이 있지요. 첫째, 대부분 투자에 일찍 눈을 떠 젊은 시절부터 사업이나 부동산 투자에 뛰어든다는 거예요. 일찌감치 시행착오와 성공의 경험을 쌓는 거죠.

둘째, 부자들은 세금에 대한 깊은 이해를 가지고 있습니다. 투자 결정 전에 발생할 수 있는 세금을 면밀히 계산하고 다양한 대안을 비교하지요. 하지만 본인이 세금에 대해 아무리 잘 알고 있어도 투자 전에는 전문 세무사와 상담을 합니다.

셋째, 인맥 관리로 중요한 정보를 얻습니다. 예를 들어 재개발에 관심이 있는 부자는 해당 구역 전문 공인중개사들과 좋은 관계를 맺고 반드시 좋은 급매물이 나오면 연락을 달라는 부탁과 함께 소정의 보상을 약속합니다. 무엇보다 중요한 부분은 부자 주변에는 부자들이 있다는 것이에요. 서로의 정보를 공유하면서 그 정보를 활용하여 부를 더 키우는 거지요.

마지막으로 부자들은 부동산 침체기에도 현금을 활용하여 우량 부동산을 적극적으로 매입합니다.

Q. 부동산 투자로 부를 이루고 싶은 분들이 많은데요. 특히 유의해야 할 점은 무엇이 있나요?

A. 부동산 투자자들에게 있어 제일 중요한 것은 세금입니다. 부동산 투자자의 투자수익은 결국 세금을 차감한 세후수익이기 때문이죠. 부동산 투자 경험이 부족한 분들은 세금을 고려하지 않고 무작정 투자하는 경우가 많아요. 본인들이 무슨 세금을 내야 하는지 모르고 투자했다가 큰 손해를 보는 경우도 있습니다. 이미 계약을 완료하고 세무서에서 고액 세금납부 통지서를 받고 나서야 뒤늦게 세무사를 찾아오면 되돌릴 수가 없어요. 최소한 본인이 선택한 부동산 투자가 어떤 세금을 납부해야 하는지는 제대로 알고 있어야 합니다.

Q. 부동산 세금 문제가 생겼을 때 어떻게 대처해야 할까요?

A. 먼저, 국세청에서 운영하는 국세상담센터에서 무료 세금 상담을 받을 수 있습니다. 또한 시군구청에서 제공하는 마을 세무사 무료 상담 제도도 이용할 수 있어요. 단, 주로 영세 납세자에게 우선적으로 서비스를 제공하며 상세한 세액 계산 서비스는 제공하지 않습니다.

국세청으로부터 자료 제출 요청이나 세무조사 통지를 받았다면 세무 전문가의 도움을 받는 것이 좋습니다. 만약 과다 납부된 세금이 있다면 5년 이내에 경정청구를 통해 환급받을 수 있습니다. 과소 납부로 인해 추징을 당한 경우에는 90일 이내에 불복 절차를 밟아야 합니다.

Q. 마지막으로 절세할 수 있는 방법에 대해 알려주세요.

A. 제가 세무 강의를 할 때 가장 많이 강조하는 것은 정해진 기간 내에 정확하게 신고 납부하라는 것입니다. 제때에 내지 않으면 가산세를 내기 때문이에요.

또한 부동산 투자를 결정하기 전에는 반드시 세무사와 상담하는 것이 좋습니다. 부동산 투자는 양도, 증여, 부분증여, 상속 등 다양한 세금적 측면을 가지고 있어, 전문적인 조언 없이는 큰 손실을 입을 수 있어요. 전문가와의 상담은 초기 비용이 들더라도 장기적으로는 더 큰 비용을 절감할 수 있습니다. 부자들은 절대 상담료를 아깝게 생각하지 않아요. 더 큰돈이 내 지갑에서 나가는 것을 막을 수 있으니까요.

마지막으로 세법의 변화에 민감하게 반응하는 것이 중요합니다. 투자자는 세법의 변화, 적용 시기, 최신 정보 등을 지속적으로 파악하고, 이러한 변화가 자신의 자산에 어떤 영향을 미칠지 예의주시해야 해요. 변화하는 세법에 따라 적절히 대응하고 민감하게 반응해야 절세를 할 수 있습니다.

2024년 초기 실투자금별 투자 지역 분석

투자자는 '지금, 어디에 투자해야 할까?'라는 질문에 답을 얻기 위해 늘 고민하기 마련이다. 서울만 하더라도 그 방대하고 다양한 투자 지역 중에서 옥석을 가려야 하니 말이다. 그래서 미래 가치가 높은 지역을 선별할 기준이 필요하다. 입지가 뛰어나고 앞으로 더욱 가치가 상승할 투자 지역을 선정하는 기준이 되는 요소로는 위치, 고용 시장, 교통망, 역세권, 조망권, 개발 예정 사업, 교육 시설, 인프라 등이 있다. 정비사업 지역이라면 사업성, 진행 속도 등이 추가된다. 이러한 모든 조건을 충족하는 곳이 투자하기에 가장 이상적인 지역이 될 것이다. 실제로 강남, 여의도, 목동과 같은 재건축 아파트 지역이나 용산, 한남, 성수, 흑석과 같은 주요 재개발 지역은 대부분의 조건을 충족한다. 그러나 이러한 지역들은 가격이 매우 높을 수밖에 없다. 많은 사람들이 선호하는 지역이므로 수요는 지속적으로 증가하는 반면 공급은 제한적이기 때문이다.

모든 투자자가 충분한 투자금을 가지고 있는 것은 아니므로, 상대적으로 자금이 적은 투자자는 자신이 가진 자금에 맞춰 갈 수 있는 최선의 상급지에 투자를 해야 한다. 중요한 것은 강남이나 용산과 같은 주요 투자 지역에 진입하려는 노력을 기울이되 당장은 어렵다면 미래에 그러한 지역이 될 수 있는 곳을 찾아야 한다는 것이다.

이러한 지역 선택에 활용할 수 있도록 다음과 같이 투자금액 규모에 따라 지역별 투자 분석을 제시하였다. 초기 실투자금을 1억 원 미만, 1억에서 5억 원, 그리고 5억 원 이상으로 나누고, 투자금별로 가능한 지역을 뽑았고, 각 지역의 위치, 고용 시장, 교통 등 입지 요소를 상·중·하로 평가했다. 다만 이 정보는 대략적인 일반 정보를 기반으로 한 것이므로 직접 투자 결정에 적극 활용하기보다는 지역 분석 방법을 이해하는 데 참고 자료로 사용하자.

초기 실투자금 1억 원 미만

초기 실투자금 1억 원 미만으로 접근할 수 있는 곳은 주로 중급지 이하로 향후 미래 가치에 초점을 두고 바라보는 곳이다. 이러한 지역들은 상위 지역에 비해 투자 수익성이 낮고, 리스크는 높을 수 있다.

● 초기 실투자금 1억 원 미만

지역	입지	일자리	교통	역세권	전망권	개발 호재	교육	인프라	사업 속도
상계동				■					■
장위동				■					■
둔촌동	■			■					
천호동	■			■					
당산동			■		■				
양평동					■				

■ 상 ■ 중 □ 하

예를 들어 상계동과 장위동 같은 지역은 현재 재개발이 진행 중이며, 역세권과 인접해 있는 장점을 가지고 있다. 그러나 이러한 지역은 서울의 핵심지에 비해 고용 기회, 개발 호재, 교육 등 많은 요소에서 높은 점수를 받기가 어렵다.

둔촌동과 천호동 같은 강동구 내의 모아타운 지역을 살펴보면, 1억 원 이하의 초기 투자금으로 투자할 수 있는 강남 접근성이 좋은 곳이라는 이점이 있다. 이 모아타운 지역들은 역세권이라 교통이 편리하지만 조합이 아직 설립되지 않은 매우 초기 단계인 경우, 사업 진행 속도와 사업성 측면에서 리스크를 내포하고 있다.

당산동 일대는 중첩된 역세권과 한강 조망권을 가지고 있으며, 양평동 역시 한강 조망권이 장점인 지역이다. 이 두 지역 모두 일반 재개발이나 신속통합기획 등 정비사업을 추진 중이지만 사업의 불확실성이 존재한다는 점을 고려해야 한다.

초기 실투자금 1억~5억 원 미만

이 금액대라면 다양한 지역에 투자를 할 수 있다. 이 투자금액 범위에서 주로 고려되는 지역은 중상급지로서 현재와 미래 가치가 모두 괜찮은 곳이다. 이런 지역들은 상급지에 버금가는 수익을 기대할 수 있지만, 투자 리스크도 존재하는 곳이기 때문에 철저한 분석이 필요하다. 전문가와의 상담도 큰 도움이 될 것이다.

특히 용산 및 서울역 인근 지역(용문동, 원효로3가, 청파동 등)과 강남 일대(역삼동, 일원동, 방배동 등)는 이 투자금액 범위에서 주목할 만한 곳이다. 용산 및 서울역 인근은 서울의 중심에 위치해 있으며, 국제업무지구, 전자상가 개발 등 개발호재가 풍부하다. 또한 우수한 교통망과 일자리로 인해 높은 시세차익을 기대할 수 있는 최상급 입지이다. 하지만 청파동이나 한남뉴타운을 제외하고 일부 지역은 사업 진행 속도가 다소 느린 단점이 있다. 이러한 지역은 장기 투자를 통해 더 큰 가치 상승을 기대할 수 있는 곳이기도 하다.

강남 일대는 부동산 투자의 핵심 지역으로, 일자리, 교통, 개발 호재, 교육, 인프라 등 모든 조건을 갖추고 있다. 하지만 강남 일대 아파트 가격은 이미 매우 고가이기 때문에 1억~5억 원의 투자금으로 접근하기에 어렵다. 그러나 일원동 모아타운, 역삼동 모아타운 추진지,

● 초기 실투자금 1억~5억 원 미만

지역	입지	일자리	교통	역세권	전망권	개발호재	교육	인프라	사업속도
용문동									
원효로									
이태원									
한남 1구역 주변									
청파동									
서계동									
서후암동									
동후암동									
효창동									
상계동									
장위동									
이문동									
망원동									
합정동									
현석동									
일원동									
역삼동									
흑석동									
방배동									

■상 ■중 □하

방배동 재개발 가능 지역의 빌라 등은 투자가 가능하다. 이 지역들은 입지가 뛰어나 정비사업 진행 시 높은 사업성을 기대할 수 있지만, 사업의 불확실성과 사업 진행의 지연이 큰 리스크로 남아있다.

초기 실투자금 5억 원 이상

이 정도 투자금을 가진 투자자들은 이미 상급지로 인정받고 있는 곳에서 투자 기회를 찾게 된다. 이러한 지역들은 현재와 미래 가치가 크며, 높은 투자수익을 기대할 수 있고, 리스크는 낮은 편이다. 보다

● 초기 실투자금 5억 원 이상

분류	지역	입지	일자리	교통	역세권	전망권	개발호재	교육	인프라	사업속도
재개발	청량리	중	중	중	중	상				중
	북아현	중	중	중	중	중				중
	노량진	중	중	중	중	중				중
	흑석	중	중	중	중	중				
	성수	중	중	중	중	중				
	한남	중	중	중	중	상				
재건축	강남	중	중	중	중	중				
	여의도	중	중	중	중	중		중	중	
	목동	중	중	중	중	상				

■ 상　▨ 중　□ 하

세분화하여 살펴보면, 실투자금 5억~8억 원으로는 청량리, 북아현, 노량진 재개발 지역에 투자할 수 있고, 실투자금 8억~15억 원으로는 흑석, 성수, 한남의 재개발 지역과 목동의 소형 평수 재건축, 15억 원 이상으로는 강남, 여의도, 목동 재건축에 투자할 수 있다.

대표적인 지역으로는 서울 유망 재개발 지역과 재건축 지역을 들 수 있다. 재개발 지역으로는 한남, 성수, 흑석 등이며, 이들 지역은 대부분 재개발이 진행 중이거나 완료 단계에 있다. 특히 흑석뉴타운은 이미 몇몇 구역이 이미 입주하였고 나머지 구역도 상당히 사업이 진행된 상태이다. 한남뉴타운과 성수전략정비구역도 사업이 진행 중에 있다. 이 지역들은 기존 신축 아파트에 비해 상대적으로 가격이 낮기 때문에 향후 높은 시세차익을 기대할 수 있지만 상당한 초기투자금이 필요하다.

재건축 지역으로는 강남, 여의도, 목동 등이 있으며, 이들 지역은 현재보다는 미래의 가치에 더 주목해야 하는 곳이다.

강남의 재건축 지역으로는 압구정, 반포, 잠실 등이 있는데 이곳들은 이미 최상의 입지 조건을 가지고 있으며 현재 소유자들은 이곳의 높은 가치를 인식하고 있어 쉽게 매도하지 않고 있다. 이 지역들은 진입장벽도 높지만, 부동산 정책과 정치적 영향에 민감하게 반응하는 경향이 있어 사업 진행의 불확실성도 일정 부분 존재한다는 점을 고려해야 한다.